▲普通高等院校物流管理类"十四五"精品教材▲

企业物流管理

主编

浦震寰　王骏

大连理工大学出版社
Dalian University of Technology Press

图书在版编目(CIP)数据

企业物流管理 / 浦震寰，王骏主编. -- 大连：大连理工大学出版社，2025.1(2025.1重印). -- ISBN 978-7-5685-5061-1

Ⅰ．F273.4

中国国家版本馆 CIP 数据核字第 2024J8P191 号

QIYE WULIU GUANLI

大连理工大学出版社出版

地址：大连市软件园路 80 号　邮政编码：116023
营销中心：0411-84708842　84707410　　邮购及零售：0411-84706041
E-mail:dutp@dutp.cn　　　　URL:https://www.dutp.cn
辽宁虎驰科技传媒有限公司印刷　　大连理工大学出版社发行

幅面尺寸：185mm×260mm　　印张：12.5　　字数：336 千字
2025 年 1 月第 1 版　　　　　　　　　　2025 年 1 月第 2 次印刷

责任编辑：邵　婉　王　洋　　　　　　　责任校对：张　娜
封面设计：奇景创意

ISBN 978-7-5685-5061-1　　　　　　　　　定　价：49.00 元

本书如有印装质量问题，请与我社营销中心联系更换。

前言

"企业物流管理"课程是物流管理、电子商务、快递、工商管理等专业的必修课,设置本课程的目的在于培养学生形成企业物流运作管理系统化和整体化概念,具有全局观视野,从而能正确指导实践活动。具体来说就是使学生正确理解企业物流管理的基本理论、基本原理和一般方法,并能综合运用于对企业物流问题的分析,具有解决生产类型企业和流通类型企业物流管理问题的能力。

本教材编写团队积累了多年教学实践经验,在理论上不断完善课程内容并力图融入教材之中,本教材具有以下几个特色:

1. 立体教学手段的应用

在内容较为重要和文字较难理解的地方,采用微课的方法辅助教学,为学生自学及课后学习提供了更为直观的学习通道,给教学增添翅膀。

2. 教材体系架构精简实用

本教材共分为八章,分别为企业物流管理概述、企业物流战略、企业物流组织、企业采购与供应物流管理、企业生产物流管理、企业销售物流管理、企业回收物流管理、企业物流发展趋势。本教材总体内容仅围绕企业物流主线活动展开,没有罗列与其他物流课程会产生交叉的相关内容,但企业采购与供应物流管理的内容与"采购管理"课程内容略有重叠,因为其作为企业物流管理课程的主线内容之一是不能缺失的。因此,教学中要从不同角度进行分工处理。本教材力求既能体现采购活动来保证与企业物流活动的衔接,又能最大限度地避免与"采购管理"内容上的交叉,以保持教学体系的完整性。

3. 理论与实践完美结合的版块结构

"企业物流管理"课程具有很强的实践性,因此对授课教师要求也更高,在传授企业物流管理理论的同时,更应注重融入实践性教学与之完美结合。本教材在这一方面具体体现为两点:一是采用案例教学法,选用具有代表性典型企业的真实案例,真正做到不仅要结合相应的相关知识,而且还能让学生对物流企业各项业务流程有直接的认知;二是每章后设置阅读材料,对本章重点难点给予知识拓展或案例分析,让学生更深入地领会知识要点。

本教材由武汉城市学院及湖北产业新质生产力发展研究中心特聘专家浦震寰教授、武汉纺织大学外经贸学院王骏教授任主编，团队成员包括中南财经政法大学政治经济学博士研究生及湖北产业新质生产力发展研究中心专家唐时俊副教授；武汉城市学院何舒卉、慕卓君、郭俊维；武汉纺织大学范学谦。具体编写分工如下：第 1 章由浦震寰编写，第 2 章由慕卓君编写，第 3 章、第 7 章由郭俊维编写，第 4 章由王骏编写，第 5 章由浦震寰、郭俊维编写，第 6 章由何舒卉、范学谦编写，第 8 章由唐时俊编写。全书由浦震寰总体策划、设计结构和最后统稿。

本教材是湖北产业新质生产力发展研究中心——湖北省高等学校人文社会科学重点研究基地的研究成果。在编写过程中，参阅了大量同行、专家的有关著作、教材及案例，在此表示诚挚的谢意。

由于时间仓促，书中难免有错误和疏漏之处，敬请同行专家和广大读者批评指证。

浦震寰

2024 年 11 月

目 录

第 1 章　企业物流管理概述 ·········· 1
1.1　企业物流概述 ·········· 3
　　1.1.1　企业物流的内涵 ·········· 3
　　1.1.2　企业物流的分类 ·········· 4
　　1.1.3　企业物流的特点 ·········· 9
1.2　企业物流管理的概念与内容 ·········· 11
　　1.2.1　企业物流管理的产生和发展 ·········· 11
　　1.2.2　企业物流管理的概念 ·········· 12
　　1.2.3　企业物流管理的内容 ·········· 13
1.3　企业物流合理化 ·········· 16
　　1.3.1　企业物流合理化的内涵 ·········· 16
　　1.3.2　企业物流合理化的原则 ·········· 16

第 2 章　企业物流战略 ·········· 20
2.1　企业物流战略的内涵 ·········· 22
　　2.1.1　物流战略管理有关概念 ·········· 22
　　2.1.2　物流战略管理的要素 ·········· 24
　　2.1.3　物流战略管理框架 ·········· 25
　　2.1.4　企业物流发展的主要战略 ·········· 27
　　2.1.5　实现企业物流发展战略的基本途径 ·········· 28
2.2　企业物流战略的目标及其体系建设 ·········· 29
　　2.2.1　物流战略目标及特点 ·········· 29
　　2.2.2　物流战略目标体系 ·········· 29
　　2.2.3　物流战略目标设定与实现 ·········· 31
2.3　企业物流战略管理过程 ·········· 33
　　2.3.1　物流战略实施纲要 ·········· 33
　　2.3.2　物流战略实施路径 ·········· 34
　　2.3.3　物流战略过程管控 ·········· 35
　　2.3.4　物流战略控制内容 ·········· 36

2.3.5　物流战略控制系统构成 ……………………………………………… 37
　　2.3.6　物流战略控制网络 …………………………………………………… 38
2.4　企业物流战略分析方法 ……………………………………………………… 39
　　2.4.1　外部环境分析 ………………………………………………………… 39
　　2.4.2　内部环境分析 ………………………………………………………… 42

第3章　企业物流组织 …………………………………………………………… 49
3.1　企业物流组织的发展与构成 ………………………………………………… 51
　　3.1.1　企业物流组织的发展 ………………………………………………… 51
　　3.1.2　企业物流组织的构成 ………………………………………………… 52
3.2　企业物流组织结构类型 ……………………………………………………… 52
　　3.2.1　顾问型物流组织结构 ………………………………………………… 52
　　3.2.2　直线型物流组织结构 ………………………………………………… 53
　　3.2.3　直线顾问型物流组织结构 …………………………………………… 53
　　3.2.4　矩阵型物流组织结构 ………………………………………………… 54
　　3.2.5　物流项目组组织结构 ………………………………………………… 55
3.3　企业物流组织结构设计 ……………………………………………………… 56
　　3.3.1　企业物流组织结构设计应考虑的因素 ……………………………… 56
　　3.3.2　企业物流组织结构设计的内容 ……………………………………… 57
　　3.3.3　企业物流组织结构设计的原则 ……………………………………… 59

第4章　企业采购与供应物流管理 ……………………………………………… 62
4.1　采购与供应物流概述 ………………………………………………………… 63
　　4.1.1　采购的概念 …………………………………………………………… 63
　　4.1.2　采购的类型 …………………………………………………………… 64
　　4.1.3　供应与供应链 ………………………………………………………… 69
4.2　采购计划制订方法 …………………………………………………………… 69
　　4.2.1　采购计划概述 ………………………………………………………… 69
　　4.2.2　采购需求的确定 ……………………………………………………… 70
　　4.2.3　编制采购计划 ………………………………………………………… 73
4.3　供应商管理 …………………………………………………………………… 83
　　4.3.1　供应商管理概述 ……………………………………………………… 83
　　4.3.2　供应商确定方法 ……………………………………………………… 86
4.4　物料管理 ……………………………………………………………………… 94
　　4.4.1　物料及物料管理的概念 ……………………………………………… 94
　　4.4.2　物料需求计划 ………………………………………………………… 95

第 5 章 企业生产物流管理 ... 105
5.1 企业生产物流概述 ... 106
5.1.1 企业生产物流的概念 ... 106
5.1.2 影响生产物流的主要因素 ... 107
5.1.3 合理组织生产物流的基本要求 ... 107
5.2 企业生产物流分析 ... 109
5.2.1 生产类型 ... 109
5.2.2 不同生产类型的生产物流分析 ... 112
5.3 企业生产物流合理化组织 ... 114
5.3.1 企业生产物流空间组织 ... 114
5.3.2 企业生产物流时间组织 ... 116
5.4 企业生产物流计划 ... 122
5.4.1 生产物流计划的意义和任务 ... 122
5.4.2 生产物流计划的内容 ... 123
5.5 企业生产物流控制 ... 127
5.5.1 生产物流控制原理 ... 127
5.5.2 生产物流控制方法 ... 129

第 6 章 企业销售物流管理 ... 137
6.1 企业销售物流概述 ... 138
6.1.1 企业销售物流的概念和作用 ... 138
6.1.2 企业销售物流的活动环节 ... 140
6.1.3 销售物流服务要素 ... 141
6.1.4 销售物流的模式 ... 142
6.2 企业分销需求计划概述 ... 143
6.2.1 分销需求计划的概念 ... 143
6.2.2 实施分销需求计划的意义 ... 143
6.2.3 分销需求计划的原理 ... 144
6.3 企业分销渠道管理 ... 145
6.3.1 分销渠道概述 ... 145
6.3.2 分销渠道模式 ... 147
6.3.3 分销渠道选择 ... 149

第 7 章 企业回收物流管理 ... 157
7.1 回收物流概述 ... 158
7.1.1 回收物流的含义 ... 158
7.1.2 回收物流产生的原因 ... 159

7.1.3 回收物流的流程 …… 159
7.1.4 回收物流的特点 …… 160
7.2 回收物流的分类 …… 161
7.2.1 按照回收物品的渠道分类 …… 161
7.2.2 按照逆向物流材料的物理属性分类 …… 161
7.2.3 按照成因、途径和处置方式及其产业形态分类 …… 163
7.2.4 根据回收利用的动机分类 …… 164
7.2.5 根据回收的废品种类分类 …… 164
7.2.6 根据重复利用的方式分类 …… 165
7.2.7 根据回收利用的主体分类 …… 165
7.3 回收物流的处理 …… 166
7.3.1 回收物流的管理 …… 166
7.3.2 企业回收物流的处理 …… 166

第8章 企业物流发展趋势 …… 174

8.1 企业物流管理面临的挑战 …… 176
8.1.1 来自政治法律的挑战 …… 176
8.1.2 来自经济环境的挑战 …… 177
8.1.3 来自社会环境的挑战 …… 178
8.1.4 来自科学技术的挑战 …… 179
8.2 企业物流现代化技术 …… 180
8.2.1 数字信息技术发展背景 …… 181
8.2.2 数字信息技术 …… 181
8.3 我国企业物流发展的趋势 …… 184
8.3.1 我国企业物流市场环境发展趋势 …… 184
8.3.2 我国企业物流数字信息技术发展趋势 …… 185
8.3.3 我国企业物流绿色低碳发展趋势 …… 186

主要参考文献 …… 191

第1章

企业物流管理概述

学习目标 >>>

1. 了解生产企业和流通企业的领域范围。
2. 掌握企业物流及企业物流管理的概念。
3. 掌握企业物流的分类。
4. 了解企业物流的特点。
5. 熟悉企业物流管理的内容。
6. 了解企业物流合理化的原则。

引导案例　　　　A 公司通过物流整合提高效益

　　A 公司正式成立于 1991 年,是由中方公司和外方公司共同投资组建的合资企业。近年来,该企业在中国汽车行业中一直名列前茅,占有较大的市场份额。

　　1997 年 A 公司轿车的产销量与 1996 年相比增长 70%,在全国轿车行业中名列第三。A 公司所取得的成功除了在市场的开拓与投入、技术创新等有效举措之外,另一个重要的因素就是引入了现代化计算机管理模式和技术:通过企业资源计划对企业物流进行了有效整合。

　　A 公司为了提高自身的竞争实力,求生存、求发展,在我国汽车整车行业中率先引进了 SAP 公司的 R/3 系统,用一整套完整的 ERP 系统对企业进行管理,探索出企业管理方式的一条新路径。

　　汽车市场需求的变化,要求制造商从小品种、大批量的生产方式转变为多品种、小批量的生产方式。A 公司中仅某一品牌车的品种就有 59 种,批量小、生产批次多,如果不采用先进的信息管理系统,必然会导致库存量大、生产效率低、生产成本高的问题。

　　因此 A 公司考虑统筹规划,使物流、信息流和资金流并行,对企业内部物流进行整合,从制度上规范了公司业务的各个环节,改善了企业的经营决策功能,实现了采购订货及时、库存量降低、生产计划安排合理。

这一整合提高了企业的应变能力和竞争能力,从而使企业在市场上获得了更高的声誉,整体运营水平大大提高。具体表现在以下方面:

1. 采购管理

首先,在采购上根据主计划和物料清单对库存量进行查对,计算机快速计算出所缺物料的品种、数量和进货时间,将采购进货下达到各个厂。

其次,由采购人员从系统中查看各供应商的历史信息,根据其价格、供货质量、服务等指标来选择供应商。这样既能准确、高质量地实现物料采购,又大大缩短了采购周期。

2. 库存管理

采购得准确和及时,使库存量大大降低。以前,库存资金占用严重,仅国产化件资金占用量就高达1.2亿元,使用R/3系统后降低到4 000万元左右。

同时系统对库存量的上限和下限有严格控制,只要库存量达到了上限,系统就会给出报警信号,则物料无法再进入仓库;而达到下限时,系统也会提醒采购人员立即补充库存,起到了自动提示和监督的作用。

在库存盘点方面也节约了大量人力和时间,以前每天最多可清查四个仓库,而采用计算机管理后,四个仓库的盘点仅用10分钟就可完成。

3. 生产管理

在A公司的生产装配线上,生产计划一旦形成,就会立即下达到各个生产部门,并分解到工位。

同时,物料供应部门也根据计划要求准确及时地将各种物料送往各个工位,每一种物料都有自己的条形码作为标识,一旦某个工位的物料低于下限,计算机会立即发出缺料通知,这样可以边干边等,不至于发生停工待料的现象。

供货部门接到信号后,根据其条形码信息可及时将物料送到所需工位。在生产和组装过程中,每一道工序都由系统进行严格监控,如每个工位都进行了哪些工作、是否合格等信息都将准确无误地存入计算机内。

4. 质量控制

由于每道工序都记录了工作质量的合格与否,所以系统如实地反映了产品和配套零件的质量情况。当整车下线时所有这些信息都被扫描存储在计算机数据库中。这样,质量管理信息的采集与处理、质保的定期跟踪都变得方便和容易,较好地实现了全面质量管理。

5. 成本核算与控制

在ERP系统中,A公司每个部门都是一个独立的成本中心,都有一个预算指标,实施严格准确的成本控制。

在使用计算机管理系统以前,由于汽车的零部件繁多,每一个产品的成本都较难计算得很准确,现在利用R/3系统可对企业业务流程中的每个环节的成本变化进行跟踪,每道工序、每个环节,只要产生增值,就立即动态地进行成本滚动,并可实现对产品成本按月进行分析,加以控制。整个年度的经营计划都非常好地控制在企业经营者手中。

6. 财务管理

实现了财务电算化后,及时准确的成本跟踪使成本核算实现了自动化,财务部门的职能和工作重点也发生了重大转变。过去那些忙于记账、核对、做报表的人员现在的任务是随时对成本进行比较和分析,真正起到了成本控制部门的作用。

由于将财务的分块处理变为工作流管理,有效地控制了资金流的流向,提高了财务工作效率,保证了财务数据的准确,加强了财务分析功能,大大缩短了财务处理业务量和财务结算周期。

以前,完成月报需要一周的时间,年报则更长;而现在标准的资产负债表,从产生到打印出来仅需要一分钟。同时,系统中多种货币及外汇、汇率的管理也为企业的财务运作提供了有效工具,仅在汇率管理上就为企业节约了大量资金。

(资料来源:物流技术与应用,2021-10,有改动)

1.1 企业物流概述

1.1.1 企业物流的内涵

企业是为社会提供产品或服务的经济实体。

根据企业性质的不同可将企业分为两大类:生产企业和流通企业。

生产企业是通过对原材料、设备、人力、资金等的投入,再经过制造加工,使之转换为产品,以满足社会需要的经济实体。

流通企业是实现商品从生产者到使用者的位置转移或时间转移,为社会提供各种商品,以满足社会需要的经济实体。

这两类企业的领域不同,但目的是一致的,都是满足社会需求。

企业物流按企业性质分为生产企业物流和流通企业物流,生产企业物流包含供应物流、生产物流、销售物流、回收物流和废弃物物流;流通企业物流包含供应物流、销售物流、回收物流和废弃物物流。

随着市场竞争的加剧,企业经营面临着越来越严峻的压力与挑战,企业经历了不断摸索,逐步认识到物流是提高企业竞争的法宝,因此运用先进的物流技术已经成为企业今后提高效益和市场应变能力的重要途径。这就要求生产企业要在生产过程中缩短产品生产周期、降低产品成本并及时掌握市场变化信息,以增强企业的竞争优势和适应市场多变的能力;流通企业对流通过程中的物品及相关信息在供应、销售和回收中,有效率且有效益地正向和反向移动与储存。因此无论是生产企业还是流通企业都应掌握和运用好物流这个法宝,从而在生产和流通两个领域来创造"第三利润源"。

国家标准《物流术语》(GB/T 18354—2021)中对企业物流的定义是:生产和流通企业围绕其经营活动所发生的物流活动。

综上所述,企业物流是指生产企业或流通企业在其经营范围内,在生产或运作服务过程中,物品发生的运输、储存、装卸搬运、包装、流通加工、配送、信息处理等活动。

微课: 如何区分生产企业与流通企业?

1.1.2 企业物流的分类

1. 按企业性质分类

(1)生产企业物流

生产企业物流是以购进生产所需要的原材料、设备为起点,经过劳动加工,形成新的产品,然后供应给社会需要的部门的全过程。在这一过程中需经过原材料及设备采购供应阶段、生产阶段和销售阶段。相应地产生了生产企业纵向上的三种物流形式,如图1-1所示。

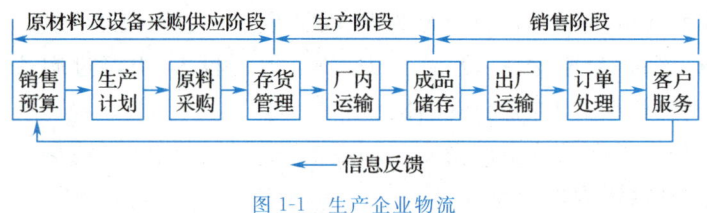

图1-1 生产企业物流

①原材料及设备采购供应阶段的物流

原材料及设备采购供应阶段的物流是企业为组织生产所需要的各种物资供应而进行的物流活动,包括本企业所需各种物资的企业外部物流和本企业仓库将物资送达生产线的企业内部物流。

②生产阶段的物流

生产阶段的物流是指企业按生产流程的要求,组织和安排物料在各生产环节之间进行流动的内部物流。

③销售阶段的物流

销售阶段的物流是企业为实现产品销售,将产品送达用户或市场供应点的外部物流。对于双方互需产品的工厂企业,一方的销售物流便是另一方的外部供应物流。通过销售物流,企业得以收回资金并进行再生产活动。销售物流的效果好坏关系到企业的存在价值是否被社会认可,所以可通过销售物流的合理化来增强企业的竞争力。

(2)流通企业物流

流通企业物流是指以从事商品流通为主的企业和专门从事实物流通的企业的物流。它是为了克服产品在生产点和消费点之间存在的空间和时间上的间隔而产生的一种物品运动方式,以最合适的成本,将特定的产品和服务在特定的时间提交给特定的客户。其类型又可划分为以下几种:

①货运企业的物流

货运企业包括水路运输、公路运输、铁路运输、航空运输等企业,其物流是为客户解决货物的空间位移。

②仓储企业的物流

现代仓储企业集储存、加工、配送、信息服务等功能于一体,其物流是以仓储企业为核心,由仓储经营活动所产生的接运、入库、储存保管、加工、发运等活动。根据仓储的主营业务不同可分为物流中心、配送中心、加工中心及保税仓等仓储企业的物流。

③转运企业的物流

转运企业包括铁路、公路、航空货运场站及港口等企业,其物流是衔接货物中转而进行的装卸作业、堆场周转、编组集运等活动。

④零售卖场企业的物流

零售卖场企业的物流是以零售卖场为核心,由零售企业商品补货、商品售后送货服务等产生的以实现零售销售为主体的物流活动。

2. 按企业活动过程分类

根据物流活动发生的先后次序,可将企业物流划分为四部分:采购与供应物流、生产物流、销售物流、回收与废弃物物流,如图1-2所示。

(1)采购与供应物流

①生产企业采购与供应物流

生产企业采购与供应物流是指为生产企业提供原材料、零部件或其他物料时,物品在提供者与需求者之间的实体流动。

生产企业采购与供应物流是指从原材料、外协件等的订货、购买开始,通过运输、中转等中间环节,直到收货人收到货入库为止的物流过程。它是企业生产准备工作的重要组成部分,也是生产得以正常进行的前提。其采购与供应的数量、质量、

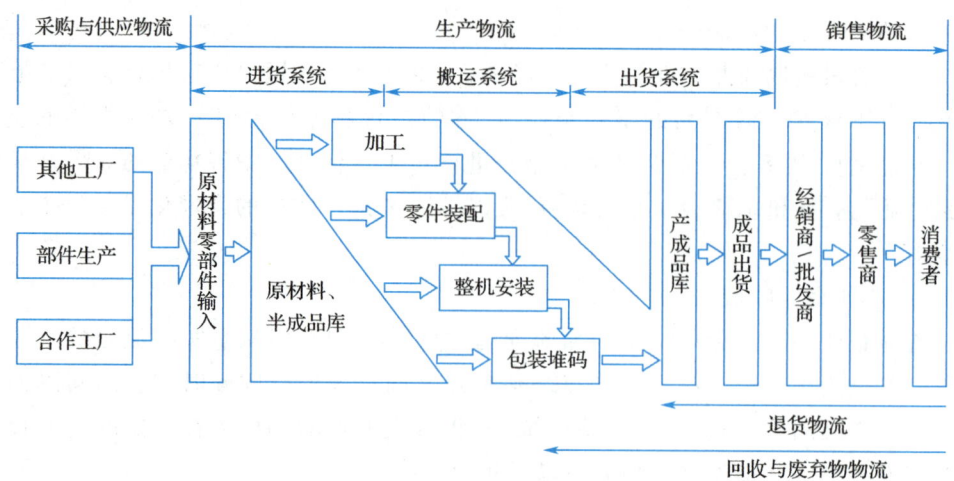

图 1-2　生产企业物流示例

时间不仅会直接影响生产的连续性和稳定性,而且在其中所发生的费用直接构成产品的生产成本。因此,采购及供应物流不仅是一个保证供应的问题,更重要的是以合适的成本、合适的消耗、合适的时间来保证生产的物流活动。具体物流过程如图 1-3 所示。

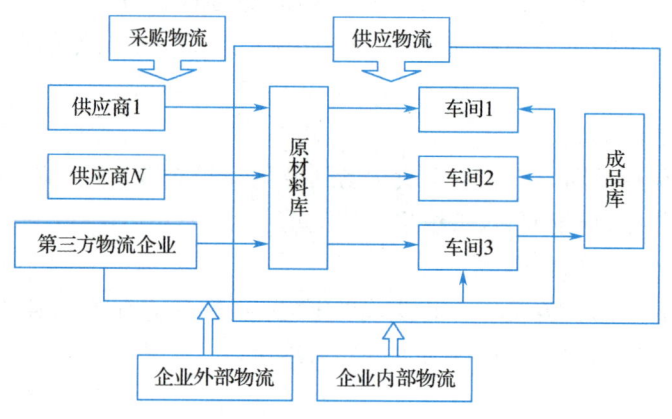

图 1-3　生产企业采购与供应物流

②流通企业采购与供应物流

流通企业采购与供应物流是指为流通企业进行库存补货时,物品在提供者与需求者之间的实体流动。

流通企业采购与供应物流是根据企业经营需要,由企业向供应商提出订货,供应商组织货源并送货,直到流通企业收到并验收入库为止的物流过程。其采购与供应的目的与生产企业的采购与供应不同。生产企业的采购与供应的目的是为生产产品提供资源服务,而流通企业的采购与供应的目的是为企业经营提供不间断的货源服务。

(2) 生产物流

国家标准《物流术语》(GB/T 18354—2021)中对生产物流的定义是：企业生产过程中发生的涉及原材料、在制品、半成品、产成品等所进行的物流活动。

企业生产物流是与整个生产工艺过程相伴的，实际上已构成了生产工艺过程的一部分。生产物流是按生产流程的要求组织和安排在制品在各生产环节之间进行流转的内部物流活动。在原材料、燃料、零部件、外购件等投入生产之后，经过发料、下料，运送到各加工点和存储点，以在制品的形态，借助一定的运输装置，从一个生产地流入另一个生产地，按照既定的工艺过程进行加工、储存，直到生产加工过程结束，产品进入生产成品仓库。企业生产物流过程始终体现着物料实物形态的流转过程。参看图1-2所示的生产物流部分。

(3) 销售物流

国家标准《物流术语》(GB/T 18354—2021)中对销售物流的定义是：企业在出售商品过程中所发生的物流活动。

企业销售物流是生产企业、流通企业出售商品时，物品在供方与需方之间的实体流动。包括产成品或商品的库存管理、订货处理、分拣配货、配送发货以及顾客服务等物流活动。

①生产企业销售物流

生产企业的销售物流是企业有效取得销售成果的保障，而销售成果又是生产企业赖以生存和发展的条件，是企业本身必须从事的重要活动，即使销售物流外包也应由企业全面掌控。

②流通企业销售物流

流通企业的销售物流一类来源于为生产企业代理销售，另一类来源于物流中心、配送中心等企业的自营销售。

物流是企业的"第三利润源"，降低销售物流成本是企业降低成本的重要手段。无论是生产企业还是流通企业，一方面依靠销售物流将商品源源不断送到客户手中；另一方面通过降低销售过程中的物流成本，间接或直接地增加企业利润。销售物流以满足客户的需求为出发点，从而实现销售和完成售后服务，所以销售物流具有很强的服务性。

微课： "采购与供应物流"与销售物流的区别

(4) 回收与废弃物物流

从生产经过流通直到消费的全过程是物资流向的主渠道。在这一过程中有生产过程中形成的边角余料、废渣、废水，有流通过程中产生的废弃包装器材，也有大量由于变质、损坏、使用寿命终结而丧失使用价值或者在生产过程中未能形成合格产品而不具有使用价值的物资,它们都要从物流主渠道中分离出来,成为生产或流通中产生的排泄物。这些排泄物一部分可以回收并再生利用,称为再生资源,形成回收物流;另一部分在循环利用过程中,基本或完全失去了使用价值,成为无法再利用的最终排放物,形成废弃物物流。

回收是指对排放物处理时将其中有再利用价值的部分加以分拣、加工、分解,使其成为有用的物资重新进入生产和消费领域。例如,废纸被加工成纸浆,成为造纸的原材料;废钢被分拣加工后进入冶炼炉变成新的钢材;废水经净化后被循环使用等。这类物质的流动形成回收物流。

废弃物物流是指将经济活动中或人民生活中失去原有使用价值的物品,根据实际需要进行收集、分类、加工、包装、搬运、储存等,并分送到专门处理场所的物流活动。

3. 按物流活动主体分类

根据物流活动的主体不同,可将企业物流分为企业自营物流和第三方物流。

(1)企业自营物流

企业自营物流是指由与货物有关的发货人或收货人承担物流活动的一种物流形态,即企业自备车队、仓库、场地、人员,以自给自足的方式经营企业的物流业务。

目前,企业自营物流已不是传统企业的物流作业功能的自我服务,它是基于供应链物流管理以制造企业为核心的经营管理新概念。

(2)第三方物流(Third-Party Logistics,3PL)

第三方物流是指由与货物有关的发货人和收货人之外的专业企业,即第三方物流商来承担企业物流活动的一种物流形态。第三方物流商提供各种物流服务及其增值服务。发货人和第三方物流商之间必须以正式合同为条件,合同明确规定了服务费用、期限及相互责任等事项。常见的第三方物流服务包括物流系统设计、货物运输、仓储服务、流通加工服务、信息咨询服务、联运中转、通关代理等。

第三方物流与自营物流的比例是衡量一个地区或一个国家物流水平的标志。第三方物流的占比越高,说明这个地区或国家的物流水平越高。

第三方物流在国外物流市场已占据了相当可观的分量,如欧洲目前使用第三方物流服务的比例约为76%,美国约为58%,日本约为80%。

调查结果显示,目前我国第三方物流供给能力略大于物流需求水平。经过这些年发展,我国的第三方物流取得了长足发展。物流企业的规模可以通过多种指标来衡量,最简单的就是通过物流企业的人员数目来比较。我国第三方物流企业及企业平均员工的数量均逐年增加。

实践证明,第三方物流服务的营运成本和效率远远优于企业自营物流。它可以帮助企业精干主业,减少库存,降低成本,提高核心业务的竞争力。专业人士指出:"第三方物流存在的最重要理由就是让更专业的物流企业来服务,让物流也成为企业增值的另一个渠道。"

微课： 自营物流与第三方物流的区别

4. 按物流业务形态分类

根据物流业务形态的不同,可将物流分为冷链物流、快递物流、零担物流、整车物流及危化品物流。

(1) 冷链物流

冷链物流是指冷藏冷冻类产品在生产、存储运输、销售,直至消费的各个环节中始终处于规定的低温环境下,以保证产品质量、减少产品损耗的一项系统工程。

冷链物流是一种以冷冻工艺为基础,以制冷技术为手段的低温物流过程。

(2) 快递物流

快递物流是指快递公司(承运方)通过铁路、公路、航空等交通方式,运用专用工具、设备和应用软件系统,对国内、国际的快件揽收、分拣、封发、转运、投送、信息录入、查询、市场开发、疑难快件进行处理,以较快的速度将客户(托运方)特定的物品运达和配送到指定地点或目标客户手中。

(3) 零担物流

零担物流是指当一批货物的重量或容积不满一辆货车时,可与其他几批甚至上百批货物共用一辆货车装运。

零担物流特指一种介于整车物流和快递物流之间的物流模式。

(4) 整车物流

整车物流是相对零担物流而言的,是指一般货物的大批量从供给地向接收地的实体流动过程,其物流量占总物流量的比例最大。

(5) 危化品物流

危化品通常指危险货物或危险品。是一种具有物理、化学或生物特性的物品。

危化品物流是指危险化学品从供给地向接收地的实体流动过程。根据实际需要,将运输、储存、装卸、搬运、包装、流通加工、配送、信息处理等基本功能进行有机结合。

1.1.3 企业物流的特点

企业物流是从企业角度研究与之有关的物流活动,它是具体的、微观的物流。根据企业物流的分类,生产企业物流和流通企业物流各具不同的特点。

1. 生产企业物流的特点

(1) 生产企业物流的连续性

企业的生产物流活动不但充实、完善了企业生产过程中的作业活动,而且把整个生产企业所有孤立的作业点、作业区域有机地联系在一起,构成了一个连续不断的企业内部生产物流。企业内部生产物流是由静态的点和动态的点相结合联系在一起的网络结构。静态的"点",表示物料处在空间位置不变的状态,如相关装卸、搬运、运输等企业的厂区配置、运输条件、生产布局等;生产物流动态的"点"的运动方向、流量、流速等是使企业生产有节奏、有次序、连续不断运行的基础。生产物流的连续性是生产企业效率的标尺,因此生产企业极其重视生产过程的连续性。

(2)物料流转贯穿于生产过程

物料流转的手段是物料搬运。在企业生产中,物料流转始终贯穿于生产、加工制造过程。无论是在厂区、库区、车间、工序、机台之间,都存在着大量、频繁的原材料、零部件、半成品和产成品的流转运动。生产物流的目标是提供畅通无阻的物料流转,保证生产过程顺利、高效进行。为此,必须对物料的流转进行分析研究以明确对物料搬运的要求。

通过对物料流转的分析可以明确需要搬运物料的种类、数量、连续性和机动性等方面的要求以及搬运作业的起止地点、空间限制、次序等。对于大多数企业来说,他们的生产供货次序是:下一道工序生产过程需要的零部件由上一道工序提供,需要什么、需要多少、何时需要等都由下一道工序决定。这种供货方式改变了过去上一道工序的产品全部流入下一道工序而形成下一道工序半成品和配件大量积压的情况。将"看板管理"运用于工厂内和工厂与工厂之间,从而使这种"何时、何物、多少"的信息流恰当地统一管理生产物流。这样,下一道工序要多少,上一道工序供多少,使生产物流合理化而减少不必要的搬运,尽可能消灭相向、迂回搬运,使搬运作业与生产、供应、分拨等形成流水作业。这对合理选择与运用搬运设备,充分利用物流空间,提高物流效率和减少物流费用是极其重要的。

(3)生产企业物流的伴生性

企业生产物流的运行具有伴生性,它往往是生产过程中的一个组成部分或一个伴生部分,这决定了企业物流很难与生产过程分开而形成独立的系统,它们的依存关系密不可分,紧密相伴。

在具有总体伴生性的同时,企业生产物流中也有与生产工艺过程可分的局部物流活动,这些局部物流活动有本身的界限和运动规律,当前对企业物流的研究大多是针对这些局部物流活动而言的。这些局部物流活动主要包括仓库的储存活动、接货物流活动、车间或分厂之间的运输活动等。

2. 流通企业物流的特点

(1)通过物品在物流过程中的增值服务实现其价值

生产企业物流的目的在于保证生产活动正常而有效的进行,其价值的实现通过产品而非物流。而流通企业物流的目的在于满足客户的需求且实现利润最大化,其价值通过物品在物流过程中的增值服务而实现。因此,两类企业物流的特点在这一方面具有明显差异。

(2) 信息技术的广泛应用

虽然生产企业和流通企业都离不开信息技术的支持,但流通企业对信息技术的需求更广泛,要求更高,且已成为制约流通企业物流发展的关键因素。

(3) 企业物流成本的"二律背反性"

流通企业物流管理肩负着降低物流成本和提高服务水平两大任务,但这两大任务有着相互矛盾的对立关系,反映出企业物流成本管理的"二律背反性"特征。"二律背反性"主要是指企业物流各子系统功能间的二重矛盾,即一种追求一方就必须舍弃另一方的状态,两者是对立状态。企业物流系统中存在的几种常见的"二律背反"现象如下:

① 减少仓库并尽量减少库存,使储存费用减少,但这势必会使库存补充变得频繁,进而增加运输次数,增加运输费用。

② 简化包装,减少包装费用,但降低的包装强度会使产品在装卸和运输过程中容易出现破损,导致装卸搬运效率下降。

③ 为了减少缺货率,就要增加库存量,但仓储费用就会上升。

④ 片面追求装卸作业均匀化,但这会使运输环节产生困难。

研究企业物流成本的二律背反关系实质上是研究企业物流的经营管理问题,即将管理目标定位于降低物流成本的投入并取得较大经济效益。整个物流合理化,需要用总成本进行评价,这反映出企业物流子系统功能相互制约、成本交替损益的特点。

这一特点在生产企业和流通企业中都存在,但在流通企业中表现得更为强烈。

1.2 企业物流管理的概念与内容

1.2.1 企业物流管理的产生和发展

从宏观、中观和微观三个层次对管理科学进行划分,可划分为理论管理学、基础管理学和应用管理学。企业管理和物流管理都是属于微观层次中的应用管理学。

20世纪初在泰勒在"科学管理"学说中提出,企业有三个基本的职能,即市场管理、运营管理和财务管理,物流管理并没有被列入其中。但物流活动是客观存在的,如采购物流、生产物流和销售物流,相应的管理业务被分别归入企业的采购部门、制造部门和市场营销部门,那个时期企业还没有物流部门。这样,各部门各司其职。其中,采购经理最关心的是供应商的选择、采购谈判,希望获得尽可能低的采购价格,但低价格往往又以大批量采购为代价,价格上得到的好处很快被高额的库存费用抵消了;销售经理考虑更多的是如何扩大销售规模,保证供货,而很少考虑产品的供货方式、成品仓库地点的选择、仓库的数量、库存量的控制、运输方式的选择等不属于销售经理的职责范围，无疑销售费用水平也难遂人意；制造经理最感兴趣的就是生产过程的连续性，因此他也需要依靠大量在制品库存来支持。可见，在整个生产制造过程中，到处存在大量的库存和费用，大量的流动资金被当时未被重视的"物流黑洞"吞噬了。

直到20世纪40年代系统论产生后，人们才开始用系统的观点来解决不适当的库存问题。20世纪60年代，物料管理被认为是对企业原材料采购、运输、原材料和在制品的库存管理；而配送管理是对企业输出物流的管理，包括需求预测、产品库存、运输、库存管理和用户服务。20世纪80年代，企业的输入、输出以及市场和制造功能被集成起来，企业物流管理才真正地受到重视，越来越多的西方企业将物流战略视为获得市场竞争优势的重要途径，开始对物流全过程实施统一管理。管理者将企业物流管理贯穿于从原材料采购到成品交付的整个环节，消除了企业内部物料流动之间的障碍，减少了库存量，使企业整体物流成本降低，并从战略角度促成物流管理、企业营销及生产各部门的协调，提高了客户服务水平，强化了企业盈利能力，企业内部物流一体化成为企业取得成功的必要条件。

进入20世纪90年代后，市场竞争加剧，促使企业将其物流活动扩展到顾客和供应商相结合的层面。通过与供应链上游的制造商、原料供应商和下游的批发零售商之间的紧密合作，强化了企业对市场的反应能力，提高了供应链的整体效益，实现了整个供应链范围的物流系统效益最大化。这种供应链上各个合作伙伴共赢的局面有助于企业顺利实现其经营目标并促进其不断发展。

进入21世纪以来，第三方物流日益成为物流服务的主导方式；信息技术、网络技术广泛用于物流领域，物流与电子商务日益融合；物流全球化风起云涌；第一代数据应用BAT的独领风骚，第二代大数据应用的全面崛起……其前景令人目不暇接。

1.2.2 企业物流管理的概念

物流管理在不同的发展阶段，曾被赋予不同的含义。

1985年美国物流协会将物流管理定义为：为迎合客户需求而对原材料、半成品、产成品及相关信息从产地到消费地高效、低成本流动和储存而进行规划、实施与控制的过程。此定义包括了生产和服务部门物料和服务的流动，其中服务部门指政府、医院、银行、零售商和批发商。

1998年，美国物流协会对物流管理重新定义，即"物流为供应链活动的一部分，是为满足顾客需要对商品、服务及相关信息从产地到消费地高效、低成本流动和储存而进行规划、实施及控制过程"。

2001年我国发布实施的《物流术语》国家标准（GB/T 18354—2001）对物流管理的定义为：物流管理是指为了以最低的物流成本达到用户满意的服务水平，是对物流活动进行的计划、组织、协调与控制。

2006年版《物流术语》国家标准(GB/T 18354—2006)重新修订了对物流管理的定义:物流管理是指为达到既定目标,对物流的全过程进行计划、组织、协调与控制。

尽管关于物流管理有不同的表述,但系统管理思想、总成本概念和客户至上的主题始终是其理论的核心。

企业物流管理是对企业的物流活动进行计划、组织、指挥、协调、控制和监督,通过合理组合物流功能,在保证物流服务水平的前提下,实现物流成本的合理化。

1.2.3 企业物流管理的内容

由于企业物流活动贯穿企业运作的全过程,因此企业物流管理涉及多方面内容,既要实现低成本运作,又要确保客户对物流服务质量满意。这需要物流管理通过有效的计划、组织、协调和控制等手段,合理组织企业资源,实现企业效益的最优化。企业物流管理的内容包括物流活动要素、系统要素以及物流活动具体职能等方面。

1. 对物流活动要素的管理

(1)运输管理

运输是物流各环节中最主要的部分,是物流的关键。通过运输可以实现货物在物流节点之间的流动,产生空间效益,解决货物的空间间隔问题。运输具有扩大市场规模、稳定价格、促进社会分工、扩大流通范围等社会经济功能。运输管理是指对用于运输的车辆、船舶、航空器、管道等进行综合性能检测以及对运输服务进行管理,包括公路运输管理、铁路运输管理、船舶运输管理、航空运输管理、管道运输管理等。运输管理要求选择恰当的输送方式及联运方式,合理确定输送路线,以实现安全、迅速、准时、价廉的目标。

(2)仓储管理

仓储是指在特定场所储存物品的行为。仓储管理是对库存物品进行管理,对仓库设施及其布局等进行规划、控制的活动,包括物品入库业务管理、物品保管业务管理和物品出库业务管理。仓储管理要求合理确定库存量,建立物品的仓储制度,确定仓储流程,改进仓储设施和仓储技术等。仓储是物流活动的中心要素,与运输具有同等重要的地位。

(3)装卸搬运管理

装卸和搬运的质量与效率是整个物流过程的关键所在。在物流活动全过程中,装卸搬运活动是不断出现和反复进行的,这是物品损坏的重要原因。因此,企业必须对装卸搬运活动加强管理。装卸搬运管理主要针对装卸搬运的方式和装卸搬运机械的选择、配置与使用来进行,努力做到装卸搬运合理化,尽可能减少装卸搬运的次数。通过装卸搬运管理,企业可以避免无效的装卸搬运,提高装卸搬运的灵活性,加快商品的移动速度，从而降低成本。另外，装卸搬运活动要花费较长时间，是影响物流速度的关键环节。

(4) 包装管理

包装管理的核心在于借助管理手段最大限度地降低包装成本。包装管理的主要目的就是适时、适量地为客户提供适用的包装材料，即客户什么时候需要包装，就什么时候提供；客户需要多少，就提供多少。这样既避免了浪费，又提高了供应链的整体效率。包装管理应进行系统的开发设计，因为包装存在于整个流通环节，不能只考虑某一流通环节或某一方面，要用系统的观点进行综合考虑。

(5) 流通加工管理

流通加工是指物品在流通过程中，为了促进物品销售，维护产品质量，实现物流高效化，对产品进行加工处理，使产品发生物理性变化或化学性变化的活动。通过流通加工管理，企业可以节约材料，保证供货质量，方便客户，提高收益，提高加工效率以及原材料和设备的利用率。

(6) 物流信息管理

物流信息是连接运输、保管、装卸搬运、包装各环节的纽带。没有各物流环节信息的畅通和及时供给，就无法保证物流活动的时间效率和管理效率，也就失去了物流的整体效率。物流信息管理是指对物流信息进行采集、整理、传输、分析和应用。物流信息管理通过物流信息化系统来完成。物流信息化系统是物流信息管理的信息化支撑平台，具有信息生成、加工、处理、存储、交换、控制等诸多功能。

(7) 配送管理

配送是指在成本合理的范围内，根据客户需求，对物品进行拣选、加工、包装、分割、组配等作业，并按时送达指定地点的物流活动。它是物流中一种特殊的、综合的活动形式，包含了物流活动中若干功能要素。环节多、面广、装备技术要求高，对其管理的复杂性及重要性不言而喻。

2. 对物流系统要素的管理

(1) 人的管理

人是物流系统和物流活动中最活跃的因素。对人的管理包括物流从业人员的选拔和录用；物流专业人才的培训与提高；物流教育和物流人才培养规划与措施的制订等。

(2) 物的管理

"物"是指物流活动的客体即物质资料实体。对物的管理贯穿于物流活动的始终，涉及物流活动诸要素，即物的运输、储存、包装、流通加工等。

(3) 财的管理

财的管理主要是指物流管理中有关降低物流成本、提高经济效益等方面的内容。它是物流管理的出发点,也是物流管理的归宿。其主要内容有物流成本的计算与控制;物流经济效益指标体系的建立;资金的筹措与运用;提高经济效益的方法;等等。

(4)设备管理

设备管理是指与物流设备有关的各项内容。其主要内容有各种物流设备的选型与优化配置;各种设备的合理使用和更新改造;各种设备的研制、开发与引进;等等。

(5)方法管理

方法管理的主要内容有各种物流技术的研究与推广普及;物流科学研究工作的组织与开展;新技术的推广普及;现代管理方法的应用;等等。

(6)信息管理

信息是物流系统的神经中枢,只有做到有效处理并及时传输物流信息,才能对系统内部的人、财、物、设备和方法五个要素进行有效管理。

3. 对物流活动具体职能的管理

物流活动从职能上进行划分,主要包括物流计划管理、物流质量管理、物流技术管理、物流经济管理等。

(1)物流计划管理

物流计划管理是指对物质生产、分配、交换、流通整个过程的计划管理,也就是在物流大系统计划管理的约束下,对物流过程中的每个环节都进行科学的计划管理,具体体现在物流系统内各种计划的编制、执行、修正及监督的全过程。物流计划管理是物流管理工作的首要职能。

(2)物流质量管理

物流质量管理包括物流服务质量、物流工作质量、物流工程质量等方面的管理。物流质量的提高意味着物流管理水平的提高,意味着企业竞争能力的提高。因此,物流质量管理是物流管理工作的中心问题。

(3)物流技术管理

物流技术管理包括物流硬技术和物流软技术的管理。对物流硬技术进行管理,即对物流管理基础设施和物流设备的管理,如对物流设施的规划、建设、运用,物流设备的购置、安装、使用、维修和更新,提高设备的利用效率,日常工具管理工作等。对物流软技术进行管理,主要是对物流各种专业技术的开发、推广和引进,物流作业流程的制定,技术情报和技术文件的管理,物流技术人员的培训等。

(4)物流经济管理

物流经济管理包括对物流费用的计算和控制,物流劳务价格的确定和管理,物流活动的经济核算、分析等。成本费用管理是物流经济管理的核心。

1.3 企业物流合理化

物流活动中各种成本之间经常存在着此消彼长的关系,而均衡的观点是从总物流费用入手,即使某一物流环节要求高成本的支出,但如果其他环节能够降低成本或获得利益,就是合理可取的。物流合理化的基本思想正是来源于均衡思想。

1.3.1 企业物流合理化的内涵

企业物流合理化是把物流中的运输、储存、装卸搬运、包装、流通加工、配送以及物流信息等作为一个系统来研究、规划、组织与管理,根据物流系统中各种职能因素的相互联系、相互制约、相互影响的关系,对物流设备配置和物流活动组织进行调整改进,实现物流系统整体优化的过程。

要实现物流系统的有效运转并实现目标,需要对物流进行系统化管理。具体表现为,以较低的物流成本、适合的数量、适合的质量、适合的时间、适合的地点、适当的价格、优良的客户服务实现商品实体从供应地到消费地的运动。

企业物流合理化的实质就是以合理的物流成本,获得较高的物流服务。

1.3.2 企业物流合理化的原则

1. 合理布置原则

生产系统和服务的各类设施在空间的布置规划与设计是物流合理化的前提。工厂内各车间的相对位置以及车间内各台设备的相对位置一经决定,物流路线便随之决定。合理布置的目的是减少物流的迂回、交叉以及无效的往复运输,并避免物流运输中混乱、运输路线过长等现象。

除了生产企业外,流通企业、行政事业组织等都有设施空间布置的问题,如储运公司、配送中心、快递公司、购物中心、航空港、医院、学校、银行等。

2. 均衡生产原则

均衡生产从物流角度看即生产物流流量的均衡。在科学制订生产计划和加强对生产的组织管理的前提下,使物流在从毛坯投入到成品产出全过程中,在制品始终处于不停滞、不堆积、不间断、不超越和有节奏的流动状态,最高境界是每道工序间在制品存储量趋于零库存。

3. 近距离原则

运输与装卸只能增加产品的成本,而不会增加产品的价值,因此在条件允许的情况下,应使物流流动距离最短,以减少运输距离与装卸搬运量。一些先进的企业之所以常常将工厂设计成几万平方米或几十万平方米的联合厂房,正是出于这方面的考虑。

避免不合理运输也能减少物流量,避免浪费。不合理运输主要包括:迂回运输、倒流运输、过远运输、相向运输等。

4. 合理控制库存原则

库存控制的目标有两个:一是降低库存成本,二是提高服务水平。在其他条件相同的情况下,保持高水平的服务就必须要付出高额的成本;同样,降低成本必然以服务水平的下降为代价。库存控制就是要在两者之间寻求平衡,以达到两者之间的最佳组合。

减少库存可以减少占用的流动资金,有效加快资金周转速度。但减少库存是有条件的,要综合考虑库存管理目标。例如,库存管理应满足减少流动资金、成本下降、保证供应防止缺货等要求。

5. 搬运简单化和集装化、提高装卸搬运活性指数原则

装卸搬运合理化的主要目标是节省时间、节约劳动力、降低成本。因此,主要原则是使装卸搬运作业尽量简化、操作环节尽量少。

由于装卸搬运活动在物流过程中发生的次数最多、最频繁,因此装卸搬运活动不仅要运用现代化的设备、容器和工具,还要采用科学的操作方法,从而提高装卸搬运效率和装卸搬运质量。装卸搬运活性指数见表1-1。

表 1-1　　　　　　　　　　装卸搬运活性指数

放置状态	需要进行的作业				活性指数
	整理	架起	提动	拖动	
散放地上	要	要	要	要	0级
放置在容器内	不要	要	要	要	1级
集装化	不要	不要	要	要	2级
在无动力车上	不要	不要	不要	要	3级
在传送带或车上	不要	不要	不要	不要	4级

6. 系统化原则

单个部门或环节的合理化并不意味着整个物流系统管理的合理化。例如,运输分系统希望大批量化运输,车辆装运量尽量满载,从而减少运输次数,降低运输费用;而仓储分系统则希望用经济批量来控制库存,从而降低库存总费用。这就是我们经常会遇到的效益背反现象。所以在考虑合理化时,不能仅着眼于一个部门,而要同时考虑对其他部门的影响及其利弊关系,即必须考虑整个物流系统管理的合理化。从宏观角度来看,必须处理好以下几个关系:

（1）内部各环节与外部环境的关系

对物流系统内部而言，运输、储存、装卸搬运、包装等诸环节发展不平衡，会严重影响物流功能，协调这种不平衡就显得非常重要。在此基础上，还需注重对外部环境进行分析，来自外部环境的影响包括外部社会经济的、政策的以及科学技术等方面，其中主要是社会资源状况、商品需求状况、社会购买力状况等的影响。

（2）当前利益与长远利益的关系

从系统化的基本要求而言，长远利益较当前利益更为重要。

（3）物流系统整体利益与各子系统利益的关系

由于各物流环节是互相影响、互相制约的，保证物流系统整体利益与各子系统利益都能达到最大是不现实的，系统化的准则是整体利益最大化。

思考题

1. 什么是企业物流？企业物流有哪些特点？
2. 企业物流如何分类？
3. 如何区分生产企业物流和流通企业物流？
4. 如何区分自营物流和第三方物流？
5. 什么是企业物流管理？企业物流管理的内容包括哪些？
6. 企业物流合理化的原则包括哪些？

本章阅读　B汽车有限公司信息管理带来的思考

B汽车有限公司由中方公司和外方公司共同出资于2010年初成立于湖北省武汉市（中方投资占70%）。B公司经过数年发展，已成为拥有零件加工、装配、包装、运输和销售等一整套设备、设施、人员的组织机构。随着国内轿车市场竞争越来越激烈，该公司感到原有的管理方法已经限制了企业的进一步发展，尤其是在与合作企业的沟通上，存在着较大的问题。

B公司的信息管理系统存在着一些影响供应链运作效率的问题。生产计划中所需要的关键数据（如制造明细表、订货信息、库存状态、缺货报警、运输安排、在途物资等）只有部分集成和共享，决策者在安排生产计划时无法快速获取有效数据。公司内部各部门信息系统在联网、系统接口、共享方面以及公司外部联系等方面存在较大难度，缺乏统一性和协调性。现存的销售系统侧重于对现金流的管理和售后服务跟踪，而对于公司外部信息，如客户数据的收集、分析和处理等功能不够完善，缺少快速有效的顾客信息反馈机制，使供应部门、生产部门无法充分获得来自市场的反馈信息。因此，供应、生产和需求缺乏必要的沟通，公司内部和外部之间的信息共享不够，难以真正按市场需求安排生产。另外，B公司与其他合作企业之间的信息流尚未建立规范体系,无共同遵守的工作准则。如B公司与C龙公司的业务往来通过电子数据交换系统进行数据交换,双方规定必须严格遵守文件的标准格式,任一方擅自改动格式都将导致对方的系统无法正常工作,但C公司更改了发货合同的格式,未提前通知B公司做好技术上的准备,从而导致B公司的翻译软件无法工作,无法获取数据。

分析

从B公司在供应链中所处的核心企业的角度看,该公司的管理信息系统既要接收来自不同体系的信息,又要对之进行处理,用以计划、组织和控制本企业的行为,然后将现有的状态反馈给不同的企业成员,因此,B公司的管理信息系统必须高度集成,为通过供应链管理实现企业经营目标提供可靠保证。

思考

要从以下几个方面考虑采取新的措施:

1. 信息必须规范化,有统一的名称、明确的定义、标准的格式和字段要求,信息之间关系也必须明确定义。
2. 信息处理程序必须规范化,处理信息要遵守一定的流程,不能因人而异。
3. 信息的采集、处理和报告有专人负责,责任明确,没有冗余的信息采集处理工作,保证信息的及时性、准确性和完整性。

启示

各种管理信息来自统一的数据库,既能为企业各有关部门的管理人员所共享,又有使用权限和安全保密措施。各部门按照统一数据提供的信息和处理管理事务的准则进行管理决策,实现企业的总体经营目标。

第 2 章

企业物流战略

学习目标 >>>

1. 理解物流战略的概念及其在企业中的重要地位,掌握物流战略的制定与实施过程。
2. 了解企业物流战略的特点。
3. 掌握战略管理的概念及其在企业物流战略中的应用。
4. 了解物流战略管理的层次,理解各层次战略的职责和作用。
5. 掌握制定企业物流战略的方法和步骤,了解如何结合企业实际情况进行战略分析和规划。

引导案例　　D 集团物流公司的海外战略布局

2023 年,D 集团旗下物流公司与法国国际快递公司正式签署战略合作协议,将在国际供应链领域展开深度合作。此举表明 D 集团正在持续深化其国际供应链能力建设,通过进一步加大在欧洲业务布局力度,推动数智化供应链在海外实现加速复制落地。

D 集团总经理表示,未来 D 集团供应链服务将基本实现覆盖全球,在占全球 80% 体量的经济体里建立供应链基础设施。

1. 夯实"新基建",助力欧洲多国实现商品最快 1 日达

在英国伦敦北部最重要的物流配送中心米尔顿·凯恩斯,D 集团产发运营的配送中心正在为英国的百货公司提供智能化存储及空间运营服务。该配送中心毗邻英国主动脉线,便捷高速公路网络连接伦敦、伯明翰、北安普敦、剑桥、牛津等各大城市,4.5 小时车程半径可以覆盖英国 85% 的人口。

经过多年来的持续布局,D 集团迄今已在全球拥有近 90 个保税仓、海外仓和直邮仓,海陆空运输航线遍及全球。在欧洲,D 集团物流欧洲区以海外仓建设为核心,在欧洲主要国家如德国、波兰、荷兰、法国、英国、西班牙等搭建了自营仓储网络以及协同仓,仓储网络服务能力基本覆盖欧洲主要国家。

在提升搭建仓储能力的同时，D集团物流欧洲区积极提升末端配送能力，与各个国家的主流头部服务商进行了紧密合作，同时也与当地下沉服务供应商建立合作。在与国际快递公司达成战略合作后，D集团将进一步提升欧洲快递服务覆盖范围和服务能力，通过D集团物流自营海外仓销售的商品，在德国、荷兰、法国、英国、西班牙、波兰等欧洲国家可实现本地包裹配送最快1日达。

D集团有关负责人表示，D集团将在欧洲推动实现快递包裹全程"一单到底"，通过上门服务、专属客服、数字化全程追踪、全球逆向等多种措施全面保障服务品质，不仅极具价格优势、助力欧洲当地商家降本增效，而且服务时效较全球主流国际快递企业可提升1～2天。

致力于为海外客户、中国出海品牌提供优质的国际供应链服务，D集团不断推进数智化供应链"扬帆出海"。例如，D集团物流荷兰仓等欧洲多个仓库已引入自动化分拣拣选方案，通过搬运机器人和智能分拣机器人的配合，拣货效率提升超3倍。高度自动化的设备与解决方案，让该仓生产效率比普通仓库高3倍以上。

2. 搭建"直通车"，让更多欧洲品牌共享中国大市场

2023年购物节期间，来自包括欧洲多个国家在内共30余位驻华使节齐聚D集团，通过线上、线下方式为各自国家的优质好物站台。据介绍，自2014年D集团上线首个国家馆以来，在各国驻华使馆等权威机构官方授权和大力支持下，通过聚合品类、品牌、资源，不断提升国外优质特色产品拓展中国市场。2023年，D集团国家馆和区域馆已超100家，在售特色商品超过5 100款，每年获得超过15亿人次曝光，沉淀超过1 000万活跃用户。

目前，D集团引入的国家馆中，包括英国、法国、德国、丹麦、芬兰、西班牙、葡萄牙、俄罗斯、意大利、捷克、塞尔维亚、罗马尼亚、格鲁吉亚等20余个欧洲国家，基本实现对欧洲主要经济区域的全覆盖。累计引入欧洲全新首次入华品牌数百个，D集团也因此成为欧洲品牌进入中国市场的首选合作伙伴。同时，D集团国家馆在丰富商品供给的同时，还重视展现不同国家文化特色和生活方式，以商品为媒介帮助欧洲各国打造文旅展示窗口，努力发挥电商促进中欧人文交流的外延价值。

D集团有关负责人表示，中国市场规模和潜力巨大，对于欧洲品牌或商家而言是巨大的机遇；为此，D集团将继续坚定不移地推进包括欧洲在内的国际化业务布局，充分发挥好数智化供应链优势，依托"链网融合"基础设施，助力欧洲品牌及商家在中国市场实现高效"着陆"，为相关品牌及商家注入增长新动能，共享中国机遇，实现互利共赢。

未来，D集团将持续围绕中国跨境及海外本地客户的需求，锚定数智化社会供应链出海不动摇，坚定不移推进国际化战略，积极用好国内国际两大资源、两大市场，促进内外"双循环"更加畅通，助力构建并全面融入新发展格局。

（资料来源：经济观察报，2023-09-07，有改动）

2.1 企业物流战略的内涵

2.1.1 物流战略管理有关概念

1. 物流战略及特征

战略,作为企业经营的航标,旨在为企业实现长远目标提供明确方向,并随着经营环境的变迁而灵活调整。这一指导性的规划可细分为三个层级:公司级战略,设定了企业的整体发展方向;事业部级战略,针对各业务部门制定具体策略;职能级战略,确保各职能部门能够有力支撑公司整体战略。

其中,物流战略作为职能级战略的重要组成部分,与营销战略、财务战略以及生产运作战略等并驾齐驱,共同为企业整体战略的实现提供坚实支撑。物流战略不仅关乎企业日常的物流运作,更是企业在实现其宏伟蓝图时,通过对外部环境和内部资源的深入分析,为企业物流发展所制定的长远的、全局性的决策框架。这一战略旨在为企业提供一份具体、可操作的物流行动指南,确保企业的物流活动始终与企业整体战略保持高度一致。

制定企业物流战略,无疑是企业物流管理决策层的核心任务之一。与选择卓越的企业战略一样,物流战略的选择同样需要经历一个富有创造性的过程。在这个过程中,创新思维和前瞻性视角往往能够为企业带来更为显著的竞争优势,助力企业在激烈的市场竞争中脱颖而出。企业物流战略通常展现出以下四个鲜明特征:

(1)明确的目的性

在制定和实施现代企业物流战略时,其背后的驱动力源自一个清晰且坚定的目标——引领企业在复杂多变的竞争环境中稳固立足,并实现持续繁荣与成长。

(2)深远的长期性

战略之所以被称作"长期",是因为它建立在对当前环境的细致分析和对未来趋势的科学预测之上,旨在为企业的长远发展描绘蓝图、规划路径。

(3)激烈的竞争性

面对日益激烈的市场竞争,现代企业物流战略必须具备前瞻性和全局观,不仅要设计出能够保持和增强企业竞争优势的策略,还要确保这些策略在实践中具有强大的对抗性和战斗力。

(4)严密的系统性

一个成熟的战略绝非孤立存在的,而是呈现为一个高度系统化的模式。它不仅有明确的战略目标作为指引,还配备了实现这些目标的途径、方针以及具体的政策和规划。企业物流战略正是这样一个由多个要素相互关联、相互支撑而形成的战略网络体系。

2. 战略管理

"战略管理"这一概念,最早由美国知名学者安索夫在其 1976 年的著作《从战略规划到战略管理》中首次提出。他阐释道,企业的战略管理实质上是一种综合性的经营管理计划,旨在将企业的日常业务决策与长远规划相结合。随后,斯坦纳在其 1982 年出版的《企业政策与战略》一书中,进一步丰富了这一理念。他认为,战略管理是一个动态过程,始于明确企业使命,通过深入分析企业外部环境和内部条件来设定目标,再确保这些目标得以有效执行,最终实现企业的使命。

基于这些理论,我们可以将物流战略管理(logistics strategy management)定义为:通过精心设计的物流战略规划、高效的战略实施,以及严谨的战略评价与控制环节,优化物流资源配置、调整组织结构,从而达成物流系统的根本宗旨和战略目标的连贯动态过程。在此过程中,有两点特别值得关注。

首先,战略管理不仅局限于战略的规划和设计,更包括将既定战略转化为具体行动的管理过程。这意味着它是一个涵盖了从战略构想到实际执行的全过程管理。

其次,战略管理绝非一成不变的。它是一个持续不断的过程,必须根据外部环境的变化、企业内部状况的调整,以及战略实施效果的反馈信息,不断进行调整和优化。这种持续性的管理确保了企业战略始终与时俱进,能够有效应对各种挑战和机遇。

3. 物流战略管理层次

物流战略可分为公司物流战略、物流经营战略、物流职能支持战略和物流运营战略。

(1)公司物流战略

此战略由企业最高决策层精心策划,渗透于企业的每项经营举措之中。其核心使命在于:细致规划企业的多元经营范围及其组合策略,进而优化企业绩效;巧妙协调各类经营活动,确保企业高效运转;明确投资重心,合理分配企业资源,以获得最大化经营效益。

(2)物流经营战略

该战略旨在引导各经营单位在特定市场环境中脱颖而出。它聚焦于企业在激烈竞争中的制胜之道,深入剖析每个关键领域在构建竞争优势中的作用;敏锐应对变幻莫测的行业和竞争态势;审慎把控经营单位内部的资源配置,确保战略落地生根。

(3)物流职能支撑战略

该战略涵盖生产、营销、财务、研发、人力资源等诸多领域。各职能策略相互补充,共同支撑经营策略的实施,彰显各职能领域对整体经营战略的独特贡献。只有当各职能策略和谐共鸣时,方能凝聚成推动经营战略的强大合力。

（4）物流运营战略

物流运营战略是部门经理或各职能领域负责人在实施职能支撑策略时的具体行动指南。它紧密围绕企业战略要求，由直接负责的职能部门主管精心制定，旨在确保各项职能活动有条不紊地推进。

为确保各层次战略协同发力，必须注重战略规划间的无缝衔接与高效协调。只有避免相互冲突的规划，才能防止经营陷入混乱。这一重要任务应在战略构建之初便得到妥善解决。

2.1.2 物流战略管理的要素

企业物流战略管理的要素是构成企业战略规划的主要因素，影响企业战略分析、选择、实施和控制的全过程，并通过企业物流管理活动表现出来。

1. 经营范围

经营范围不仅定义了企业从事生产经营活动的领域，更在某种程度上勾画了企业与外部环境相互作用的轮廓。这一范围并非随意可变，而是受到多种因素的制约，包括市场需求、技术进步、法规政策等。每个企业在其经营范围内与外部环境不断地进行着物质、能量和信息的交换，这些交换又进一步影响企业的经营范围。企业的经营范围如同一面镜子，既反映了其内部能力和资源的集中区域，也映射出其与外部环境互动的深度和广度。

2. 资源配置

资源配置在企业经营活动中占据至关重要的地位。它涉及对人员、资金、物资、信息和技术等关键要素的合理安排与高效利用。这些资源不仅是企业日常运营的基石，更是推动其持续发展和创新的动力源泉。资源配置直接影响着企业各项活动的效率和质量，进而决定着企业的竞争力和市场地位。一个优秀的资源配置方案能够充分发挥各项资源的潜力，实现资源之间的互补和协同，从而为企业创造更大的价值。

3. 竞争优势

竞争优势是企业内部多种因素综合作用的结果，它体现了企业在特定经营环境中相对于竞争对手的优越地位。这种优势可能来源于独特的产品设计、卓越的生产工艺、高效的供应链管理、强大的品牌影响力等。竞争优势的形成是一个动态的过程，需要企业不断进行市场调研、技术创新和管理优化。同时，竞争优势也是相对的，企业需要在与竞争对手的较量中不断巩固和提升自己的优势地位。

4. 协同作业

协同作业是现代企业管理的重要理念之一，它强调企业内部各部门、各岗位以及各项资源之间的相互协作和密切配合。通过协同作业，企业能够打破部门壁垒，实现资源的共享和优化配置，从而提高整体运营效率和市场响应速度。协同作业的实现需要企业建立良好的沟通机制、协作文化和激励机制，使各部门和员工能够形成共同的目标和行动方案，共同为企业的发展贡献力量。同时，协同作业也要求企业具备灵活的组织结构和高效的管理流程，以应对市场环境的不断变化和客户需求的多样化。

2.1.3 物流战略管理框架

物流战略管理框架是一个多层次、多维度的体系，主要包括全局性战略、结构性战略、功能性战略和基础性战略四个层次，每个层次都有其特定的内容和目标。

1. 全局性战略

全局性战略是物流战略管理的最高层次，主要关注企业整体战略目标和长期发展方向。在这个层次上，企业需要明确物流对其整体战略的贡献，并制订相应的物流规划和管理策略，以支持企业的全局性目标。

要实现用户服务的战略目标，必须建立用户服务的评价指标体系，如平均响应时间、订货满足率、平均缺货时间、供应率等。虽然目前对于用户服务的指标还没有统一的规范，对用户服务的定义也不同，但企业可以根据自己的实际情况建立提高用户满意度的管理体系，通过实施用户满意工程，全面提高用户服务水平。

2. 结构性战略

物流管理战略的第二层次是结构性战略，其内容包括渠道设计和网络分析。渠道设计是供应链设计的一个重要内容，包括重构物流系统、优化物流渠道等。通过优化物流渠道，提高企业物流系统的敏捷性和响应性，使供应链的物流成本最低。

网络分析是物流管理中另一项重要的战略工作，它为物流系统的优化设计提供参考依据。网络分析主要包括以下内容：

（1）库存状况分析

库存状况分析是指通过对物流系统不同环节的库存状态分析，找出降低库存成本的改进目标。

（2）用户服务调查分析

用户服务调查分析是指通过调查和分析，发现用户需求和获得市场信息反馈，找出服务水平与服务成本的关系。

（3）运输方式和交货状况分析

运输方式和交货状况的分析是物流管理中的一个关键环节，它涉及对货物从生产地到目的地的整个运输过程的评估和优化。这种分析的目的是通过科学的方法来提高运输效率，降低成本，减少对环境的影响，并确保货物安全、及时到达目的地。

（4）物流信息传递及信息系统状态分析

物流信息传递及信息系统状态分析是指通过分析，提高物流信息传递速度，增加信息反馈，提高信息的透明度。

(5)合作伙伴业绩评估和考核

在评估和考核合作伙伴业绩时,主要使用标杆法、调查分析法、多目标综合评价法等。

3. 功能性战略

物流管理第三层次的战略为功能性战略,包括以下三个方面:

(1)采购与供应、库存控制的方法与策略

①采购与供应

确保企业能够及时获得所需的原材料和商品,同时与供应商建立良好的合作关系,以保证供应的稳定性和成本效益。

②库存控制

通过有效的库存管理方法,如 ABC 分析法和经济订货量,来减少库存成本,避免过剩或缺货,确保库存水平与需求相匹配。

(2)仓库的作业管理

涉及仓库内部的日常运作,包括货物的接收、存储、拣选、打包和发货。目标是提高仓库作业的效率和准确性,减少错误和延误。

(3)运输工具的使用与调度

管理运输资源如车辆和船舶,以确保货物能够按时、安全地从起点运输到目的地。这包括选择合适的运输方式、规划运输路线以及优化车辆调度,以降低运输成本并提高服务质量。

物料管理与运输管理是物流管理的主要内容,必须不断改进管理方法,使物流管理向零库存这个极限目标努力。应降低库存成本和运输费用,优化运输路线,保证准时交货,从而实现物流过程的适时、适量、适地的高效运作。

4. 基础性战略

物流管理第四层次的战略是基础性战略,其主要是为物流系统的正常运行提供基础性保障,包括以下四个方面:

(1)组织系统管理

涉及物流组织结构的设计和优化,包括部门设置、职责分配、工作流程和人力资源管理。目的是确保物流团队能够高效协作,满足业务需求。

(2)信息系统管理

将物流信息系统用于跟踪货物流动、库存水平、订单处理等。信息系统管理的目的是确保数据的准确性、实时性和安全性,以及系统的有效运行。

(3)政策与策略

制定和实施与物流相关的政策和策略,如供应链风险管理、环境可持续性、合规性等。这些政策和策略为物流活动提供指导,确保其符合法律法规和企业目标。

(4) 基础设施管理

管理物流所需的物理设施,如仓库、配送中心、运输工具等。基础设施管理包括设施的规划、建设、维护和升级,以支持物流活动的顺利进行。

信息系统是物流系统中传递物流信息的桥梁。库存管理信息系统、配送分销系统、用户信息系统、EDI/Internet 数据交换与传输系统、电子资金转账系统(EFT)、零售销售点终端(POS)信息系统等都对提高物流系统的运行起着关键的作用。因此,必须从战略高度进行规划与管理,才能保证物流系统高效运行。

2.1.4 企业物流发展的主要战略

1. 合理化战略

合理化战略是指基于物流活动的内在规律和特点,协同各个物流部门和环节,共同采取优化措施。目标是以最低的物流成本,实现最佳的物流效果和最优质的服务水平,从而充分发挥物流的潜能,主要体现在功能的合理化和作业的标准化上。企业物流的合理化旨在降低成本、提升效率,具体路径包括建立规范的物流市场竞争机制和推动物流各环节作业的标准化。

2. 信息化战略

为迅速响应消费者不断变化以及日趋个性化和多样化的需求,实现小批量、多品种、快速反应的生产或服务模式,企业必须具备强大的信息获取和利用能力。在信息化战略的指引下,企业应致力于构建集成化的管理信息系统,以缩短流程周期,提高需求预测的准确度,并协调企业间的关系,促进物流信息的共享,从而推动企业物流的快速发展。

3. 品牌战略

实施品牌战略是在市场竞争中谋求发展的必然选择。在规划物流发展时,需要从未来发展方向、服务对象和服务模式等多个角度进行考虑,致力于构建社会化、专业化、现代化的物流系统。通过形成全方位和供应链物流服务模式,打造品牌优势,并充分开发品牌资源。

4. 网络化战略

网络化战略的本质是在信息共享的基础上,建立企业内外部物流和信息流的统一网络,主要包括物流配送系统的计算机网络化和组织的网络化。该战略的关键在于加强供应链管理和集成化物流管理的外部集成,建立与外部供应商和客户之间的战略合作伙伴关系。通过降低安全库存和物流成本,减少风险,优化总体资源配置,提高整个集成化系统的运行效率,从而获取更大的整体竞争优势。

5. 国际化战略

在物流发展中,要以全球化的视角进行思考,确立国际化战略。首先,实现供应链的全球化是对供应链外延的扩展,即把全球范围内有业务联系的供应商、生产商和销售商视为同一条供应链上的成员。这要求企业间加强协作,不断提升供应链在满足不同地区消费者多样化需求方面的综合物流管理协调能力。其次,组织全球物流,这要求物流的战略构造与总体控制必须集中化,以获得全球最优成本。同时,客户服务的控制与管理必须本地化,以适应特定市场的需求。

2.1.5 实现企业物流发展战略的基本途径

1. 以管理视角推动物流发展

现代物流不仅是一套科学的系统管理方法,更是企业在全球化背景下赢得竞争优势的关键。随着科技的不断进步,新的管理思想和方法正逐渐渗透到企业的战略规划与日常运营中,显著提升了企业应对市场变化的能力。在众多改进企业管理的措施中,现代物流技术的合理高效运用尤为突出,正成为企业获取市场优势的重要手段。当传统的降低成本和产品创新策略无法再带来显著的竞争优势时,物流便成了企业挖掘新利润源泉的重要领域。它不仅能有效降低生产和销售成本、提升客户服务水平,还能促进整个社会资源的优化配置与高效利用。

2. 坚守企业物流战略规划的核心原则

在制定企业物流战略、组织物流管理活动以及协调物流与其他职能时,必须有明确的战略思想作为指导。我国企业在规划物流发展时,应坚守以下几个重要原则:第一,要依托企业总体战略,确保物流发展与企业整体目标相协调;第二,要制订长期规划并分段实施,确保物流发展的持续性和稳定性;第三,要面向未来并适度超前,以应对不断变化的市场环境和技术进步;第四,要注重管理创新和服务制胜,以提升物流效率和客户满意度;第五,要坚持一元规划与多元推进相结合,以实现物流系统的整体优化和协同发展。

3. 确立物流在企业战略中的核心地位

在当今激烈的市场竞争中,企业内部和外部的物流系统已成为重塑企业竞争力的重要手段。物流在企业战略中的地位日益凸显,已成为企业获取竞争优势的关键因素之一。通过高效的物流系统,实现商品的快速周转和低成本运营,从而为顾客提供了始终如一的优质服务。

4. 制订并实施企业物流战略规划

物流贯穿于生产和流通的全过程,对于降低企业经营成本、创造新的利润源泉具有重要意义。在全球市场竞争环境下,物流的作用愈发重要,已成为企业经营的主角。然而,许多企业在认识到发展物流的潜力后却感到无从下手。因此,要获得高水平的物流绩效并创造顾客价值和企业战略价值,必须深入了解企业物流系统的各构成部分如何协调运转与整合,并进行相应的物流战略规划与设计。通过制订并实施科学合理的物流战略规划,企业可以进一步提升物流效率、降低物流成本、增强市场竞争力并实现可持续发展。

2.2 企业物流战略的目标及其体系建设

2.2.1 物流战略目标及特点

1. 物流战略目标

物流战略目标作为企业物流战略经营活动的预期主要成果,反映了企业在特定时期内,基于外部环境的变迁与内部条件的潜力,为达成其使命而预设的成就标杆。它不仅构成了企业战略的核心要素,为企业发展描绘出清晰的路线图与操作准则,同时也是对企业物流宗旨的细化和具象化。换言之,物流战略目标是对企业在物流战略经营领域内所追求成果的具体界定和规定,它进一步阐释和界定了企业物流经营目的和使命。

2. 物流战略目标的特点

(1)整体性

物流战略目标体现了全面性的要求,它不仅关注未来,同时也不忽视现在;既着眼于全局,也兼顾局部。一个科学的物流战略目标,是短期利益与长期利益、局部利益与整体利益的有机结合。尽管它通常以概括性的形式呈现,但对企业的行动要求却是全方位的,甚至包含具体执行的细节。

(2)激励性

物流战略目标自身具有强大的激励作用。特别是当这一目标能够充分体现企业成员的共同利益,将宏大的战略目标和个人的小目标紧密地结合在一起时,它能够极大地激发组织成员的积极性和奉献精神。

(3)可衡量性

为了确保对企业物流管理活动的有效评估,物流战略目标必须具备具体性和可量化性。这意味着目标必须清晰、明确地指出在何时获得何种具体成果。虽然并非所有目标都能轻易量化,尤其是那些时间跨度长、战略层次高的目标往往更具模糊性,但可以通过定性描述来弥补这一不足。这就要求在设定物流战略目标时,既要明确实现目标的时间节点,又要详尽阐述物流各环节的工作特性。

2.2.2 物流战略目标体系

物流战略目标不只一个,是由若干目标项目组成的一个战略目标体系。从纵向上看,企业的战略目标体系可以分解成一个树形图,如图2-1所示。

从图2-1中可以看出,根据企业使命制定企业物流总战略目标,为了保证总目标的实现,必须将其层层分解,规定职能性战略目标。也就是说,总战略目标是企业主体目标,职能性战略目标是保证性目标。

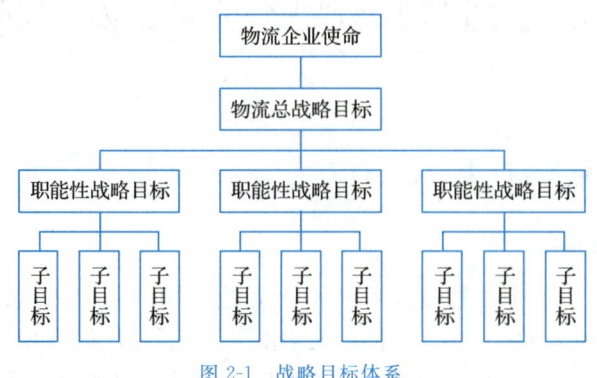

图 2-1　战略目标体系

物流战略目标体系包括四个方面的内容:客户服务目标、选址战略、库存决策战略、运输战略。物流战略决策三角形的主体是客户服务目标,其中包含产品、物流服务和信息系统。物流战略决策三角形有三条边,在进行物流战略决策时应当权衡三条边的因素,以使物流目标(物流战略决策三角形面积)最大化。底边为选址战略,左边为库存决策战略,右边为运输战略,如图 2-2 所示。

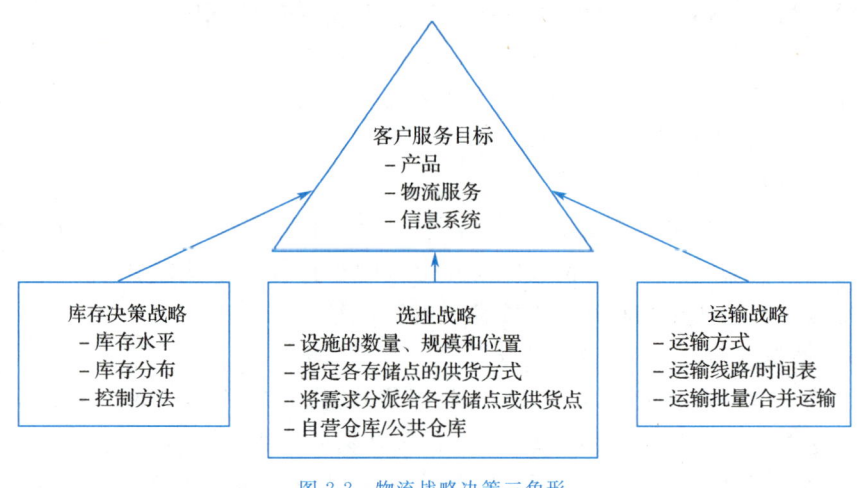

图 2-2　物流战略决策三角形

1. 客户服务目标

企业提供的客户服务水平是制定物流战略目标的首要内容。若服务水平低,则可以在较少的储存地点集中存货,利用较廉价的运输方式。但服务水平高时恰恰相反,当服务水平接近上限时,物流成本的增加比服务水平的提升更快。因此,物流战略目标的首要任务是确定适当的客户服务水平。

2. 选址战略

选址战略主要包括确定设施的数量、地理位置、规模,并分配各设施所服务的市场范围,从而确定产品到市场之间的线路。好的选址应考虑所有产品的移动过程及相关成本,包括从工厂、供货商或港口经中途储存点然后到达客户所在地的产品移动过程及成本。

3. 库存决策战略

库存决策战略指库存管理方式。将库存分配到储存点与通过补货自发拉动库存是两种不同的库存决策战略。除此以外,库存战略还包括产品系列中的不同品种分别选在工厂、地区性仓库或基层仓库存放,以及运用各种方法来管理长期存货的库存水平。

4. 运输战略

运输战略包括运输方式、运输批量和运输时间以及路线的选择,这些决策受仓库与客户以及仓库与工厂之间距离的影响,反过来又会影响仓库选址决策。库存水平也会通过影响运输批量而影响运输决策。

客户服务目标、选址战略、库存决策战略、运输战略是物流战略目标的主要内容,因为这些决策都会影响到企业的盈利能力、现金流和投资回报率。每个决策都与其他决策相互联系,在制定物流战略时必须对彼此之间的背反关系予以考虑。

2.2.3 物流战略目标设定与实现

1. 物流战略目标设定流程

在确立物流战略目标时,企业通常需要经过四个严谨的步骤:深入调研、初步拟定、细致评价与最终选定。

(1) 深入调研

在明确物流战略目标之前,深入细致的市场调研是不可或缺的。此外,企业还需对已有的调研资料进行再次核实与整合,以确保信息的准确性与完整性。在这一过程中,企业需全面分析内外部环境的优劣势、机遇与挑战,将现状与未来、需求与资源进行对比分析,从而为物流战略目标的确立提供坚实的数据支撑。

调研工作既要保证全面性,又要突出重点。尤其要关注那些对企业未来发展具有决定性影响的外部环境信息,这些信息对战略决策者来说至关重要。

(2) 初步拟定

在拟定物流战略目标时,企业首先需明确战略方向,这要求企业在综合考虑外部环境、市场需求和内部资源的基础上,确定物流发展的主攻方向。其次,企业需对现有能力和手段进行全面评估,初步设定物流活动应达到的水平。最后,形成多个可供选择的战略方案。

在拟定过程中,企业应充分发挥智囊团作用,鼓励团队成员提出多样化的建议,以便在对比中优中选优。

（3）细致评价

战略方案拟定后，企业要组织专家团队对其进行全面、细致的评价与论证。评价工作主要围绕战略方向的正确性、可行性和完善程度展开。

在评价过程中，企业需重点关注以下几个方面：首先，战略方案是否符合企业的核心价值观和整体利益；其次，方案是否具备可行性，即企业是否有足够的能力和资源实现战略目标；最后，方案是否存在改进空间，如在明确性、协调性和优化潜力等方面是否还有提升的可能。

如果存在多个战略方案，企业需通过对比分析，权衡利弊，找出各方案的优劣之处，以便做出更明智的决策。

（4）最终选定

在选定物流战略方案时，企业需从以下三个方面进行综合权衡：战略方向的正确性、可实现程度以及期望效益的大小。所选定的战略方案应在这三个方面都表现出较高的期望值，进而提炼出物流战略目标。

在决策过程中，企业还需把握好决策时机。既要避免在情况尚未明朗时草率决策，又要防止因犹豫不决而错失良机。

值得注意的是，从深入调研到最终选定，这四个步骤是相互关联、环环相扣的。后一步的工作依赖于前一步的成果，如果发现前一步存在不足或遇到新情况，企业须及时回头调整，确保战略目标制定的科学性与有效性。

2. 实现物流战略管理目标的要求

（1）以提升客户服务体验为核心使命

在现代物流战略目标体系中，企业的首要关注点应始终聚焦于提升客户服务水平。这一体系从明确客户服务目标出发，进而致力于构建差异化的客户服务策略。为确保物流服务的有效实施，物流体系的基础建设至关重要，包括物流中心、信息技术策略、作业策略和组织策略的完善与协同。

物流战略目标体系的愿景涵盖以下几个方面：

①优化物流战略中心网络

优化物流战略中心网络要求工厂、仓库、集中配送中心及加工中心等的布局既要实现地理分散以降低风险，又要体现集约效应以提高效率，从而确保物流活动能够全方位地支持并提升客户服务。

②合理化物流战略主体

在生产至消费的整个物流链条中，物流主体的选择至关重要，无论是单一主体还是多元主体，自营物流还是委托物流，均会直接影响物流活动的成效及客户服务水平的实现。

③提升物流信息战略高度

提升物流信息战略高度意味着要能够实时、准确地反映物流状态及客户需求，以信息的高效流动支撑物流服务的升级。

④提高物流作业策略效率

在配送、装卸、加工等各个环节中，企业应不断探索和应用最佳策略，以实现商品价值的最大化。

(2) 遵循商品流动内在规律

物流的本质是商品从生产到消费的物质运动。因此，在构建现代物流战略目标体系时，我们必须深刻理解和遵循商品在企业内外物流渠道中的流动规律。这不仅包括销售物流和企业内部物流，还涵盖了企业外部物流，如采购物流、退货物流以及废弃品物流等。

(3) 追求企业经营战略整体最优

物流战略管理的根本目的在于提升物流的效率和效果，进而促进企业经营战略的整体优化。从原材料的供应计划到最终消费者的产品交付，物流活动不是孤立的，而是需要与企业其他部门和环节紧密配合，共同创造综合效益。因此，现代物流战略应着眼于全局，追求供给、生产、销售、物流等所有经营活动的协同优化。

2.3 企业物流战略管理过程

2.3.1 物流战略实施纲要

1. 总体物流战略概述

企业的总体物流战略阐释了企业物流发展的宏观方向和核心策略，揭示了为何选择这样的路径以及成功实施后将为企业带来的重大发展契机。此外，该战略还详细说明了物流战略的整体目标和指导原则。这些目标，无论是定量的还是定性的，都描绘了企业物流未来期望达到的境界。

2. 阶段性物流目标设定

阶段性物流目标是企业在实现总体目标过程中的重要里程碑，它们具有明确的时间限制。为确保物流战略总目标的实现，这些阶段性目标通常会被具体且量化地阐述。同时，这些目标与具体行动方案和项目紧密相连，它们共同构成了实现总体目标的有力工具。

3. 物流战略行动方案与项目实施

行动计划是企业为推进物流战略而实施的一系列资源整合活动的总和。这些计划往往通过具体的项目来执行，每个项目都涉及资源的分配以实现企业的整体目标。

4. 物流资源配置规划

实施物流战略需要设备、资金、人力资源等多种资源的支持。因此,在物流战略中应明确规定对各种行动计划资源配置的优先级。同时,物流战略应明确指出在实施过程中所需的各种资源,并在可能的情况下,将所有必要资源转化为货币价值,通过预算和财务计划的形式清晰表达。这对于深入理解物流战略具有重要意义。

5. 物流组织结构战略调整与子系统协调

为实现企业的物流战略目标,必须调整组织结构以适应战略发展的需求。由于企业物流战略需要不断适应动态变化的环境,因此组织结构应具备足够的灵活性和弹性。此外,企业物流战略通常包含多个子系统。如何有效协调和控制这些子系统以及管理它们之间的接口是确保物流战略顺利实施的关键。

6. 应急计划制订

一个有效的物流战略要求企业必须具备强大的环境适应能力。为确保这种能力,必须制订相应的应急计划以应对可能出现的突发情况。企业应预见各种条件在一定时间内可能发生的变化,并提前做好准备,避免在变化发生时仓促应对。

2.3.2 物流战略实施路径

战略实施是企业将既定的物流战略转化为具体行动和成果的过程。为确保战略的有效落地,企业需要遵循以下实施路径。

1. 制定精细化实施政策

基于选定的物流战略,企业应制定详尽且具备操作性的实施政策。这些政策不仅为指导员工提供明确方向,还是确保战略顺利执行的关键纲要。

2. 优化组织结构

企业物流战略的成功实施依赖于高效的组织结构。当现有组织结构无法满足新战略需求时,企业应果断进行调整,解决集权化、专业化和刚性问题,确保组织结构与物流战略相匹配。

3. 战略实施关键措施

根据企业物流战略的不同特点,实施措施也会有所差异。但通常以下几个方面是实现企业物流战略的重要途径:

(1)创造有利的物流发展政策环境

企业应深入研究并制定支持物流发展的政策措施,努力营造公平竞争、规范有序的市场氛围。同时,建设规范的物流市场竞争机制,逐步开放物流市场。按照WTO的要求和国际惯例引入物流市场竞争机制,并加强物流行业协会的建设,发挥其桥梁和纽带作用。

(2)创新并完善企业物流管理体系

企业应积极引导和改变传统的物流管理观念和方式,以降低物流成本、提高售后服务质量为目标。通过系统的方法分析、重组企业物流业务,优化供应链管理,实现企业物流系统整体成本最小化、效益最大化。推行物流管理创新,促进企业物流健康发展,并增加对社会物流服务的有效需求。

(3)依托科技进步,完善物流设施建设

企业应紧密依靠技术进步,制定既符合我国国情又与国际接轨的物流技术标准。积极研发运输、装卸、仓储、包装、条码及标志印刷、信息管理等物流技术装备,提高企业各物流环节的技术含量和效率。

(4)多元化培养企业物流人才

为发展现代企业物流,企业应加强宣传引导,提升人们对物流的认知和接受程度。加强将理论研究和实践探索相结合,培养熟悉物流运作规律并具有开拓精神的管理人员和技术专家。同时,政府、企业和科研院校、咨询机构、社团组织应加强合作与交流,共同推动我国企业物流的繁荣发展。

2.3.3 物流战略过程管控

1. 物流战略管理核心流程

物流战略管理是物流经营者在物流运作全流程中,借助物流战略设计、实施、评价与控制等关键环节,对物流资源和组织结构进行优化配置,以最终实现物流系统宗旨和战略目标的一系列动态管理活动的总和。从更广泛的角度看,道路运输企业(集团)物流战略管理的精髓在于运用战略思维进行社会或区域物流链的全方位管理。

在物流战略的形成、实施、评价与控制三大环节中,战略形成作为首要环节,对整个物流战略的运行起着指导和决定性作用,而战略评价与控制则贯穿于物流链管理的始终。从组织结构层面分析,道路运输企业(集团)通常可分为企业层、事业层和职能层,各组织层次在物流战略管理过程中沿着战略逻辑有序运行,高层组织的物流战略管理对下层组织的物流系统战略管理起着决定性和指导性作用。

通常而言,物流战略在引导并塑造物流系统的组织结构方面发挥着主导作用,在物流战略管理的初期阶段尤为显著。然而,在特定情况下,物流组织结构也会对物流战略提出修正与完善的反馈需求。

2. 物流系统战略管理的组织协同机制

强调物流的战略意义,旨在从社会物流合理化的视角出发,对物流链进行全方位管理。根据其战略活动领域和组织特点,设立或划分多个物流系统战略经营单位参与物流业务服务,或以集团企业形式深度参与所服务企业的物流项目,通过协同有序的战略活动实现物流系统战略目标。

(1)物流系统具备将服务对象纳入自身经营体系的能力

通过为用户量身定制专项物流服务项目,实现企业的固定节点、移动节点与用户物流链管理的紧密融合,构建互惠互利的合作体系。

(2)物流经营主体可采用集团化运作模式构建内部组织机制

将原本以市场机制为基础的交易关系转化为企业内部调节关系,有效降低交易成本,节约物流总成本。

(3)充分发挥物流系统战略经营单位的作用

这些单位具备独立或相对独立的经营业务、共同特点与需求、掌握一定资源以及强烈的战略经营动力等特征。它们能够主动提升效率和效益水平,为物流系统的整体优化贡献力量。

(4)在企业内部建立适度竞争与有偿协作相结合的管理机制

通过制定企业内部工作标准和协作标准等方式,用制度化的手段解决战略经营单位之间的利益冲突和协作问题。确保在根本利益一致的基础上,实现企业内部各单位之间的良性竞争与紧密协作。

为实现物流系统的预期目标,站在全局高度对集团战略经营活动进行规范和标准化管理至关重要。通过制定明确的战略经营活动标准和制度来规范各战略经营单位之间的战略行为和相关利益划分,是确保物流系统战略管理工作顺利推进的关键所在。

2.3.4 物流战略控制内容

物流战略控制的主要内容是指在物流战略的实施过程中,检查物流系统为达到目标所进行的各项活动的进展情况,评价实施企业战略后的企业绩效,把它与既定的战略目标与绩效标准相比较,发现战略差距,分析产生偏差的原因,纠正偏差,使物流系统战略的实施更好地与系统当前所处的内外环境、系统目标协调一致,使系统战略得以实现。

物流战略控制的实施需要有一定的条件,主要为:

(1)健全的组织机构

组织机构是战略实施的载体,它具有执行战略、衡量绩效、评估及纠正偏差、监测外部环境变化等职能,因此组织结构越是合理、明确、全面、完整,控制的效果就有可能越好。

(2)高素质的领导

高层管理者是执行战略控制的主体,也是战略控制的对象,因此要选择和培训能够胜任新战略实施的得力的企业领导人。

(3)优良的企业文化

企业文化的影响根深蒂固,如果有优良的企业文化能够加以利用和引导,对于战略实施的控制是最为理想的,当然这也是战略控制的一个难点。

对物流战略的实施进行控制的主要内容有如下方面：

1. 设定绩效标准

根据系统战略目标，结合系统内部人力、物力、财力及信息等具体条件，确定企业绩效标准，作为战略控制的参照系。

2. 绩效监控与偏差评估

通过一定的测量方式、手段、方法，监测系统的实际绩效，并将系统的实际绩效与标准绩效做对比，进行偏差分析与评估。

3. 纠正偏差

设计并采取纠正偏差的措施，以顺应变化着的条件，保证系统战略的圆满实施。

4. 监控外部环境的关键因素

外部环境的关键因素是系统战略赖以存在的基础，这些外部环境关键因素的改变意味着战略前提条件的变动，必须给予充分关注。

5. 激励

激励战略可调动执行主体的自控制与自评价的积极性，以保证物流战略实施的切实有效。

2.3.5 物流战略控制系统构成

物流管理不仅涉及计划的制订与实施，而且需要应对物流环境的动态性和不确定性所导致的实际绩效与计划绩效之间的偏差。为确保目标的实现，管理的控制功能发挥着关键作用，它通过不断地监控计划的执行情况与调整物流计划，使之与期望目标保持一致。物流战略控制系统正是实现这一过程的重要机制，它通过比较实际履行情况与计划实施情况，揭示偏差并采取相应措施。

在物流系统中，管理者针对运输、仓储、库存、物料搬运和订单处理等物流活动，根据客户服务水平和成本控制的要求实施控制。这一控制过程的核心在于信息、流程和输出信息的处理。

首先，控制系统关注的核心是需要被控制的过程，这些过程可以是单一的物流活动，如订单履行或库存补充，也可以是物流部门涉及的所有活动。此类输入信息为流程设计提供了指导，确保了流程的顺畅进行。

其次，环境影响因素作为流程的第二类输入信息，对流程产生着重要影响。这些因素包括客户、竞争对手、供应商和政府等的不确定行为，它们可能导致流程偏离计划水平。因此，管理者需要密切关注这些环境因素，以便及时调整计划。

管理控制的内容不仅包括业务流程本身，还包括作为输入信息的计划和作为执行结果的实施绩效。这些内容是流程规划和实施行为的直接产物，为管理者提供了重要的决策依据。

在实施管理控制过程中，标准和目标发挥着参照作用。这些标准可以是成本预算、客户服务目标水平或利润贡献等,它们为评估物流活动的执行情况提供了依据。同时,许多企业还寻求与外部标准对齐,如追求质量奖或 ISO 9000 认证等,以提升自身的物流管理水平。

监控作为控制系统的神经中枢,负责收集执行情况信息、与目标进行对比,并启动修正措施。管理者、顾问或计算机程序在监控过程中发挥着重要作用。他们通过解读报告、比较实施绩效与目标来做出决策,并根据实施结果采取相应的修正措施。这些措施可能包括增加安全库存、调整资源利用情况或改进客户服务水平等。

综上所述,物流战略控制系统通过信息、流程和输出信息的处理、标准和目标的设定以及监控机制的实施,确保了物流活动的顺利进行并实现了预定目标。这一系统在应对物流环境的动态性和不确定性方面发挥着重要作用,为企业的物流管理提供了有力支持。

2.3.6　物流战略控制网络

在物流战略的实施过程中,存在着三个层次的控制系统:战略控制系统、业务控制系统和作业控制系统,它们共同构成了物流战略控制网络。

1. 战略控制系统

战略控制系统以企业高层领导为主导,聚焦外部环境因素和企业内部绩效的宏观层面。其核心特点体现在:首先,控制标准需紧密关联企业的长远目标和年度目标,确保战略方向的正确性;其次,控制手段与激励机制相结合,以激发员工的积极性和创造力;最后,通过建立"早期预警系统",及时发现并纠正战略实施过程中的潜在问题或偏差,确保战略的顺利推进。

2. 业务控制系统

业务控制系统针对企业的主要下属单位,包括战略经营单位和职能部门两个层级。它关注这些单位在实现系统战略各组成部分策略及中期计划目标的过程中的工作绩效,确保其符合系统战略的整体要求。与战略控制系统相比,业务控制系统在执行主体、开放性、目标倾向和解决问题方面存在明显区别。它由中层管理者执行,更注重企业内部因素,目标更加具体和定量,主要解决效率问题。

3. 作业控制系统

作业控制系统由各层级主管人员负责实施。与业务控制系统相比,作业控制系统更加关注具体作业人员的日常活动控制,确保其按照规定职能和作业性目标履行职责并取得相应绩效。这种控制系统更加注重细节和执行层面,是确保企业战略和业务计划得以有效实施的基础。

物流战略控制网络通过战略控制系统、业务控制系统和作业控制系统的有机结合和协同作用,确保企业战略在各个层面得到有效实施和控制。

2.4 企业物流战略分析方法

2.4.1 外部环境分析

1. 宏观环境分析

宏观环境又称一般环境,是指在国家或地区范围内对一切行业部门和企业都产生影响的各种因素或力量。在分析某个企业集团或行业所处的背景时,通常采用PEST分析法,即分析政治的(Political)、经济的(Economic)、社会的(Social)、技术的(Technological)因素。物流宏观环境分析中的各种因素并不完全等同于国家宏观社会经济因素,它们是以国家宏观社会经济因素为基础,结合物流的特点而确定的指标。

(1)政治因素(Political)

在政治因素方面,除了考虑政府的稳定性和政策方向外,企业还需要评估政治体系的透明度和法治程度。这些因素决定了企业在多大程度上可以预测和依赖政治决策,以及企业在面临法律争议时的权益保护。例如,在政治不透明或法治薄弱的国家,企业可能面临更高的政治风险和不确定性,需要采取更加谨慎的战略来应对潜在的政策变化或法律挑战。

此外,政治因素还包括国际政治关系的复杂性。企业需要关注国际贸易协定的变化、外交关系的紧张以及国际组织的政策导向,这些因素都可能影响企业的市场准入、供应链安全和跨国运营策略。

(2)经济因素(Economic)

经济因素对企业的影响是多方面的。除了宏观经济指标外,企业还需要关注微观经济因素,如消费者购买力、市场供需平衡、竞争格局以及行业增长趋势。这些因素决定了企业在市场中的定位、产品定价策略以及销售和营销策略。

同时,经济因素还包括全球化和区域经济一体化的影响。企业需要评估不同国家和地区的经济差异、市场潜力以及贸易和投资壁垒,以便制定有效的国际市场进入和扩展策略。

(3)社会因素(Social)

社会因素对企业的影响主要体现在消费者行为和市场趋势上。企业需要关注社会价值观、文化差异、生活方式变化以及社会责任等因素,以便更好地理解消费者需求和市场动态。例如,随着健康意识的提高,消费者可能更倾向于购买健康食品或参与健身活动,这为企业提供了新的市场机会。

此外,社会因素还包括人口结构的变化和城市化进程。企业需要关注人口老龄化、移民潮流以及城市扩张等趋势，以便及时调整产品和服务以满足市场需求。同时，企业还需要关注社会问题的变化，如教育、环境保护和社会公平等，这些问题日益成为消费者关注的焦点，也对企业形象和社会责任提出了更高的要求。

(4) 技术因素 (Technological)

技术因素对企业的影响是深远而广泛的。新技术的发展不仅改变了企业的生产方式和运营流程，还催生了新的商业模式和市场机会。企业需要关注技术创新的速度、影响范围以及与传统产业的融合程度，以便及时把握市场机遇并应对潜在的技术风险。

同时，技术因素还包括技术标准的制定和知识产权的保护。企业需要积极参与国际技术标准的制定过程，并加强知识产权的保护和管理，以确保在激烈的市场竞争中保持竞争优势。

综上所述，PEST分析为企业提供了一个全面而系统的外部环境分析工具。通过深入分析政治、经济、社会和技术等关键因素，企业可以更好地理解市场动态和消费者需求，制订有效的战略规划和决策方案，以应对不断变化的市场环境和社会挑战。

2. 行业环境分析

行业环境，也被称为运营环境，是指那些直接作用于物流企业，影响其目标实现的各种外部因素。相较于宏观环境，行业环境对物流企业产生的影响更为直接和切实。

行业环境分析的核心在于全面、深入地审视行业的整体发展状况和竞争态势，进而确定物流企业在该行业中的准确定位。根据波特的竞争力量模型，物流企业面临着五种竞争力量：供应商的议价能力、购买者的议价能力、新进入者的威胁、替代品的威胁以及行业内现有竞争者的竞争。

(1) 供应商的议价能力

供应商主要通过提高投入要素价格或降低单位价值质量来影响物流企业的盈利能力和产品竞争力。在物流行业中，存在大量无资产型物流公司和资产型物流公司，它们为了提供综合性物流服务，常常需要从外部购买基础性或片段性物流服务。这些基础性物流服务的提供者就成为物流企业的供应商，它们的议价能力和相互关系会影响到物流企业的竞争力和市场地位。

对供应商的控制和管理能力是物流企业成功的关键因素之一。物流企业需要通过整合运输、仓储、流通加工等基础物流服务提供者，为客户提供一体化的物流服务。因此，物流企业需要与供应商建立良好的合作关系，并通过有效的管理和控制来降低供应商的议价能力。

(2) 购买者的议价能力

购买者主要通过压价、要求提高产品或服务质量来影响物流企业的盈利能力。物流服务的需求方通常是生产企业或流通企业，它们对物流服务具有较强的依赖性。然而，随着物流市场的不断发展和竞争的加剧，购买者的议价能力也在逐渐增强。

为了降低购买者的议价能力，物流企业需要不断提高自身的服务质量和效率，增加服务的附加值，提高客户的满意度和忠诚度。同时，物流企业还需要加强与客户的沟通和合作，深入了解客户的需求和期望，为客户提供个性化的物流服务。

(3) 新进入者的威胁

新进入者的威胁程度主要取决于行业的进入壁垒和现有企业的反击强度。进入壁垒受到多方面因素的影响，包括制度性壁垒、规模经济壁垒、资金壁垒、转换成本壁垒、技术壁垒、人才壁垒以及产品差异化壁垒等。

①制度性壁垒主要涉及国家针对物流行业制定的法律法规、政府的管制措施以及由条块分割带来的制度性差异。

②规模经济壁垒要求进入者达到一定的经济规模才能有效经营，这通常需要较大的固定资产投资，并且新进入者往往需要付出比现有企业更多的代价才能获得相同的市场份额。

③资金壁垒要求物流行业需要大量的资金投入，而金融市场的不完善则进一步增加了进入的难度。

④转换成本壁垒主要涉及物流模式转换过程中的各种成本，如设施处理成本、人员分流成本、第三方选择成本等。

⑤技术壁垒要求物流企业掌握先进的物流信息技术，以支持其物流服务的有效运作。

⑥人才壁垒体现在物流行业对专业人才的需求上，而当前物流专业人才的缺乏构成了进入物流行业的一大障碍。

⑦产品差异化壁垒主要来自物流服务的内容、地理范围、服务水平、成本效率与完成质量等方面的差异。

在物流行业中，不同市场主体在提供物流服务方面存在较大的差异，这种差异形成了物流行业不同市场的进入壁垒。例如，小型承运人往往专注于提供特定地域或特定货物的专业化服务，而大型物流企业则通过提供全方位、一体化的物流服务来获得竞争优势。

(4) 替代品的威胁

对于物流企业来说，替代品的威胁主要来自客户企业自营物流服务以及其他物流企业提供的物流服务。这种威胁主要取决于替代品与现有物流服务的性价比以及客户使用替代品的意愿。

客户企业在选择自营还是外包物流服务时，会综合考虑多个因素，包括物流对企业成功的影响程度、企业的物流设施和资金能力、企业对物流的管理能力、物流系统的总成本、物流系统的顾客服务能力等。一般来说，采用第三方物流服务能够为企业带来诸多好处，如降低物流成本、提高顾客服务水平等，但同时也伴随着一些风险,如失去对物流的控制能力、泄露企业战略信息等。

(5)行业内现有企业的竞争

行业内现有企业之间的竞争是五种竞争力量中最为重要的一种。在物流行业中,现有企业之间的竞争非常激烈,它们通过价格、服务、质量、品牌等多个方面进行竞争。这种竞争不仅来自国内物流企业之间,还来自国内外物流企业之间的竞争。

为了应对激烈的竞争,物流企业需要不断提高自身的核心竞争力,包括提高服务质量和效率、降低成本、加强品牌建设等。同时,物流企业需要积极寻求合作和联盟,通过资源整合和共享来降低成本、提高效率、增强市场竞争力。

2.4.2 内部环境分析

1. 物流企业的内在资源与核心竞争力

资源,作为企业运营和发展的基石,涵盖了从资金、设备到人力、专利、品牌及技术的全方位要素。它们或是有形的,如厂房、设备、土地等固定资产和企业的金融资本;或是无形的,如知识产权、技术诀窍、品牌形象、专利商标等;亦或是人力资源方面的,体现在员工的质量与数量上,特别是那些通过投资培养出的,推动企业前进的体力、智力、知识、经验和技能。

能力,这一原本属于心理学领域的概念,已逐渐演变为评估企业综合实力的重要指标。它不再仅仅指个体或团体的某项技能,而是涵盖了企业组织在协调、管理等方面的综合能力。这种能力是抽象的,但它通过具体的业务活动和技能得以体现,如观察、想象、思维和记忆等。

企业能力,特指企业在特定任务或活动中,对资源的有效组织和运用所展现出的实力。它融合了互补的知识、技能和制度,形成了复杂的资源协调模式,包括获取资源、生产运营、技术研发、市场营销、基础管理以及企业文化塑造等多方面的能力。这些能力的核心在于企业对资源的独特管理方式,源于员工的集体知识、经验和技能,实质上是一个高效的知识转换系统。

资源与能力在企业内部相互依存,共同构成了企业的竞争优势。资源,如未经雕琢的原材料,需要能力的加工和整合才能发挥其最大价值。而能力,则如同工匠的手艺,但它的发挥又依赖于资源的丰富程度和质量。在实践中,这两者往往交织在一起,共同作用于企业的每一项决策和行动。

对于物流企业而言,其有形资源主要聚焦于设施、设备、资金、人员以及业务网络等方面;而无形资源则更多体现在信息技术、品牌声誉、企业文化、人员素质以及客户关系等难以量化的方面。在能力上,物流企业不仅要求具备高效的物流服务运营能力,如运输、仓储、配送等,还需要强大的职能管理能力,如市场营销、财务管理、技术研发等。此外,基础管理能力,如计划、组织、人力资源管理和领导能力等以及战略规划和企业文化建设能力,也是物流企业不可或缺的核心竞争力。

从另一个维度来看,物流企业的能力还可以细分为战略决策能力、组织协调能力、技术创新能力以及市场应变能力等。这些能力共同构成了物流企业在激烈市场竞争中立于不败之地的关键。

2. 物流企业的核心资源

(1)物流企业核心资源的价值链分析

物流企业的核心资源,作为其竞争力的基石,是构建持续竞争优势的关键要素。这些资源包括企业文化与核心价值观、组织与管理体系、物流技术与信息系统、物流服务运作能力、市场营销能力、员工知识与能力、企业品牌等智力资产以及在某些特定领域内独特的物流运作能力。这些难以被复制或模仿的资源,以及对企业资源进行独特配置和利用的能力,共同构成了物流企业的长期竞争优势。

根据价值链理论,物流企业的核心资源主要体现在其优于竞争对手的持续的独特的物流市场竞争力上。这种竞争力涵盖了物流服务设计、运作、营销、客户服务及其管理等基本价值活动能力。这些独特的物流服务能力的形成,依赖于物流企业自身的物流基础设施、技术开发、人力资源管理以及其他资源与活动能力。正是这些价值活动,塑造了物流企业独特的物流服务功能,在为客户创造独特价值的同时,也为企业带来了丰厚的利润和持久的竞争优势。换句话说,物流企业的竞争优势源自企业的各类价值活动,而这些价值活动又根源于其所依托的优势资源。

物流企业的基本价值活动包括物流服务产品设计、物流服务运营、市场营销和客户服务。在辅助价值活动中,采购涉及企业整个价值链各项活动的外购投入;技术开发不仅指研发活动,还包括每项价值活动所使用的技术;人力资源管理涵盖员工的招聘、培训、开发、报酬与激励等,对单个和整体的价值活动都产生影响;企业基础设施包括总体管理、计划、财务、质量管理等,通过整个价值链起辅助作用。

物流企业的各项价值链活动相互紧密关联,共同形成企业的竞争优势。然而,各项活动对竞争优势的贡献程度并不相同。物流企业需要从最终用户或客户的角度出发,优化整个价值体系,同时比较自身与主要竞争对手在价值链各个环节上的差异,找出具有相对竞争优势的关键环节,从而明确核心资源要素。

(2)物流企业核心资源的评价标准

尽管不同公司的核心资源各异,但衡量和评价其能否形成可持续竞争优势的标准却是一致的。物流企业的核心资源必须具备在较长时期内获得超平均利润的特质,并且难以被竞争者模仿。具体评价标准包括:

①价值性

核心资源必须能够持续不断地创造顾客感知的价值,并为企业带来增值或超常规的利润回报。它是企业价值创造的主要源泉,只有这样,核心资源的存在才具有经济现实性。

②延展性

核心资源应具有强大的辐射作用,能够支撑企业衍生出相关产品族或产业族,并推动它们的持续发展。这既体现在横向上的相关产品或技术衍生上,也体现在纵向上的价值链各环节的持续扩展上。

③领先性或独特性

核心资源应使企业构建起独特的战略性资源体系,保持行业领导地位或实现差异化竞争。这种独特性体现在产品、技术、生产运营、组织、营销等资源要素或它们的组合上,能够为企业带来绝对或比较优势。

④刚性和持久性

核心资源应具有较强的稳定性和持久性,是企业在长期经营实践中逐步积累起来的。一旦形成,它就能够在较长时期内发挥作用,不易被替代或淘汰。

⑤难以模仿性或替代性

核心资源应具有难以模仿性和难以替代性。它基于隐性知识,难以被明确描述和轻易模仿。这种难以模仿性确保了企业的竞争优势不会被轻易削弱或丧失。

以上五个方面构成了评价物流企业核心资源的内在标准。通过这些标准,可以设计出相应的评价指标体系,识别出需要培育和加强的核心资源,从而推动物流企业的持续发展和竞争优势的提升。

3. 物流企业竞争力

在激烈的市场经济环境中,物流企业竞争力体现在其获取和高效配置资源、构建并稳固竞争优势、持续获得超额收益的能力上。这种能力源自企业对内外部经营资源的巧妙运用,以满足市场和顾客的多元化需求,并在与竞争对手的较量中不断塑造和强化自身的优势地位。它不仅是企业业绩卓越的内部支柱,更是通过市场比较而凸显的相对优势,表现为企业比竞争对手更高效地获取、创造和应用稀缺资源,从而取得更好的市场业绩。

根据表现层次的不同,物流企业竞争力可以分为有形和无形两类。有形竞争力主要通过成本控制、规模效应、品牌影响等表现出来,而无形竞争力则更深层次地体现在企业内部,是支撑有形竞争力并使其持久不衰的关键因素。对物流企业竞争力的科学评估,有助于企业正确认识自身在市场中的位置,通过与竞争对手的对比分析,揭示自身的优势与不足,从而制定更具针对性的战略措施,进一步提升企业的整体竞争力。

构成物流企业竞争优势的竞争力主要包括以下几个方面:

(1)市场竞争力

市场竞争力体现在物流服务产品和物流运作的高效性、灵活性上,主要通过市场份额、增长率、覆盖率、收益率等指标来衡量。企业在技术性能、质量、成本、价格等方面的优越性,是其市场竞争力的直接体现。

(2)技术实力

技术实力特别是信息技术能力,是物流企业创新发展的基石。技术装备的先进性、信息系统的完善性、技术人员的素质等都是衡量企业技术实力的重要指标。

(3) 财务稳健性

财务稳健性体现在企业内部财务控制的严谨性和资本运营的高效性上。净资产收益率、总资产周转率、资产负债率等指标，可以全面反映企业的财务状况和发展潜力。

(4) 人力资源优势

人力资源是物流企业的第一资源，其开发与管理能力直接关系到企业的长远发展。企业通过科学的人才招聘、培训、考核和激励机制，不断提升员工队伍的整体素质和工作满意度。

(5) 组织协调能力

物流企业在复杂的内外部环境中，需要强大的组织协调能力来确保各项业务的顺畅进行。这种能力体现在企业内部各部门之间的协同效率、与外部利益相关者的关系管理等方面。

(6) 战略洞察力

物流企业需要具备敏锐的战略洞察力，以应对不断变化的市场环境。这包括对市场趋势的准确预测、对竞争态势的深刻理解以及快速有效的战略调整能力。

4. 物流企业核心竞争力

核心竞争力是物流企业长期培育形成的独特能力，它深植于企业的文化和价值体系中，支撑着企业过去、现在和未来的竞争优势。这种能力不是单一的技能或资源，而是多种技能和机制的有机融合。与一般竞争力相比，核心竞争力具有更高的客户价值性、差异性、可拓展性、难以模仿性和持久性。

在物流企业中，核心竞争力主要体现在市场运作能力、运营管理能力和体系创新能力三个层面。市场运作能力体现在企业能够高效满足客户需求、快速响应市场变化等方面；运营管理能力体现在企业内部管理的效率和外部关系的协调能力上；体系创新能力是企业持续发展的动力源泉，体现在对新服务模式的研发和对现有体系的持续优化上。

具体而言，物流企业的核心竞争力主要包括：

(1) 强大的市场运作能力

强大的市场运作能力表现为高忠诚度的物流服务品牌、高市场占有率、高订单完成率以及低运作成本等，这些都是企业在激烈的市场竞争中脱颖而出的关键。

(2) 卓越的运营管理能力

卓越的运营管理能力既包括企业内部的管理效率，如规模经济效应、库存管理优化等，也包括企业外部的关系管理能力，如客户关系维护、品牌塑造等。

(3) 持续的体系创新能力

持续的体系创新能力体现在企业对新物流技术的研发应用、对物流体系的综合规划以及对未来发展趋势的敏锐洞察上。这种创新能力是物流企业保持长久竞争力的关键所在。

思考题

1. 什么是物流战略？它的主要特征有哪些？
2. 请简述企业物流战略与整体战略的关系。
3. 如何理解物流战略管理的定义和重要性？
4. 物流战略管理层次有哪些？它们各自的作用是什么？
5. 在制定企业物流战略时，需要考虑哪些外部环境和内部资源因素？
6. 企业物流战略选择过程中，创新思维和前瞻性视角为何重要？
7. 请描述企业物流战略对提升企业竞争力的作用。
8. 如何理解企业物流战略的长期性和系统性？

本章阅读

FS公司30年：紧随时代多元化布局 国际化开端迎发展先机

2023年国家相关部门提出，将扎实推进农村寄递物流体系建设，巩固"快递进村"三年行动成果，加强县级寄递公共配送中心和村级寄递物流综合服务站建设，这为行业进一步发展指明了方向。

中国的民营快递行业发展至今已有三十余载，随着中国市场经济的发展和国家政策的不断优化，民营快递欣欣向荣。FS公司作为先行者，运用多元化经营以及科技实力的优势，紧随时代的潮流"谋篇布局"。

在巩固"快递进村"的同时，FS公司参与投建的鄂州花湖机场也于2022年正式投运。在公司成立30周年之际，FS公司航空机队规模迈入80架大关，这是FS公司30年稳健发展的里程碑之一，也为FS公司在新的发展阶段锚定了新起点。

1. "快递进村"甜在心头

最近几年，每次走过田间垄头，快递员卞哥总会想起小时候老师教过的一句话"长治久安，人寿年丰"，这八个字里暗藏着"长丰"。作为长丰县的老快递人，早在2012年，卞哥便与FS公司结下不解之缘，从2016年承包FS公司乡镇代理，成为创业者以来，他更是战绩赫赫：足迹遍布长丰县下属的陶楼、杨庙两镇，拓展村点17个，仅FS公司快件量就达1.4万票……

"跑快递这么多年，一直都服务乡镇，快递下乡肯定是未来的大趋势，国家在倡导，公司也在鼓励。"2016年卞哥成为合肥陶楼镇的一名乡镇代理，几年来他跑遍了镇南镇北，东村西村，业绩突飞猛进，人脉也越来越广。

2019年，FS公司积极响应国家政策，以开放共配的方式，鼓励乡镇代理设立乡村驿站，推进"快递进村"，为"快递小哥"提供家门口就业或创业的机会。

近些年，驿站为农村地区创造许多新兴工作岗位，就业人员大多是周边村的年轻人,从背井离乡到返乡就业,越来越多的人选择留下来。对普通村民而言,"快递进村"也让大家真正享受到"顺手取快递"的便捷。放心网购、无忧退换的绝佳购物体验更是走进了寻常村民家。

不仅是安徽省,在全国各地,越来越多的 FS 公司乡镇代理和驿站的站长加入创业大军,他们扎根乡村,身体力行着"快递进村"的使命。

2022 年 FS 公司乡镇站点从 8 万个增加至 10 万个,其中新开拓了 3 万个乡村代理合作点,打造家门口的快递。FS 公司在乡镇储备超过 1.4 万辆运输车辆,派件线路及班次超过 1 万条,健全末端服务网络,提升服务水平,为网购下乡、农产品上行最后一公里服务提供有力保障。

2. 紧跟时代创新变革

"快递进村"只是 FS 公司紧跟时代潮流下的一个缩影。作为快递行业的先行者,在每一次国家以及快递行业的发展风口,FS 公司都在做行业创新改革的领头人。

1993 年,正值广东处于改革开放初期,彼时约有 5 万家香港加工厂转移到珠三角地区,采用"内地制造、香港销售"模式促使两地之间各类信件、物品的往来加剧。在这样的历史背景下,FS 公司在广东率先成立。

如果说 FS 公司的第一波发展在民营快递业集体萌芽之际占得先机,那么 2003 年非典时期,FS 公司果断采用包机的方式来保障运输,则让其首次踏足航空领域。

FS 公司也是巴枪改革的领头人。快递巴枪是专门用来扫描快递入库的手持智能设备,在民营快递企业快速发展的 2003 年,做了一个大胆的决定,以每件 7 000 元价格从韩国引进一批巴枪,以实现快递数据同步,提升快递效率。

巴枪改革是 FS 公司在国内市场先人一步的里程碑事件,也是 FS 公司服务领跑行业的关键举措。

2009 年 FS 公司成为首家建立航空公司的快递企业,使其在时效件领域的地位日益稳固。同年,FS 航空在深圳宝安国际机场完成首飞。次年 FS 公司更是就将视野扩大到国际舞台,从新加坡到马来西亚,再到美国、欧洲,FS 公司国际业务覆盖的国家和地区不断扩大。

2013 年起,FS 公司的业务矩阵不断丰富,为了更好地服务集团发展战略,持续加固行业竞争壁垒,FS 科技应运而生,并成为 FS 公司走向数字化、智慧化的关键推动力量。

依托 FS 科技,FS 公司进一步强化运营能力,依托大数据、智能算法、区块链等智慧化技术与手段,对物流各环节作业要素进行深度解耦与优化,实现国际端到端路由的精准规划和实时管理,全面提升运营效率和客户体验。

3. 提质增效迈向国际

2018 年,随着《国家物流枢纽布局和建设规划》的发布,在 127 个城市布局建设 212 个国家物流枢纽,打造"通道+枢纽+网络"的物流运行体系。这一时期,我国物

企业物流管理

流业发展环境显著改善,物流基础设施体系更加完善,大数据、云计算等先进信息技术广泛应用,物流新模式、新业态加快发展,物流业转型升级步伐明显加快,发展质量和效率显著提升。

截至2022年底,FS公司国际快递业务覆盖全球84个国家及地区,跨境电商服务覆盖全球200多个国家及地区。FS公司国际快递业务聚焦于流程标准化与系统搭建,持续提升产品竞争力,夯实运营底盘,侧重东南亚市场,实现业务稳健发展。

鄂州花湖机场正式投运,也是FS公司进一步迈向国际的新标志。作为亚洲第一座、世界第四座专业货运机场,花湖机场是国家重大生产力布局项目,是湖北打造国内大循环节点和国内国际双循环战略链接的重要支撑。

在2023年的"后千亿时代",无论是畅通国内大循环,助推中国经济从传统经济向智慧经济转型;还是放眼国际,继续为跨境物流带来广大发展空间,推动国内国际双循环相互促进,都充满着未知与挑战,这些未知与挑战正是FS公司一直在路上的理由。

(资料来源:中国经营报,2023-03-26,有删改)

第 3 章

企业物流组织

学习目标 >>>

1. 了解企业物流组织的发展历程
2. 熟悉企业物流组织的构成
3. 掌握常见的企业物流组织结构
4. 掌握设计企业物流组织结构的方法

引导案例　　MM 公司发展中的组织结构变化

创建于 1968 年的 MM 公司,是一家以家电为主,涉足房地产、物流等领域的大型综合性现代化企业集团,是中国最具规模的家电生产基地和出口基地之一。MM 公司上市以后,在对管理层进行融资收购改革的同时,用了五年的时间进行了一场"低成本差异一体化"的物流完善之路,不断完善的物流设计既保证了公司的总成本领先,又保证了适度差异化的实行。

1. 建立虚拟物流中心

为适应像空调、风扇这样的季节性很强的产品对物流的特殊需求,减少无效物流,降低仓储成本,在保证事业部销售的前提下,MM 公司在 1998—1999 年开始建立"内部虚拟物流中心",通过物流中心内部整合资源,初步改善了原有物流环节中的不合理方面,并为长期物流发展做足了准备。内部虚拟物流中心以满足事业部所有日常销售的仓储运输要求为最高目标,其组织定位是行政上隶属集团,业务上服务于事业部,其主要工作有:①进行本部和外部仓库的全面仓储整合,并合理设计全国仓储网络;②在不改变刚签订的物流合同的情况下,统一开展与第三方物流公司的业务,实现统一标准管理;③制定流程、规章、职责等,使物流业务流程及规范标准化。但是在这个阶段,各事业部物流人员仍按照原有流程执行发货运输,发货计划暂时没有得到整合。

2. 成立MN物流公司

2000年MM公司通过建立自己的第三方物流公司——MN物流，不仅解决了别的企业为之头疼的物流成本居高不下的问题，还造就了一个新的利润增长点。MN物流公司的主要业务是建立自己的仓储平台和网络平台。MM公司把各个事业部原先分散的仓储资源整合起来交给MN物流公司，使其在全国建立了比较健全的仓储网络，信息技术平台也逐渐运行。MN物流公司还掌管家庭事业部的全部运输业务和空调事业部1/3的运输业务。

MN物流公司的出现使得MM公司总部的物流工作量大量减少，工作趋向监督、管理，变为整合、招标：①物流的全面整合集成化；②集中招标管理第三方物流公司；③集成的IT系统实施应用。MN物流公司的出现还使MM公司根据MN物流公司的价格，可以去压外面运输公司的价，使得运输费削减了10%以上，一年下来可以节省几百万元，同时服务水平也提高了。由于储运资源的整合，在物流公司投入运作的半年内，MM公司各事业部运输成本平均下降了10%，全集团的仓储成本也下降了10%。

3. 运用集成物流商进行供应链管理

2002年11月1日，MM公司旗下的MN物流公司在广州正式成立"MN供应链技术有限公司"，其实质是进行集成物流管理。从2002年中期开始，MN物流公司利用自主开发的信息系统，使MM公司在全国范围内实现了产销信息的共享。有了信息平台作为保障，MM公司原有的100多个仓库精减至8个区域仓。这样一来，MM公司流通环节的成本降低了15%～20%。同时从市场第一线到工厂生产的信息传递链条大大缩短，各事业部更有效地实现了订单生产，减少了生产环节浪费——靠制造环节降低成本，以物流增加收入，是分享第三利润源的共赢过程。

围绕效益这个考核的第一标准，MM公司开展了名为"供应链整合"的管理创新活动。各事业部内采用"成本倒逼法"，从产品最后的售价，推导出各环节的造价。在原材料采购环节，通过网上公开招标投标，杜绝了暗箱操作带来的成本"黑洞"；在制造环节，进行技术改造，提高合格率，降低消耗。降低成本往往在设计环节中就开始了。在这个阶段，MM公司总部的主要工作主要集中在规划和整合方面，将仓库管理、运输管理及具体运作全权下放给少数几个优秀的第三方物流公司管理。

通过MM公司短短5年的3次大张旗鼓的物流运作完善之路，MM公司既满足了消费者对产品越来越苛刻的差异化需求，又在接近饱和的中国家电业生存空间中占据了独特地位。

（资料来源：董千里.物流运作管理[M].2版.北京：北京大学出版社，2015：43-44，有改动）

3.1 企业物流组织的发展与构成

3.1.1 企业物流组织的发展

物流组织的出现和发展是人们对物流认识不断提高的结果。自从 20 世纪 60 年代以来,物流管理从只注重分散的物流职能开始,发展到越来越注重物流过程的整合,再发展到如今的综合物流管理和供应链管理。

总的来看,企业物流组织的发展经历了以下几个阶段:

1. 企业物流职能分离阶段

20 世纪 70 年代之前,人们对企业物流职能的认识是分离的,认为企业物流是企业生产和流通的附属职能,是分散在组织内不同职能中的一系列零散且欠协调的活动。此时的物流组织成员遍布企业或工厂的各个部门,企业物流处于职能分散化、管理分离化阶段。

2. 企业物流职能集中阶段

20 世纪 70 年代初期,企业将运输活动与库存、订单处理等过程协调起来进行管理,同时将采购、运输和物料管理归到一个机构名下来统一管理。此时,人们已经认识到与实物分拨和实物供应相关的一系列活动及其相互协调的必要性。只不过当时的组织结构还不完善,对当时既有的组织形式并没有做出根本性的改变。直到企业组织结构开始发展成为相对更正式的形式,这时候企业开始重视对产成品运输和仓储的管理,比如设立一名高级主管专司相关物流活动,这是企业物流迈向全面一体化阶段的尝试。但是由于集中化物流运作的种种困难,以及此类组织结构本身存在着大而杂的弊病,其应用并不广泛,到了 1985 年,多数大公司已经向物流全面一体化过渡。

3. 企业物流活动全面一体化阶段

企业物流组织发展的第三阶段是物流活动全面一体化阶段,其内涵既包括实物供应又包括实物分拨。此时的物流管理由重视功能转变为重视过程,通过管理过程而非功能来提高物流效率成为整合物流的核心。物流组织不再局限于功能集合或分隔的影响,开始由功能一体化的垂直层次结构向以过程为导向的水平结构转变,由纵向一体化向横向一体化转变,由内部一体化向外部一体化转变。从某种意义上说,矩阵型、团队型、联盟型等物流组织形式就是在此前提下发展起来的,并且已成为当时欧美企业物流组织新的发展趋势。

4. 供应链管理阶段

在供应链管理阶段,物流组织不仅包括第三阶段中的物流活动全面一体化,还包括生产过程中的物流活动,也就是说处于第四阶段的企业认为物流包括发生在原材料采购、生产过程以及到达最终用户手中这一过程中的所有活动。第四阶段与第三阶段最大的不同就是生产过程中的活动(如生产计划的安排、半成品库存管理等)以及企业厂内和厂外运输的实时管理计划协调都已包含在一体化物流管理的范围内。

5. 超组织系统管理阶段

第五阶段是指对整个供应链渠道中各个独立法律实体之间的物流活动进行管理。为此,管理者的注意力首先会集中在企业能直接控制、直接负责的物流活动上。管理这个超组织系统不仅会带来新的挑战,也可能会实现现有机构设置和组织结构所不能达到的效率。

3.1.2 企业物流组织的构成

企业物流组织一般由以下人员组成:

1. 高层物流经理

高层物流经理全权负责企业的物流活动,是企业物流的总计划师和调配者。

2. 公司及部门物流管理人员

这些管理人员一般在某一项具体的物流管理活动中,他们可能作为物流组织中独立的人员组成,也可能由不断变化的人员组成。后者只需投入一部分时间从事某项工作(如设计一个新的配送中心或设计一个新的信息系统)。

3. 直接从事物流作业的操作人员

直接从事物流作业的操作人员包括负责采购、生产计划、为顾客提供服务,以及配送中心、运输、自有车队中的人员。

3.2 企业物流组织结构类型

随着企业的发展,物流组织的结构形态也在不断革新。按照不同的分类方式,企业物流组织可以分为顾问型、直线型、直线顾问型、项目型、矩阵型等结构类型。

3.2.1 顾问型物流组织结构

顾问型物流组织结构将对作业活动的效率化具有帮助作用的企划活动集中在一起,在这种模式下,作业活动仍然保留在原来的部门当中,如仓库的出库业务由制造部门承担。由于作业活动还是分散的,因此其具有协调的功能。采用顾问式物流组织结构的企业,其物流部门负责整体的物流规划、分析、协调、物流工程等工作,对各部门的物流活动起指导作用,如图 3-1 所示。

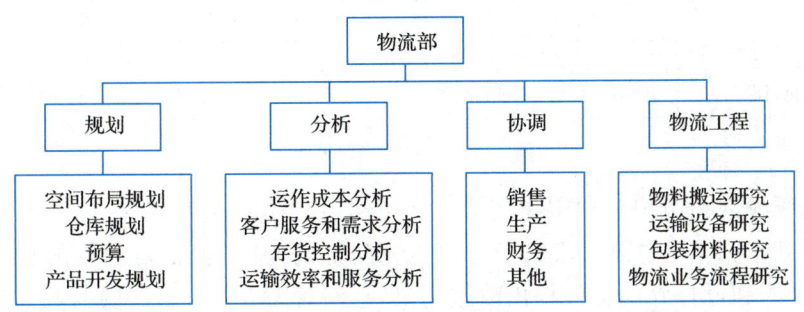

图 3-1　顾问型物流组织结构

顾问式物流组织结构带来的问题是：物流部门对具体的物流活动没有管理权和指挥权,物流活动仍分散在各个部门,所以仍会出现物流效率低下、资源浪费以及职权不明等弊病。

3.2.2　直线型物流组织结构

直线型物流组织结构是指物流部门对所有物流活动具有管理权和指挥权的组织结构,是一种较为简单的组织形式,如图 3-2 所示。

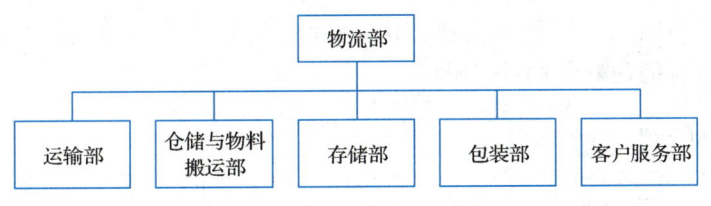

图 3-2　直线型物流组织结构

在直线型物流组织结构下,物流经理一方面管理下属各个部门日常业务的运作,同时又兼顾物流系统的分析、设计和规划,这对物流经理的业务水平提出了较高的要求。

直线型物流组织结构的优点：物流经理全权负责所有的物流活动,顾问式组织结构出现的互相牵制现象不再出现,物流活动效率较高,职权明晰。直线型物流组织结构的缺点：物流经理的决策风险较大。

3.2.3　直线顾问型物流组织结构

单纯的直线型或顾问型物流部门结构都存在一定的缺陷,逻辑上的解决办法是将这两种组织结构合二为一,变成直线顾问型物流组织结构,如图 3-3 所示。

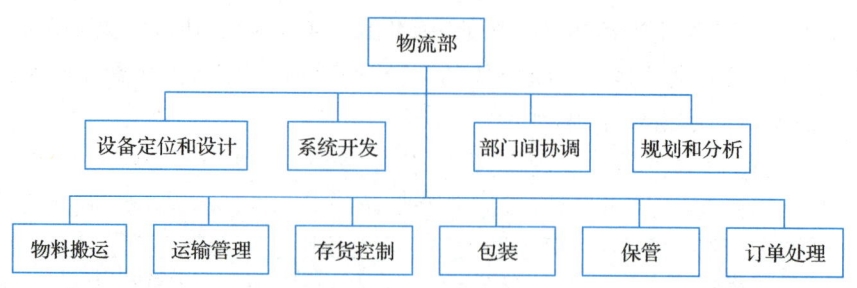

图 3-3　直线顾问型物流组织结构

在直线顾问型组织结构中物流部对业务部门均实行垂直式领导,具有指挥权和命令权。处于图 3-3 中第二层的子部门是顾问部门,其职责是对现存的物流系统进行分析、规划和设计并向上级提出改进建议,它们对图 3-3 中第三层的业务部门没有管理权和指挥权,只起到指导和监督作用。图中第三层的子部门是业务部门,负责物流业务的日常运作并受物流(总部)的领导。

这种组织结构方式消除了物流在企业中的从属地位,恢复了物流部门功能上的独立性。当然,这并不意味着物流部可以与企业其他部门隔绝而独立运作。物流部门中诸如规划、协调等顾问型功能仍有必要与其他部门紧密配合,才能使企业作为一个整体得到改进,而非仅企业的物流功能得到改进。

3.2.4　矩阵型物流组织结构

矩阵式物流组织结构由美国学者蒂海斯和泰勒于 1972 年提出,它的设计原理是将物流作为思考问题的一种角度和方法,而不是把它作为企业内的另外一个功能。物流业务所包含的内容如图 3-4 所示。

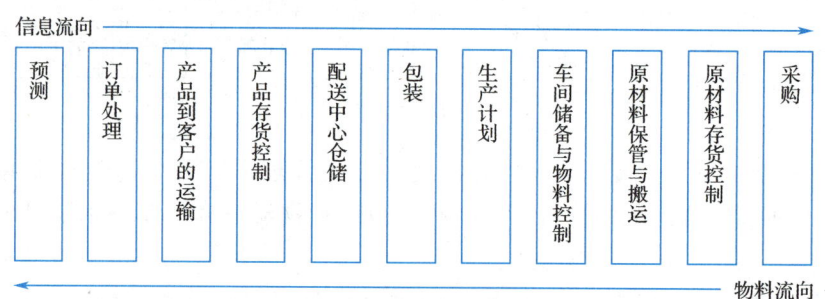

图 3-4　物流业务包含的内容

从图 3-4 中可以看出,完成一个物流业务需要跨越多个部门,历时较长,涉及的人和事较多,所以在某种程度上,一个物流业务也可看作一个项目。泰勒和蒂海斯提出了矩阵式的物流组织结构,其大体内容是:完成物流业务所需的各种物流仍由原部门(垂直方向)管理,但水平方向上又加入类似于项目管理的部门(一般也称为物流部门),负责管理一个完整的物流业务(作为一个物流"项目"),从而形成了纵横交错的矩阵式组织结构,如图 3-5 所示。

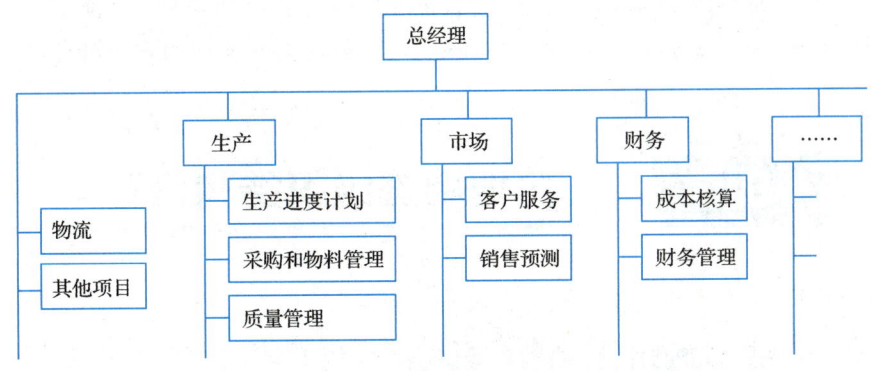

图 3-5 矩阵型物流组织结构

在矩阵式组织结构下,物流"项目"经理在一定的时间、成本、数量和质量约束下,负责整个物流"项目"的实施(水平方向),传统部门(垂直方向)对物流"项目"起着支持的作用。

矩阵式物流组织结构有三个优点:一是物流部门作为一个责任中心,允许其基于目标进行管理,可以提高物流运作效率。二是这种形式比较灵活,适合于任何企业的各种需求。三是它可以允许物流经理对于物流进行一体化的规划和设计,提高物流的整合效应。矩阵式物流组织结构的缺点:由于采取双轨制管理,职权关系受"纵横"两个方向上的控制,可能会导致某种冲突和不协调。

3.2.5 物流项目组组织结构

物流项目组组织结构,是以项目为核心,辅以职能部门的组织形式。每个项目组具有独立的单元。这种组织结构的优点在于:针对性强,具体项目的工作效率高,命令协调一致,组织结构简单,成本和质量控制较容易。缺点在于:在项目衔接不紧密的时候容易出现冗员,企业内部员工横向协调较差,工作的连续性较差,易导致员工情绪波动。物流项目组组织结构如图 3-6 所示。

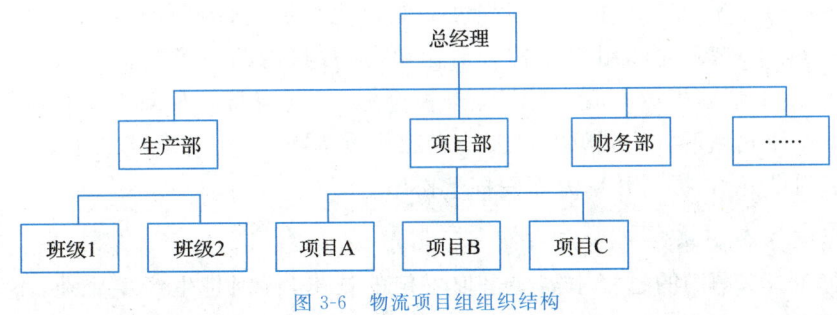

图 3-6 物流项目组组织结构

当前,管理领域正经历着一场世界范围内从传统的层次式管理转为全员参与式管理的变革,这种变革在组织结构上表现为网络型组织、虚拟公司和水平型组织的创建。总之,企业的所有制不同,它的组织管理形式也会有所不同,而且企业组织机构的管理形式,是随着企业的发展和管理科学化、现代化的发展而发生变化的。

3.3 企业物流组织结构设计

3.3.1 企业物流组织结构设计应考虑的因素

1. 企业类型

不同类型的企业,物流管理的侧重点不同,所以相应的物流组织结构的设计也应各有特点。比如,原材料生产型企业向其他企业供应原材料,虽然品种类别较少,但是批量大,所形成的物流活动往往是大批量的装卸搬运和运输,因此所成立的物流管理部门需与之适应;销售型的企业主要物流活动集中在销售环节,需要从分布广泛的供应商手中采购商品并在较小的范围内零售商品,主要的物流活动是采购环节的运输、库存控制、仓储、订货处理及销售运输,对于这类企业,物流组织结构应主要以销售运输为主。

2. 企业战略因素

企业的组织结构应该是帮助企业实现企业战略的手段,这就意味着企业组织结构的设计应与企业战略紧密配合,而企业物流战略又是与企业战略紧密相关的,所以企业物流组织结构也应服从企业战略。另外,如果一个企业的战略发生了重大调整,那么这个企业的物流管理组织也要做出相应的变动来适应企业的新战略。

3. 企业规模

企业规模对企业的组织结构有明显的影响作用。例如,大型企业的组织结构要比小型企业的组织结构更倾向于高程度的专业化和横向、纵向的分化,相应的规章条例也更多。小型企业的组织结构相对简单,通常只需两三个纵向层次,形成偏扁平的模式,员工管理相对灵活。对于大规模企业,目前流行一种新形式的组织设计,即把组织设计的侧重点放到顾客需要或者工作过程方面,用跨职能的项目小组取代僵硬的部门设置,在提高效率方面发挥了作用。

4. 企业技术因素

企业在追求利润的过程中需要采取一定的技术,特别是生产型企业,不同的生产技术对于企业的组织结构提出不同的要求。例如,单件生产和连续型生产,采用有机式结构最为有效;大规模生产企业应采取较为机械式的结构。研究表明,越是常规的技术,企业组织结构就越应该标准化,即采用机械式的组织结构;越是非常规的技术,企业组织结构就越应该采取有机式的。

5. 企业环境因素

企业环境是企业组织结构设计的一个主要影响因素。从本质上讲,较稳定的企业环境,采用机械式组织更为有效;动态的、不确定的企业环境,则采用有机式组织结构更佳。由于现今企业面临的竞争压力增大,企业环境也不如从前稳定,所以企业物流组织结构的设计应该能够对环境的变化作出有益于企业运行的反应,设计要充分体现柔性。

总之,企业物流组织结构设计一定要从实际出发,综合考虑企业类型和企业的战略、规模、运用的生产技术,企业所处的环境等各种因素,以建立最适宜的组织结构。物流组织结构的调整,要适应企业经营方式变革和企业内部管理向集约化转换的需要。

3.3.2 企业物流组织结构设计的内容

影响企业物流组织结构设计的因素大致有组织层次与宽度、人员配备、组织战略、职权划分、企业环境等几个因素,下面就这五个方面加以阐述。

1. 层次与宽度

组织结构设计的内容之一是划分组织层次,解决组织的纵向结构问题。随着生产的发展、科技的进步和经济的增长,物流组织的规模越来越大,管理者与被管理者的关系随之复杂化。当直接管理的下属人数超过某个限度时,就必须增加一个管理层次,通过委派工作给下一级主管人员而减轻上层主管人员的负担。因此,就形成了有层次的组织结构。

管理宽度也称管理幅度,是指主管人员有效地监督、管理其直接下属的人数。部门划分主要解决的是物流组织的横向结构问题,其目的在于确定物流组织中各项任务的分配与责任的归属,以求分工合理、职责分明,有效地达到组织的目标。

管理层次与管理宽度成反比。因此,管理形式形成了两种结构:扁平式结构和直高式结构。扁平式结构有利于密切上下级之间的关系,信息纵向流动快,管理费用低,被管理者有较大的自由性和创造性,因而有满足感,同时也有利于选择和培训下属人员。其缺点是不能严密地监督下级,上下级协调较差,同级间相互沟通联络困难。直高式结构具有管理严密、分工细致明确、上下级易于协调的特点,但层次增加带来的问题也较多,管理人员之间的协调工作和管理费用增加,上下级的意见沟通和交流受阻,管理严密影响了下级人员的积极性与创造性。一般来说,为有效进行管理,应尽可能地减少管理层次。

2. 人员配备

人员配备是物流组织有效活动的保证。人是组织最重要的资源,但在组织的所有人员中,最重要的是主管人员。主管人员在整个物流管理过程中起着举足轻重的作用,是实现目标的关键人物。主管人员既是组织中的"建筑师",又是指挥者、集合者,同时还是执行者。有效地为物流组织机构配备各级主管人员是组织活动取得成效的保证之一。主管人员配备得恰当与否,与组织的兴衰存亡密切相关。所以一个组织结构是否合理,与人员配备是否恰当密不可分。

3. 组织战略

战略是实现组织目标的各种行动方案、方针和方向选择的总称。在组织结构与战略关系上,一方面,战略的制定必须考虑物流组织结构的现实;另一方面,一旦战略形成,物流组织结构应做出相应的调整,以适应战略实施的要求。战略选择的不同,会在两个层次上影响物流组织的结构;不同的战略要求开展不同的业务活动,这会影响管理职务的设计。战略重点的改变,会引起物流组织的工作重点及各部门与职务在组织中重要程度的改变,因此要求对各管理职务及部门之间关系作出相应调整。

组织结构设计一般遵循三种企业战略——生产战略、市场战略和信息战略。生产战略的目标是以最大效率将处于原材料状态的物料通过加工过程转化为产成品。市场战略是以客户服务为导向,销售与物流也要与之协调。追求信息战略的企业一般有大型的下游经销商和分销组织网络,拥有大量库存,在这一分散的网络中协调物流活动是首要目标,而信息是良好管理的关键环节。

4. 职权划分

职权划分是物流组织结构设计的内容之一,主要解决物流组织结构的职权问题。职权是经由一定的正式程序赋予某一职位的一种权力。同职权共存的是职责,职责是某项职位应该完成的某项任务的责任。在组织结构内要遵循责权一致的原则。责权一致原则是指在组织结构设计中,职位的职权和职责越是对等一致,组织结构就越是有效。

作为主管人员,在组织中占据一定的职位,从而拥有一定职务、一定职权,必然要负一定责任,即职务、职责和职权三者是对等的。另外,还要做到集权与分权相结合。集权与分权相结合原理是指对物流组织结构中的职权的集权与分权的关系处理得越是适中,就越有利于物流组织的有效运行。集权管理是社会化大生产保持统一性与协调性的内在需要。但集权又有其致命的弱点:弹性差,适应性弱,特别是在社会化大生产的复杂性和多样性面前,无弹性的集权甚至可以造成组织的窒息。因此,必须实行局部管理权力的分散。

所以,在一个组织内部,如果权责混乱,高度集权或任意放权都会导致组织涣散和组织结构的松散。

5. 企业的柔性

企业组织设计中的柔性是指企业在面对环境变化时,能够迅速适应和调整其结构、流程、策略和资源配置的能力。这种能力对于企业在竞争激烈和不断变化的市场中保持竞争力至关重要。企业的柔性需要与企业目前所处的环境相适应,企业所处环境越稳定,越适合采取相对机械式的组织结构,而当企业处于多变的环境中时,则更应考虑设计为灵活多变并具有柔性的组织结构。

总之,企业物流组织设计要从企业的实际出发,综合考虑以上多种因素,建立适宜的组织形式。

3.3.3 企业物流组织结构设计的原则

在企业物流组织建立过程中,应从具体情况出发,根据物流管理的总体需要,体现专业职能管理部门合理分工、密切协作的原则,使其成为一个有秩序、高效率的物流管理组织体系。具体来说,建立与健全物流管理组织必须遵循下述基本原则:

1. 有效性原则

有效性原则是企业组织基本原则的核心,是衡量组织机构合理与否的基础。

有效性原则要求企业组织必须是有效率的。物流组织的效率表现为组织内各部门均有明确的职责范围,节约人力、节约时间,有利于发挥管理人员和业务人员的积极性。

有效性原则要求物流组织在实现物流活动的目标方面是富有成效的。有效性原则贯穿于物流组织的动态过程中,组织机构的设计要反映物流管理的目标和规划,要能适应企业内部条件和外部环境的变化,并随之选择最有利的目标,保证目标实现。物流组织的结构形式、机构的设置及其改善,都要以是否有利于推进物流合理化这一目标的实现为衡量标准。

2. 合理管理幅度原则

管理幅度是指一名管理者能够直接而有效地管理其下属的可能人数和业务范围,它表现为管理组织的水平状态和组织体系内部各层次的横向分工。管理幅度与管理层次密切相关,管理幅度大就可以减少管理层次;反之,则需增加管理层次。

管理幅度的合理性是一个十分复杂的问题。因为管理幅度大小涉及许多因素,如管理者及下属人员素质,管理活动的复杂程度,管理机构各部门在空间上的分散程度等。管理幅度过大,会造成管理者顾此失彼,同时因为管理层次少而事无巨细、鞭长莫及;反之,则必然会增加管理层次,造成机构庞杂,增加管理上的人力、财力支出,并会导致部门之间的沟通及协调复杂化。因此,合理管理幅度原则一方面要求适当划分物流管理层次,精简机构;另一方面要求适当确定每个层次管理者的管辖范围,保证管理的直接有效性。

3. 职责与职权对等原则

企业物流管理组织从纵向和横向两个环节上来看,都必须贯彻职责和职权对等的原则。职责即职位的责任,职位是指组织机构中的位置,它是组织体内纵向分工与横向分工的结合点。在组织体内职责是单位之间的连接环,把组织机构的职责连接起来,就是组织体的责任体系。如果一个组织体没有明确的职责,这个组织体就不牢固。

4. 协调原则

物流管理的协调原则是指物流管理各层次之间的纵向协调、物流系统各职能要素之间和部门之间的横向协调。在这里,横向协调更为重要。改善物流企业组织的横向协调关系可以采取下列措施:

(1)建立职能管理横向工作流程,使业务管理工作标准化。
(2)将职能相近的部门组织成系统,如供、运、需一体化。
(3)建立横向综合管理机构。

5. 稳定与适应结合原则

企业组织结构要有一定的稳定性,即相对稳定的组织结构、权责关系和规章制度,有利于生产经营活动的有序进行和提高效率;同时,组织结构又必须有一定的适应性和灵活性,以适应迅速发生的外部环境和内部条件的变化。

思考题

1. 企业物流管理组织有哪几种类型?分别简述其优缺点。
2. 影响企业物流管理组织设计的因素有哪些?
3. 在设计企业物流组织时,需要从哪几个方面考虑?

本章阅读　H公司在市场链约束下的流程再造实践

H公司经过多年艰苦努力,已发展成为在海内外享有较高美誉的大型国际化企业集团,初步搭建了国际化企业框架。在家电行业竞争加剧的情况下,H公司之所以取得如此优异的成绩,与其率先实施企业信息化工程是分不开的。H公司较早成立了信息中心,专门负责推进企业信息化工作,如今H公司已成功实现了从传统的制造企业向现代信息化企业的转变。更重要的是,通过"市场链"对传统"金字塔"型组织结构与管理体系进行再造,实现企业面向流程的组织再造。企业全面信息化管理的创新也使H公司的市场响应速度大大提高,国际市场竞争力进一步提升。

所谓市场链,是指企业围绕一个中心任务,相关职能部门和分厂形成一个责任清晰、利益共享的作业链条,一环扣一环,最后形成一个闭合的链,各环节间的责任关系在组建市场链时事先加以规定,并可随着整个任务的完成状况进行适当调整。当这条链围绕的中心任务完成后,市场链自动解散。一个部门或分厂可能同时是多个市场链的组成部分。H公司之所以实施企业全面信息化管理,主要是针对目前网络经济的巨变、加入WTO后的挑战以及其作为国际名牌运营商的要求。首先，从企业内部看，如果不实行企业全面信息化管理，就无法进行快速有序的管理。其次，从企业外部看，为了创世界名牌，H公司目前整合全球供应链资源、市场资源、科技资源和人力资源。

H公司的组织创新经历了三个阶段：第一个阶段是直线职能式的组织结构，第二个阶段是矩阵式的组织结构，第三个阶段是市场链管理模式的组织结构。直线职能式组织结构是最传统的组织结构，海尔在进入多元化战略阶段之后，直线职能式的结构暴露出它的弊端，很难再支持企业的持续发展，于是就过渡到了矩阵式的组织结构。在新经济条件下，企业不能再把利润最大化当作目标，而应该以用户满意的最大化、获取用户的忠诚度为目标，这时的H公司慢慢过渡到市场链管理模式的组织结构。这个模式不仅让整个企业面对市场，而且让企业里的每一个员工都去面对市场，实现端对端。这样，企业内部员工相互之间不再只是同事和上下级关系，而是市场关系。这种市场链的流程重组模型充分体现了以客户为中心的服务理念。

▎思考▎

海尔在组织创新过程中经历了哪几个阶段，每个阶段是什么样的组织模式，它们各自的特点是什么？

（资料来源：现代物流案例分析，有改动）

第 4 章

企业采购与供应物流管理

学习目标 >>>

1. 理解采购与供应相关概念与工作内容。
2. 掌握采购计划制度的步骤与方法。
3. 能够确定供应商选择标准并实施。
4. 能结合需求制订采购计划,并掌握 MRP 的工作原理。

引导案例　　　某企业采购计划及采购物流

1. 采购背景与目标

随着电子商务的快速发展,物流行业面临着前所未有的挑战与机遇。为了提升物流效率,降低成本,并满足日益增长的客户需求,某企业计划对物流采购进行全面优化。本次采购旨在寻找高质量、价格合理的物流设备与材料,确保物流运作的顺畅与高效。

2. 采购物品清单

(1)物流运输车辆:货车、叉车等;
(2)仓库货架与存储设备;
(3)包装材料:如纸箱、塑料袋、气泡膜等;
(4)物流信息系统软件及相关硬件设备;
(5)办公设备及耗材:打印机、电脑、纸张等。

3. 采购数量与时间

预计采购数量:货车 10 辆,叉车 5 辆,货架 50 组,包装材料若干,物流信息系统软件 5 套,办公设备及耗材若干。采购时间计划为××个月,以确保所有物品在××月底前到位。

4. 采购预算与成本

预计采购总预算为 500 万元人民币。其中,物流运输车辆 200 万元,仓库货架与存储设备150万元,包装材料50万元,物流信息系统软件50万元,办公设备及耗材50万元。企业要求,严格控制采购成本,确保在预算范围内完成采购任务。

5. 采购物流要求及流程

(1)该企业对供应商选择标准的要求

①供应商需具有良好的信誉和资质;

②产品质量稳定可靠,符合行业标准;

③价格合理,具有市场竞争力;

④供应能力强,能够满足该企业的采购需求;

⑤售后服务完善,能够及时解决使用中的问题。

(2)采购流程与合同

采取公开招标的方式进行采购,邀请符合条件的供应商参与竞标。经过严格的评审和比较,选择最合适的供应商进行合作。双方将签订正式的采购合同,明确采购物品、数量、价格、交货时间等具体事项,并约定违约责任和解决争议的方式。

(3)物流配送要求

①供应商需按照合同约定的时间准时交货;

②物流配送过程中需保证物品的安全与完整;

③供应商需提供详细的物流信息,以便实时掌握货物动态;

④如遇特殊情况导致交货延误,供应商需提前通知并给出解决方案。

(4)采购效果评估

采购完成后,该企业将对本次采购进行全面评估。评估内容包括物品质量、交货时间、售后服务等方面。通过评估,可以了解供应商的表现和采购效果,为今后的采购活动提供参考。同时,也将根据评估结果对采购流程进行优化和改进,以提升采购效率和质量。

4.1 采购与供应物流概述

微课: 采购与供应物流简介

4.1.1 采购的概念

采购活动是人类经济活动的基本环节,无论是生产领域还是流通领域,都离不开采购活动,采购也是企业物流活动的起点。随着企业之间竞争的加剧,采购成为企业提高竞争力的关键经营活动。

采购工作是供应物流与社会物流的衔接点,是依据生产企业生产—供应—采购计划来进行原材料的采购。作业层负责市场资源、供货厂家、市场变化等信息的采集和反馈。

从狭义上看,采购是指企业根据需求提出采购计划,审核计划,选好供应商,经过商务谈判确定价格、交货及相关条件,最终签订合同并按要求收货付款的过程。

从广义上看,除了以购买的方式占有物品之外,还可以通过租赁、交换、借贷、外包等方式取得物品的使用权,来达到满足需求的目的。一般来说,我们所说的采购都是指广义上的采购。

可以从以下几个方面来理解采购的概念:

1. 采购是从资源市场上获取资源的过程

采购的意义在于提供生产和生活所需要的而自己又缺乏的资源,这是采购的基本职能之一。从资源市场上获取这些资源是通过采购的方式进行的。

2. 采购是商流过程与物流过程的统一

采购就是将资源从占有方转移到需求方的过程。这个过程既是所有权转移的过程,即资源所有权从供应者手中转移到需求者手中;也是实体转移的过程,即物质实体从供应者手中转移到需求者手中。前者是商流过程,主要通过商品交易、等价交换来实现;后者是物流过程,主要通过运输、存储、包装、流通加工、配送等手段来实现。采购是这两个过程的完整结合,只有这两个方面都实现了,采购过程才算完成了。

3. 采购是一种经济活动

采购是企业活动的重要组成部分。采购活动一方面要获取资源,保证企业的正常经营与生产,实现采购的效益;另一方面,采购过程会发生各种费用,存在采购成本。采购就是要追求以最小的成本去获取最大的效益。

4.1.2 采购的类型

企业采购可以根据不同的划分标准对采购进行不同的分类。针对不同的类别,实施不同的采购策略。

1. 按采购对象的形态分类

根据采购对象的形态,可以将采购划分为有形采购和无形采购。

(1) 有形采购

有形采购是指对有形商品的采购。有形商品包括所有的生产资料和生活资料,如原材料、零部件、半成品、成品、能源、辅助材料及低值易耗品等。

① 原材料

原材料是指构成产品本体部分的物料。

②零部件

零部件是指已经完成全部加工过程,只待组装的物料。

③半成品

半成品是指已经初步加工,尚需进一步加工的物料。

④成品

成品是指具有一定的独立功能,可以对外销售的产品。成品有时是相对的,在供应链条件下,某上游企业的成品对下游企业而言,很可能仅仅是零部件或半成品,甚至是原材料。

⑤能源

能源通常指煤炭、燃油等产生热量的物资。

⑥辅助材料

辅助材料虽不构成产品实体,却是产品生产过程中不可缺少的物料,如包装物、润滑油、乙炔等。

⑦低值易耗品

低值易耗品指劳动资料中单位价值在规定限额以下或使用年限比较短(一般在一年以内)的物品。它与固定资产有相似的地方,在生产过程中可以多次使用不改变其实物形态,在使用时也需维修,报废时可能也有残值。

(2)无形采购

无形采购是指不具有实物形态的对象的采购,主要是指技术、服务和信息,如制造某种产品的技能知识、安装服务、培训服务、维修服务等。

2. 按采购的科学化程度分类

按采购的科学化程度,可以将采购划分为传统采购和科学采购。

(1)传统采购

传统采购模式是指在季(年、月)末,企业各部门申报下季采购申请单,由采购部门汇总,制订统一的采购计划,采购计划被批准后于下季采购,用于填充库存,满足下季企业各部门的供应。

传统采购的特点是管理简单、粗糙,市场响应不灵敏,库存量大,资金积压多,库存风险大。传统采购的操作一般是通过询价现购、比价采购、议价采购及公开市场采购等方式来实现的。

①询价现购

采购人员选取信用可靠的供应商并向其讲明采购条件,询问价格或寄以询价单并促请对方报价,比较后现价采购。

②比价采购

采购人员请数家供应商提供价格后,从中加以比较,决定供应商进行采购。

③议价采购

采购人员与供应商经过计价还价后,议定价格进行采购。一般来说,询价、比价和议价是综合运用的,很少单独进行。

④公开市场采购

采购人员在公开交易或拍卖时随时机动地采购,因此大众需要或价格变动频繁的商品常用此法采购。

(2)科学采购

科学采购就是在科学的理论指导下,采用科学的方法和现代科技手段实施的采购。科学采购是相对于传统采购而言的,主要是采购数量、采购价格、采购时间、采购方式的确定及采购操作更加科学有效。

科学采购主要包括订货点采购、MRP 采购、JIT 采购、供应链采购、招标采购及电子采购等。

①订货点采购

订货点采购既是一种采购方法,也是一种库存控制的实施方法。所谓订货点,就是仓库发出订货的警戒点。到了订货点,就必须发出订货,否则就会出现缺货。因此,订货点也就是订货的启动控制点,是仓库发出订货的时间。

②MRP 采购

MRP 采购即物料需求计划采购,根据物料需求计划(根据物料清单和生产计划表所做出来的一份计划)来进行采购的方式。

③JIT 采购

JIT 采购即准时化采购,其基本思想是在恰当的时间、恰当的地点,以恰当的数量、恰当的质量提供恰当的物品。JIT 采购是准时化生产管理模式的必然要求。

④供应链采购

供应链采购即从整个供应链的角度来控制采购成本,解决采购中存在的问题,主要是牛鞭效应。

⑤招标采购

招标采购是指采购方作为招标方,事先提出采购的条件和要求,邀请众多企业参加投标,然后由采购方按照规定的程序和标准一次性地从中选择优质交易对象,并提出最有利条件的投标方签订协议。整个过程要求公开、公正和择优。

⑥电子采购

电子采购即使用因特网、电子数据交换或电子文件传输来进行的企业间的采购行为。电子采购从采购要求的提出、订单的产生、商品运输以及存货管理等方面都有重大变化,一般是通过应用相关软件来实现的。

微课: 采购战略类型

3. 按采购的组织形式分类

按照采购的组织形式可以把采购分为集中采购、分散采购与混合采购。这种分类方式，实际上决定了采购的审批权限。这三种采购方式各有自己的优缺点，企业可以根据自己的特点，选用不同的采购方式。

(1) 集中采购

集中采购是指企业的采购部门全权负责企业的采购工作，即企业生产所需的物资，都由一个部门负责，其他部门(包括分厂、分公司)均无采购职权。

① 集中采购的优点

集中采购具有很多优点：其一，企业可以在采购总量一定的情况下，使采购的批量增加，提高与供应方谈判的力度，从而获得较多优惠的采购条件；其二，便于企业实施采购方针，可统筹安排采购物资，合理配置资源，最大限度降低库存；其三，企业不需要设立多采购机构，精简人力，提高工作的专业化程度；其四，便于控制采购成本，促进采购流程的规范化；其五，有利于建立各部门共同物料的标准规格，简化种类，互通有无，亦可省去检验工作。

② 集中采购的缺点

集中采购的缺点主要表现在：采购流程过长，时效性差，难以适应零星采购、地域采购、紧急情况采购；采购与需求分开，有时难以准确了解内部需求，降低采购绩效。特别是对于非共用性物资来说，集中采购难以获得价格优惠。

③ 集中采购的适用范围

一般来说，集中采购主要适用于集团范围实施的采购活动，跨国公司、连锁经营、代加工厂商和特许经营企业的采购。

集中采购是政府采购的重要组织形式。由政府将具有规模包括批量规模的采购项目，纳入集中采购目录，统一由集中采购机关(通常指政府采购中心)开展采购活动，从而获得政府采购的规模效益。

(2) 分散采购

分散采购是指按照需要，由单位设立的部门自行组织采购，以满足生产经营的需要。

① 分散采购的优点

在分散采购中，企业下属各单位都享有自主采购的权利。这样，可以使采购与生产经营需要结合得更加紧密。分散采购减少了集中汇总、层层审批的烦琐程序，可以很快做出采购决策并立即组织实施，提高了工作效率，使采购具有较好的时效性。另外，分散采购也有利于激励机制的贯彻实施，调动采购人员的积极性。

② 分散采购的缺点

分散采购的缺点也很明显。下属单位都具有采购自主权，企业采购管理的难度就会加大，特别是资金控制的难度会加大。各下属单位均自设采购组织，显然会增大整体采购组织的人员数量。

③分散采购的适用范围

分散采购适用于各下属单位地理分布比较分散的企业的采购。并且,分散采购要求企业需求的共性不是很强,通过集中采购不能取得规模采购优势。此外,企业的零星需求、紧急需求及地域性很强的需求,都需要采取分散采购方式。

(3)混合采购

除了采用集中采购和分散采购的方式进行采购外,有的企业采用集中采购和分散采购相结合的采购模式。一般将需求的共性较强,采购额较大,重要度与风险性较高的项目集中起来采购。将个性需求、零星需求、一定金额内的临时需求等项目作为分散采购。这样,混合采购既利用了集中采购与分散采购的优点,又规避了两种采购方式的缺点,是一种灵活性很高的采购方式。

4. 按采购的范围分类

依据采购辐射的范围不同,可以把采购划分为国内采购和国际采购。

(1)国内采购

国内采购是指在本国境内进行的采购。比如国内机械制造企业向国内的钢铁企业采购钢材,服装厂向纺织厂采购布料等。国内采购机动性强、手续比较简单、物流费用较低、供应保障性较好,一般以本币进行结算,遵循本国的法律法规。

但国内采购的物品并不一定是本国企业生产的,外资企业及合资企业在本国生产的物品、国外生产但在本国市场销售的物品都是国内采购的对象。

国内采购又分为本地市场采购和外地市场采购两种。通常情况下,首先考虑本地市场采购,这样可以节约采购成本、减少运输时间、保障供应。在本地市场不能满足供应时,再考虑外地市场采购。

(2)国际采购

国际采购是指利用全球资源,在全世界范围内寻找供应商,采购质量最好、价格合理的产品(货物与服务)。这种采购一般直接向国外厂商咨询,同国外厂商谈判,或者向国外生产厂商设在本地的代理商咨询采购。随着经济全球化的发展,国际采购已经成为企业发展的重大战略。

相对于国内采购而言,国际采购具有一定的特殊性,主要表现在以下几个方面:

①国际采购更加追求低成本

这是国际采购最大的特点。为了提高企业竞争力,降低企业成本,国际上许多企业往往在劳动力成本较低的区域生产,通过国际采购可以实现采购成本最低。

②国际采购更加复杂,难度更大

由于不同国家(地区)的运输能力、社会条件、自然环境、运作模式等不同,国际采购更加复杂、难度更大。例如,受到经济条件制约,西方国家企业在亚洲地区往往无法找到和使用本国常见的多式联运。承运人无法提供准确的信息,物流追踪很困难。

③国际采购时间长、环节多、手续复杂

国际采购的跨地域性，使得在订货、备货、制造和运输上的时间都被延长。与国内采购相比，国际采购涉及更多的部门和节点，如物流中心、港口、船公司、海关以及质检部门等。

④国际采购供应保障性较差

国际采购需要较高库存，结算币种以供需双方协商为准，遵循国际惯例及所在国的法律法规。这些都是国内采购所不具有的，需要在操作中特别重视。

4.1.3　供应与供应链

供应是指供应商或卖方向买方提供产品和服务的全过程。

供应物流管理是为保障企业物料供应而对供应物流全过程进行的控制和管理活动。它不仅是要保证实现供应的目标，而且要在低成本、少消耗、高可靠性的限制下组织供应物流活动。

供应链是指将产品或服务从供应商传递到最终客户的一系列过程，包括采购、制造、分销、物流和客户服务等环节。

供应链是一系列相互关联的活动和流程，旨在将原材料、零部件和成品从供应商转移到最终客户手中。供应链中的各个环节包括供应商、制造商、分销商、零售商和最终客户，通过一系列物流、库存管理、采购、生产、分销和销售等环节进行协调和管理。

供应链管理的目标是通过最小化成本、提高效率和质量、优化库存管理和运输等手段，能够快速地、可靠地、以最低成本地将产品传递到最终客户手中。在现代商业环境中，供应链管理已经成为企业成功的重要组成部分，尤其是在全球化和电子商务的背景下，它变得更加复杂和关键。

供应物流是供应链物流中的首要环节，一旦中断将会使企业生产出现停顿。

4.2　采购计划制订方法

4.2.1　采购计划概述

制订一个有效的采购计划对于任何企业都至关重要。一个好的采购计划可以帮助企业降低成本、提高效率、保持供应链的稳定性，并确保所需物资的准时供应。

采购计划是整个采购管理的第一步，企业制订采购计划是否合理、完善，直接关系到整个采购运作的成败。

采购计划根据市场需求、企业的生产能力和采购环境容量等确定采购的时间、采购的数量以及如何采购进行编制。

一般制造企业制订采购计划主要是为了指导采购部门的实际采购工作,保证产销活动的正常进行和企业的经营效益。因此,一项合理、完善的采购计划应达到以下目的:

1. 预估物料或商品需用时间和数量,保证连续供应

在企业的生产活动中,生产所需的物料必须能够在需要的时候可以获得,而且能够满足需要,否则就会因物料供应不上或供应不足使生产中断。因此,采购计划必须根据企业的生产计划、采购环境等估算物流需用的时间和数量,在恰当的时候进行采购,保证生产的连续进行。

2. 配合企业生产计划与资金调度

制造企业的采购活动与生产活动是紧密关联的,采购活动直接服务于生产活动。因此,采购计划一般要依据生产计划来制订,确保采购适当的物料以满足生产的需要。

3. 避免物料储存过多,积压资金

在实际生产经营过程中,库存是不可避免的,有时还是十分必要的。库存实质上是一种闲置资源,不仅不会在生产经营中创造价值,反而还会因占用资金而增加企业成本。也正因为如此,准时生产和零库存管理成为一种先进的生产运作和管理模式。在企业的总资产中,库存资产一般要占到20%~40%。物料储存过多会造成大量资金的沉淀,影响资金的正常周转,同时还会增加市场风险,给企业经营带来负面影响。

4. 使采购部门事先准备,选择有利时机购入物料

在瞬息万变的市场中,要抓住有利的采购时机并不容易。只有事先制订完善的、可行的采购计划,才能使采购人员做好充分的采购准备,在适当的时候购入物料,而不至于临时抱佛脚。

5. 明确物料耗用标准,以管制物料采购数量以及成本

通过以往经验及对市场的预测,采购计划中能够较准确地明确所需物料的规格、数量、价格等标准,这样可以对采购成本、采购数量和质量进行控制。

微课: 物料管理

4.2.2 采购需求的确定

采购需求的确定是企业制订采购计划的基础。在制造型企业中,企业在确定采购需求时必须掌握物资消耗定额、物料清单、物料需求计划等信息。

1. 编制需求说明应该注意的问题

编制需求说明一般由采购方按照具体需求确定。在编制时，一般会考虑采购标准、性价比等问题。

(1) 利用已有外部通用标准编制需求说明

一个企业可以拥有自己购买某种产品或服务的标准，但是使用行业标准、国家标准、地区标准、国际标准将更加方便有效。因此，企业在花费时间和财力制定自己的规格之前，一定要设法弄清楚是否已有合适的标准。

只有在商品专业性强，不易获得，没有现成标准或者采购价值很高，值得投入时间和精力开发时，企业才会自己开发标准。

(2) 注意内部标准化问题

在编制需求说明时，应该注意内部标准化问题。内部标准化是指在采购产品时对采购的各种产品在尽可能广的范围内减少不同规格型号的数量。

在企业日常生产和设计中，一般工程师或设计人员往往愿意采用自己的设计或规格型号，不愿采用企业内部已有的设计或规格型号，或者未做出尽量使用内部已见成效的设计或规格型号的努力；有些企业由于没有配备信息系统，所以无法利用已有的设计或规格型号。这些因素造成了大型企业的多个事业部制组织中内部标准化的缺乏。

当然，内部标准化在企业追求自身产品差异化和具备鲜明特色时并不实用。在这种情况下，多样化的采购更为合适。

2. 编制需求说明的方法

在制定商品采购规格说明的方法时，既要考虑需采购的产品或服务的属性，也要考虑企业所要达到的总体供应目标与供应指标。

一般供应目标与指标表现在以下几个方面：

(1) 确保采购的产品或服务具有所要求的质量，有时还应具备一定的新颖性与差异性。

(2) 确保需采的购的产品或服务的供应及时可靠。

(3) 可以得到必要的供应商支持(如技术支持、维护和培训等)。

(4) 确保总成本最低。

因此，由供应目标和指标确定的需求说明要考虑供应市场环境。

表 4-1 列出了供应目标和指标对制定商品采购规格说明的方法和类型的影响。

表 4-2 为编制需求说明应包含的内容。

通过表 4-2 可以看到，编制需求说明要涉及众多人员，所以编制需求说明是一项团队活动。在编制的初期，采购供应部门的任务是在确保充分了解供应市场环境、保证良好的商业行为，以及必要时促使供应商参与的前提下编制产品和服务说明的。采购供应部门还应该确保供应商从采购说明中获得充分、清晰、简洁、一致的信息。在编制过程中，采购部门一定要重视与供应商的互动，以确保说明的清晰完整。

表 4-1　　供应目标和指标对制定商品采购需求说明的方法和类型的影响

供应目标/指标要点	对方法和类型的影响
确保产品服务/质量的新颖性和差异性： (1)有利于优化产品设计 (2)确保所采购产品具有最新设计或有助于将本企业与竞争对手在产品/服务方面具有差异性优势 (3)确保各供应商一直按产品或服务说明供货	(1)设计过程中运用价值分析/价值工程 (2)采用能激励供应商设计创新能力的性能规范 (3)当产品的差异化尤其重要时，采用名牌产品或供应商专有规格 (4)采用标准化产品以减少错误的发生 (5)当供应商具有高水平的技术和经验时，采用技术规格 (6)采用能提高可靠性的质量指标
确保有效供应： 确保供应的持续有效、前置期最小化、及时供货	采用标准化产品以达到在更广的范围内确保供应
确保供应商支持： 确保供应商提供必要的技术支持	(1)采用名牌产品以获得更好的服务 (2)在说明中明确所需的技术支持内容
成本最小化： 实现采购价格、获取成本与生命周期成本的最小化	(1)采用价值分析/价值工程，以确保方案的成本最低 (2)采用能激励供应商设计创新能力的性能规范 (3)采用标准化产品 (4)避免使用阻碍竞争且牵涉非标准供应商流程的技术规格 (5)不用使名牌产品

表 4-2　　需求说明的内容

项目	要求
产品/服务质量	(1)产品或服务规格必须明确描述所需工程图、设计图等事项，以及必须达到的相关性能和可靠性 (2)质量检测与测试要求，包括审核文件、亲临现场检验或发运前的检查
数量与交货	(1)所要求的数量 (2)交货日期和地点及相关交货规定 (3)交货限制 (4)特殊运输要求和运输方法 (5)包装要求 (6)订货时尚不明确的有关信息，确定通知供货商有关信息的时间 (7)要求供货商提供按时交货的日程计划，及其对计划执行情况的报告 (8)交货前的商品检验要求
服务/响应	(1)要求的服务水平(可以合理量化) (2)要求指定一名"客户经理" (3)要求对复杂设备的安装和使用提供技术支持或协助 (4)要求培训 (5)要求维护支持和及时供应配件 (6)对维修请求的响应时间 (7)管理信息要求

(续表)

项目	要求
成本指标	(1)最高采购价格 (2)最高获取成本 (3)最高总所有权成本 (4)评价供应商报价的成本基础
联系人信息	联系人名称、地址等
背景和责任范围	(1)有关本公司的基本信息和要求的内容 (2)供应商的义务,比如设计、生产、交货、维护或操作等方面的义务 (3)必要时,供应商要负责获取进出口许可证、支付关税、安排清关等
法律要求	所采购的产品或服务应遵守的法律
政策要求	供应商应遵守的本企业及其他职能部门的政策

3. 采购需求确定

采购需求是指组织或企业在运营过程中所需要的物品或服务,包括原材料、设备、劳动力等。有效的采购需求管理对于组织的正常运转至关重要。

根据采购需求的性质和特点,可以将其分为以下几类:

(1)原材料采购需求

原材料采购需求是指组织或企业在生产过程中所需要的原材料,如钢铁、石油、木材等。原材料的质量和供应稳定性对于企业的生产效率和产品质量至关重要。因此,采购部门需要与供应商建立长期合作关系,确保原材料的及时供应和质量可靠。

(2)设备采购需求

设备采购需求是指组织或企业在生产过程中所需要的各种设备,如机械设备、电子设备等。设备的选择和采购对于企业的生产能力和效率具有重要影响。采购部门需要根据企业的实际需求,评估各种设备的性能和价格,并与供应商进行谈判,以获取最佳采购方案。

(3)劳动力采购需求

劳动力采购需求是指组织或企业在人力资源方面的需求,如招聘新员工、培训现有员工等。人力资源是企业的核心竞争力之一,因此采购部门需要与人力资源部门密切合作,根据企业的战略目标和人力需求规划,制订合理的招聘和培训计划。

4.2.3 编制采购计划

采购计划的编制是确定从企业外部采购哪些产品和服务能够最好地满足企业经营需求的过程,需要考虑的事项包括是否采购、怎样采购、采购什么、采购多少以及何时采购。好的采购计划可以使企业的采购管理有条不紊地顺利实现,一项完善的采购计划不仅包括采购工作的相关内容,而且包括对采购环境的分析,并要与企业的经营方针、经营目标、发展计划、利益计划等相符合,见表4-3。

表4-3　　　　　　　　　　　　采购计划的主要内容

部分	目的
计划概要	对拟议的采购计划予以扼要综述,便于管理部门快速浏览
目前采购状况	提供有关物料、市场、竞争以及宏观环境的相关背景资料
机会与问题分析	确定主要的机会、威胁、优势、劣势和采购面临的问题
计划目标	确定计划在采购成本、市场份额和利润等领域所完成的目标
采购战略	提供将用于实现计划目标的主要手段
行动方案	谁去做?什么时候去做?费用多少?
控制	指明如何监测计划

1. 采购计划编制流程

在编制采购计划之前首先要做自制/外购分析,以决定是否要采购。在自制/外购分析中,主要对采购可能发生的直接成本、间接成本、自行制造能力、采购评标能力等进行分析比较,并决定是否从单一的供应商或从多个供应商采购所需的全部或部分物料,或者不从外部采购而自行制造。

当决定需要采购时,合同类型的选择便成为买卖双方关注的焦点,不同的合同类型适合不同类型的采购。常见的合同可分为以下四种:一是成本加固定费用合同,适合于研发项目;二是成本加奖励费用合同,主要用于长期的、硬件开发和试验要求多的合同;三是固定价格加奖励费用合同,主要适用于长期高价值合同;四是固定总价合同,买方易于控制总成本,风险最小,卖方风险最大而潜在利润可能最大,因而最常用。企业采购时可根据具体情况进行选择。

在自制/外购分析和确定所采用的合同类型后,采购部门就可以着手编制采购计划了。编制采购计划主要包括两部分内容:采购认证计划的制订和采购订单计划的制订,具体又可分为八个环节,即准备认证计划、评估认证需求、计算认证容量、制订认证计划、准备订单计划、评估订单需求、计算订单容量、制订订单计划,如图4-1所示。

(1)编制认证计划

①准备认证计划

编制认证计划的第一步是准备认证计划,这是做好采购计划的基础,主要包括:接收由开发部门提交的开发批量计划、接收余量需求计划、准备认证环境资料、拟制认证计划说明书,如图4-2所示。

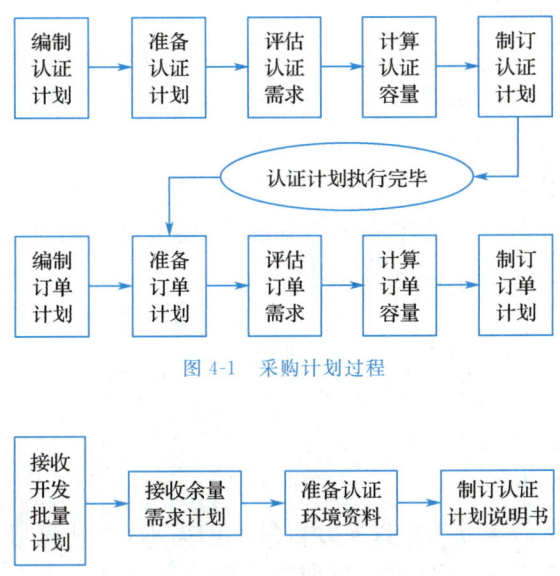

图 4-1　采购计划过程

图 4-2　准备认证计划过程

a. 接收开发批量计划

要制订比较准确的认证计划，采购计划人员首先必须熟知开发需求计划。开发批量计划通常有以下两种情况：

一是在目前的采购环境中能够找到的物料供应。例如，以前接触的供应商的供应范围比较大，可以从这些供应商的供应范围中找到企业需要的批量物料。

二是现有的采购环境中无法提供企业需要采购的新物料，需要企业的采购部门到社会供应群体中寻找新物料的供应商。

b. 接收余量需求计划

采购人员在进行采购操作时，可能会遇到两种情况：一是随着企业规模的扩大，市场需求也会变得越来越大，现有的采购环境容量不足以支持企业的物料需求；二是由于采购环境水平呈下降态势，物料的采购环境容量逐渐缩小，无法满足采购的需求。在这两种情况下，就会产生余量需求，要求对采购环境进行扩容。采购环境容量的信息一般由认证人员和订单人员提供。

c. 准备认证环境资料

认证容量和订单容量是两个完全不同的概念，有些供应商的认证容量比较大，但其订单容量比较小，有些供应商的情况则恰恰相反。其原因在于认证过程本身是对供应商样件的小批量试制过程，需要强有力的技术力量支持，有时甚至需要与供应商一起开发；而订单过程是供应商的规模化生产过程，其突出的表现就是自动化机器流水作业及稳定的生产，技术工艺已经固化在生产流程之中，所以订单容量的技术支持难度比起认证容量的技术支持难度要小得多。因此，企业对认证环境进行分析时一定要分清认证环境和订单环境。

d. 制订认证计划说明书

做好上述工作后,就要准备好认证计划所需要的材料——认证计划说明书(物料项目名称、需求数量、认证周期等),同时附有开发需求计划、余量需求计划、认证环境资料等。

② 评估认证需求

编制认证计划的第二步是评估认证需求,主要包括分析开发批量需求、分析余量需求、确定认证需求三方面内容,如图 4-3 所示。

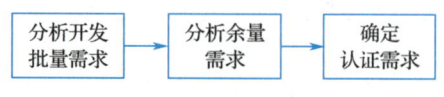

图 4-3 评估认证需求过程

a. 分析开发批量需求

要做好开发批量需求分析不仅要分析量上的需求,而且要掌握物料的技术特征等信息。开发批量需求有多种类型,按照需求环节可以分为研发物料开发需求和生产批量物料需求;按照采购环境可以分为环境内物料需求和环境外物料需求;按照供应情况可以分为直接供应物料需求和需要定做物料需求;按照国界可分为国内供应物料需求和国外供应物料需求等。对于如此复杂的情况,计划人员必须对于开发物料需求做详细分析,必要时还应与开发人员、认证人员一起研究开发物料的技术特征,按照已有的采购环境及认证计划经验进行分类。

b. 分析余量需求

分析余量需求首先要对余量需求进行分类,前面已经说明了余量认证的产生来源:一是市场销售需求的扩大;二是采购环境订单容量的萎缩。这两种情况都导致了目前采购环境的订单容量难以满足用户的需求,因此需要增加采购环境容量:对于市场需求造成的,可以通过市场及生产需求计划得到各种物料的需求量及时间;对于供应商萎缩造成的,可以通过分析现实采购环境的总体订单容量与原定容量之间的差别得到物料需求量及时间。这两种情况的余量相加即可得到总的需求容量。

c. 确定认证需求

根据开发批量需求及余量需求的分析结果,计划人员可以确定认证需求。

③ 计算认证容量

采购计划的第三步是计算认证容量,它主要包括以下内容:分析项目认证资料、计算总体认证容量、计算承接认证量、确定剩余认证容量,如图 4-4 所示。

图 4-4 计算认证容量过程

a. 分析项目认证资料

分析项目认证资料是计划人员的一项重要事务,不同的认证项目及周期的认证资料千差万别。作为从事某种行业的实体来说,需要认证的物料项目可能是上千种物料中的某几种,熟练分析几种物料的认证资料是可能的。但对于规模比较大的企业,分析上千种甚至上万种物料的难度则要大得多。

b. 计算总体认证容量

一般在认证供应商时,要求供应商提供一定的资源用于支持认证操作,或者一些供应商只做认证项目。在供应商认证合同中,应说明认证容量与订单容量的比例,防止供应商只做批量订单,不愿意做样件认证。计算采购环境的总体认证容量的方法是把采购环境中的所有供应商的认证容量相加,对有些供应商的认证容量需要乘以适当系数。

c. 计算承接认证容量

供应商承接认证容量等于当前供应商正在履行认证的合同量。认证容量计算是一个复杂的过程,各种物料项目认证周期不同,一般是计算要求的某一时间段的承接认证容量,最恰当的处理方法是借助电子信息系统,模拟显示供应商已承接认证量,以便认证计划决策使用。

d. 确定剩余认证容量

某一物料所有供应商群体的剩余认证容量的总和,称为该物料的剩余认证容量。

物料剩余认证容量＝物料供应商群体总体认证容量－承接认证容量

这种计算过程可以被电子化,一般物料需求计划系统不支持这种算法,可以单独创建系统。认证容量是一个近似值,仅作为参考,认证计划人员对此不可过高估计,但它能指导认证过程的操作。

④ 制订认证计划

制订认证计划主要包括对比认证需求与认证容量、综合平衡、确定余量认证计划、制订认证计划四方面内容,如图 4-5 所示。

图 4-5　制订认证计划过程

a. 对比认证需求与认证容量

认证需求与供应商对应的认证容量之间一般都会存在差异,如果认证需求小于认证容量,则没有必要进行综合平衡,直接按照认证需求制订认证计划;如果认证需求大大超出认证容量,就要进行综合平衡,对于剩余认证需求要制订采购环境之外的认证计划。

b. 综合平衡

计划人员应从全局出发,综合考虑生产、认证容量、物料生命周期等要素,判断认证需求的可行性,通过调节认证计划尽可能地满足认证需求,并计算认证容量不能满足的剩余认证需求。

c. 确定余量认证计划

对于采购环境不能满足的剩余认证需求,应提交采购认证人员分析并提出对策,与之一起确认采购环境之外的供应商认证计划。采购环境之外的社会供应群体如果没有与企业签订合同,那么制订认证计划时要特别谨慎,并要由具有丰富经验的认证计划人员和认证人员联合操作。

d. 制订认证计划方法

制订认证计划是确定认证物料数量及开始认证时间,相关计算公式为

认证物料数量＝开发样件需求数量＋检验测试需求数量＋样品数量＋机动数量

开始认证时间＝要求认证结束时间－认证周期－缓冲时间

(2) 编制订单计划

① 准备订单计划

准备订单计划分为四个方面:接收市场需求、接收生产需求、准备订单环境资料、制订订单计划说明书,如图4-6所示。

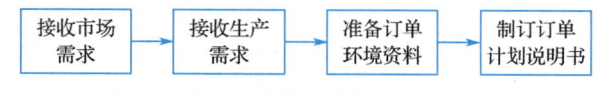

图4-6 准备订单计划过程

a. 接收市场需求

计划人员必须熟知市场需求计划或者市场销售计划。进一步分解市场需求便得到了生产需求计划。企业年度销售计划一般在上一年末制订,并报送各个相关部门,同时下发到销售部门、计划部门、采购部门,以便指导全年的供应链运转;根据年度计划制订季度、月度的市场销售需求计划。

b. 接收生产需求

对于采购计划人员来说,可以称生产需求为生产物料需求。生产物料需求的时间是根据生产计划而产生的,通常物料需求计划是订单计划的主要来源。为了利于理解生产物料需求,采购计划人员需要深入熟知生产计划以及工艺常识。在物资需求计划系统中,物料需求计划是主生产计划的细化,它主要来源于主生产计划、独立需求的预测、物料清单文件、库存文件。编制物料需求计划的主要步骤包括决定毛需求;决定净需求;对订单下达日期及订单数量进行计划。

c. 准备订单环境资料

准备订单环境资料是准备订单计划中一个非常重要的内容。订单环境资料主要包括以下几方面:

Ⅰ. 订单中物料的供应商信息。

Ⅱ.订单比例信息。对需要多家供应商提供的物料来说,每一个供应商分摊的下单比例称为订单比例,该比例由认证人员确定并给予维护。

Ⅲ.最小包装信息。

Ⅳ.订单周期。订单周期是指从下单到交货的时间间隔,一般以天为单位。订单环境一般使用信息系统管理,订单人员根据生产需求的物料项目,从信息系统中查询物料的采购环境参数及相关描述。

d.制订订单计划说明书

订单计划说明书中包括物料名称、需求数量、到货日期等信息,并附有市场需求计划、生产需求计划、订单环境资料等。

②评估订单需求

评估订单需求是采购计划中非常重要的一个环节,只有准确地评估订单需求,才能为计算订单容量提供参考依据,以便制订出好的订单计划。它主要包括以下三方面内容:分析市场需求、分析生产需求、确定订单需求,如图 4-7 所示。

图 4-7 评估订单需求过程

a.分析市场需求

订单计划首先要考虑的是企业的生产需求,生产需求的大小直接决定了订单需求的大小。订单计划不仅来源于生产计划,还要兼顾企业的市场战略以及潜在的市场需求等。此外,制订订单计划还需要分析市场要货计划的可信度,仔细分析市场签订合同的数量以及还没有签订合同的数量等一系列数据,同时研究其变化趋势,全面考虑要货计划的规范性和严谨性,并参照相关历史要货数据,找出问题所在。

b.分析生产需求

要分析生产需求,首先要研究生产需求的产生过程,其次要分析生产需求量和要货时间。

c.确定订单需求

根据对市场需求和生产需求的分析,确定订单需求。

③计算订单容量

计算订单容量是采购计划中的重要组成部分。计算订单容量主要有以下四方面内容:分析项目供应资料、计算总体订单容量、计算承接订单容量、确定剩余订单容量,如图 4-8 所示。

图 4-8 计算订单容量过程

a. 分析项目供应商资料

对于采购工作来说,所要采购物料的供应商的信息是非常重要的一项信息资料。如果没有供应商供应物料,那么无论是生产需求还是紧急市场需求,都会出现"巧妇难为无米之炊"的现象。可见,有供应商供应物料是满足生产需求和紧急市场需求的必要条件。

b. 计算总体订单容量

总体订单容量是多方面内容的组合,一般包括两方面内容:一是可供应的物料数量,二是可供应物料的交货时间。例如,汽车零部件供应商 A 在 11 月 30 日之前可供应 2 万个轴承(Ⅰ型 1.5 万个,Ⅱ型 0.5 万个),供应商 B 在 11 月 30 日之前可供应轴承 3 万个(Ⅰ型 1.5 万个,Ⅱ型 1.5 万个),则 11 月 30 日之前Ⅰ、Ⅱ两种轴承订单容量为 5 万个,Ⅰ型为 3 万个,Ⅱ型为 2 万个。

c. 计算承接订单容量

承接订单容量是指某供应商在指定的时间内已经签下的订单量。例如,汽车零部件供应商 A 在 11 月 30 日之前可供应 2 万个轴承(Ⅰ型 1.5 万个,Ⅱ型 0.5 万个),若已承接Ⅰ型轴承 1 万个,Ⅱ型轴承 0.5 万个,则已承接的订单容量为 1.5 万个(Ⅰ型 1 万个+Ⅱ型 0.5 万个=1.5 万个)。

d. 确定剩余订单容量

剩余订单容量是指某物料所有供应商群体的剩余订单容量的总和,确定方法为

物料剩余订单容量=物料供应商群体总体订单容量-已承接订单容量

2. 采购计划编制方法

市场瞬息万变、采购过程极其繁杂,这使得采购部门要想制订一份合理、完善、有效指导采购管理工作的采购计划并不容易。采购计划好比采购管理这盘棋的一颗重要棋子,采购计划做好了,采购管理就十有八九会成功,但如果这颗棋子走错了,可能导致满盘皆输。因此,采购部门应对采购计划工作给予高度重视,不仅要拥有一批经验丰富、具有战略眼光的采购计划人员,而且在做采购计划时,还必须抓住关键的两点——知己知彼、群策群力。

(1) 认真分析企业自身情况,做到"知己"

在做采购计划之前,必须要充分分析企业自身实际情况,如企业在行业中的地位、现有供应商的情况、生产能力等,尤其要把握企业长远发展计划和发展战略。企业发展战略反映企业的发展方向和宏观目标,采购计划如果没有贯彻落实企业的发展战略,可能导致采购管理与企业发展战略不协调甚至产生冲突。脱离企业发展战略的采购计划,如同无根浮萍,既缺乏根据,又可能使采购部门丧失方向感。因此,只有充分了解企业的自身情况,才可能制订出最切实可行的采购计划。

(2) 充分调查市场,收集翔实信息,做到"知彼"

在制订采购计划时,应对企业所面临的市场进行认真调研,调研内容应包括经

济发展形势、与采购有关的政策法规、行业发展状况、竞争对手的采购策略以及供应商的情况等。只有做好充分细致的准备工作,才能最终完成采购计划的制订。否则,制订的计划无论理论上多么合理,可能都经不起市场的考验,要么过于保守造成市场机会的丧失和企业可利用资源的巨大浪费;要么过于激进导致计划不切合实际,无法实现而成为一纸空文。

(3) 广开言路,群策群力

许多采购组织在制订采购计划时,常常是仅由采购经理来制订,没有相关部门和基层采购人员的智慧支持,从而失去了实际资料和最有创造性的建议,而且缺乏采购人员的普遍共识,采购计划因不够完善而影响采购运作的顺利进行。因此,在编制采购计划时,不应把采购计划作为某个人的事情,应当广泛听取各部门的意见,吸收采纳合理、正确的意见和建议。在计划草拟成文之后,还需要反复征询各方意见,以使采购计划真正切合企业的实际和特点,适应市场变化的脉搏。

3. 编制和执行采购计划时应注意的问题

除了把握上述做好采购计划的方法外,采购部门在编制采购计划时还应注意以下两个问题:

(1) 尽量具体化、数量化

采购计划中应说明该计划在何时由何人实施,以便于计划管理、执行和控制。例如,按照生产计划的要求,某汽车制造企业需要在3月15日之前采购一批汽车配件,那么在采购计划中就应说明这批汽车配件采购的时间、采购的数量、负责采购的人员以及可能选择的供应商等。

(2) 适时对计划进行修改和调整

计划一旦被制订,一般应相对稳定,不能朝令夕改,但是市场是不断变化的,而企业往往又是顺应市场的,如果对外部环境的变化置之不理,一味按照原来的计划实施采购,可能会使企业面临极大的风险。因此,在计划实施过程中,采购人员应密切关注市场的变化,当发生未能预期到的变化时,应对计划做出相应调整。

资料拓展　　HT公司的JIT计划模式

准时制生产方式(Just In Time,JIT)采购的核心是把供应商纳入自己的供应体系,严格执行产出计划,由后道工序拉动,实现小批量零库存。

1. 长期能力协调

HT公司设有生产规划部门,专门制订长期生产计划,时间跨度为3年。此计划不要求精确的车型和数量,只根据市场走势估计3年内可能要生产的车型和数量。该计划每半年制订一次,滚动编制。此计划需要通知供应链上的合作企业,让他们知道HT公司3年内的生产规模和采购规模,使供应商做好必要的长期生产能力准备,制订相应的长期能力计划。

2. 月度能力协调

月度计划是指制订其后 3 个月的计划,其依据是客户订单和适当的预测。由于 HT 公司是按需生产,对国外客户生产计划主要根据已获得的订单进行安排,对国内客户生产计划则先按订单进行安排,不足部分依靠预测。国外订单先由当地销售部门汇总形成采购文件,再把全部汇总文件发送到海外规划部,汇总整理后送到生产管理部。所有文件信息传达都通过计算机网络,速度很快,达到准时的要求。由于是按订单排计划,车型和数量都是确定的。此类计划为滚动制订,第一个月基本上是确定的、可以执行的计划;第二个月和第三个月作为内定计划,在下一次制订计划时再进行调整。这类计划的作用是为各级生产商提供月度的能力、物资与资金准备信息。由于生产对象大致明确,准备工作可以有的放矢。

3. 月生产计划

每月中旬制订下月生产计划,计划编制完毕后再根据最新订单微调计划。每月下旬,开始计算该生产计划的全部物料需求,并决定各种型号的车每天的生产量、生产工序组织、生产节拍计算等。计算工作由计算机完成,工作量浩大。该计划生产的车都是有明确客户的,下线就可以提走。该计划的作用有两个:一是月度可执行的生产计划;二是提供给供应商,做好月度内的供应计划。

4. 日投产顺序计划

准时化生产的准时概念已经以日、小时计量,所以有了月生产计划还不足以实施准时化生产,须进一步制订按日的生产作业计划,而此计划又不同于一般的日计划,其最大特点是除了计划中的品种数量参数外,还有投产顺序,即计算混合装配线上的各种车型的投入顺序。日投产顺序计划提前两天制订,每天编制一次,计划只提供给整车总装配线、几个主要部件装配线和主要协作厂商。该计划的作用除了起到一般的日生产作业计划作用外,更重要的是为在全系统实施看板生产做最后的准备。主要供应商在提前两天的时间内接到此计划后立即通过看板系统把采购信息传递到各自的供应商,供应商或制造或发货,保证在第二天各部件装配线按投产顺序计划生产。然后,陆续把部件送到总装配线,保证投产顺序计划的顺利执行。

5. 直供体系

供应商采用直供到下道工序生产现场的方式,称为直达供应和直送工位体系。实行协作厂商的产品直达供应方式,实际上是拉动式生产方式从主机厂到协作厂的延伸。由于取消了有缓冲作用的中间仓库,实行起来的风险增大了。但是,由于 HT 公司的供货体系突出了整体利益,双方互信互利,质量保证,接收货物质量免检,协作厂又分布在主机厂周围方圆 50 km 以内。因而实现了重要部件按小时供货,次重要部件按日供货,不重要部件按周供货。

4.3 供应商管理

4.3.1 供应商管理概述

供应商是指向买方提供产品或服务并相应收取货币作为报酬的实体,是可以为企业生产提供原材料、设备、工具及其他资源的企业。供应商可以是生产企业,也可以是流通企业。企业要维持正常生产,就必须要有一批可靠的供应商为企业提供各种各样的物资供应,因此供应商对企业的物资供应起着非常重要的作用。采购管理就是直接和供应商打交道从而从供应商那里获得各种物资。因此,采购管理的一个重要工作就是要做好供应商管理。

所谓供应商管理,就是对供应商的了解、选择、开发、使用和控制等综合性管理工作的总称。其中,考察了解是基础,选择、开发、控制是手段,使用是目的。供应商管理的目的,就是要建立起一支稳定可靠的供应商队伍,为企业生产提供可靠的物资供应。

企业在供应链管理环境下与供应商的关系是一种战略性合作关系,提倡一种双赢(Win-Win)机制。企业在采购过程中要想有效实施采购策略,充分发挥供应商的作用就显得非常重要。采购策略的一个重要方面就是要搞好供应商的关系管理,逐步建立起与供应商的合作伙伴关系。

1. 供应商选择的过程

供应商选择的过程:从确定选择潜在供应商的标准开始,随后以这些标准为基础识别和筛选企业想要选择的供应商,并为实现选择目标收集相关信息。

企业在选择供应商时可以为不同采购需求评价标准设定不同权重,并根据这些标准给不同的潜在供应商评定等级,从而得到最终的潜在供应商候选名单。评定等级工作完成后,企业还要对所选定的供应商的优势和劣势进行分析,以预测可以从这些供应商中得到哪些服务。然后,企业可以将选择结果记录在其供应商数据库内。企业应该与供应商分享已评定的结果,必要时可以决定采取何种措施帮助供应商发挥其潜力提高供应水平。供应商选择过程如图4-9所示。

2. 企业与供应商之间关系的类型

企业可以利用它所拥有的所有采购优势来满足其供应需要和降低供应风险,并决定与供应商建立何种关系类型,由此来对潜在供应商进行选择。企业与供应商建立的关系类型是通过契约关系确定的,也就是签订不同的契约合同。图4-10为采购商-供应商关系连续图谱,它说明了一系列最典型的供应商-采购商合同关系。其中

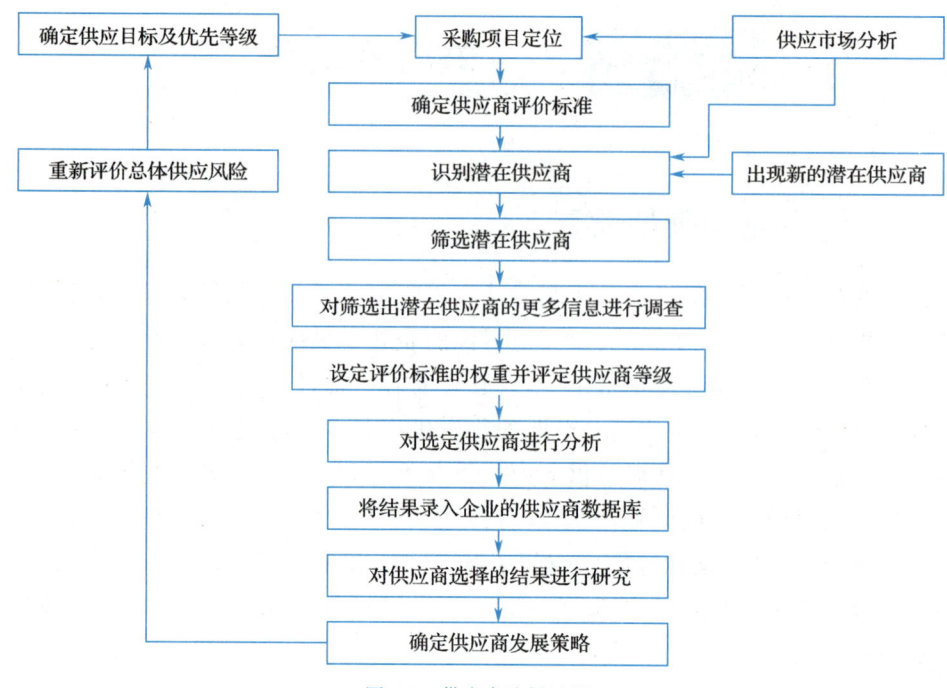

图 4-9　供应商选择过程

最简单的"交易"关系——"现货采购"关系被列在最左侧。随着箭头由左向右移动，采购企业与供应商之间的契约关系逐渐加强，这通常是采购企业面临的供应风险逐渐增加导致的。

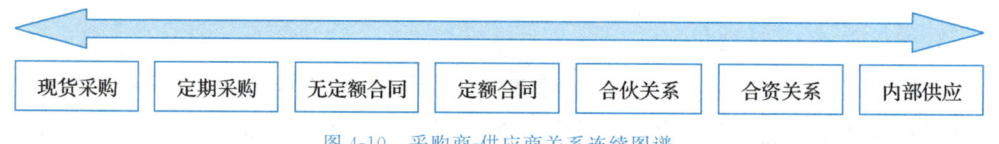

图 4-10　采购商-供应商关系连续图谱

（1）现货采购

现货采购是指供应市场的风险很低、竞争激烈且很容易更换供应商，企业主要采用一次性交易的采购行为。

（2）定期采购

定期采购是指虽然每次采购是独立的，但企业可通过多次采购行为与供应商之间建立起紧密的关系。如果企业只与一个供应商进行定期交易，那么这个供应商就是企业的"优选供应商"。但是，企业仍然有在任意时间更换供应商的权利。

（3）无定额合同

无定额合同是指企业与供应商之间签署了有特定价格条款的定期协议，但并没有承诺购买数量。

(4) 定额合同

定额合同是指采购商与供应商签订了定期协议,但此协议除了包含价格条款外,还增加了承诺在一定期间内购买数量的条款。

(5) 合伙关系

合伙关系是指采购与供应商之间的关系非常密切,共同商订采购计划、交换相关信息并共同分担风险。这种关系是建立在相互之间非常信任的基础上的。

(6) 合资关系

合资关系是指两个或多个企业共同组建并拥有另一个企业。这样,这些企业就可以更好地控制供应关系。这种合作共同体一般是为了满足采购企业的特殊需要而建立的,其他供应商根本没有任何竞争力,所以在这种情况下,采购企业没有必要进行供应商选择。

(7) 内部供应

内部供应是指当企业认为外部采购某产品的供应风险非常大时,决定由企业内部供给。在这种情况下不存在采购企业与供应商的关系,供应商选择也没有必要进行。

3. 供应商选择的基本因素

当企业进行供应商选择时,最起码应该考虑两个重要因素:供应商的能力和积极性。因此可以得到对供应商进行考评的基本公式为

$$绩效 = 能力 \times 积极性$$

这意味着供应商不仅要有满足企业要求的能力,还要有完成供应任务的积极性。一个非常积极地与企业进行合作的供应商,会比一个没有太大兴趣的供应商能够更好地完成供应任务。

一般在评价过程中,企业对供应商能力和积极性水平的要求将在很大程度上随其与供应商之间关系的不同而变化,即与企业的采购产品类型相关联。企业试图与供应商之间建立的合作关系越紧密,积极性因素所起的作用就越大。所以当企业要与供应商之间建立合伙关系或者要采购的是供应商不太感兴趣的瓶颈型产品时,积极性因素就是企业需要重点考虑的问题。

企业可以把这两个因素(能力与积极性)作为坐标轴上的两个纬度绘制出来,让供应商的潜在绩效可视化。图4-11为潜在供应商的绩效,两条坐标轴分别代表了供应商的能力和积极性。假如在象限中定位了供应商,那么企业就可以确定最佳采购方式。

在很多情况下,企业能够很客观地对供应商的能力进行评价,但积极性因素几乎是无形的,用系统性的方法进行选择很难实施。因此企业必须使用更简单、更主观的方法来评定供应商的积极性,其评定结果应被视为指导性结论而非精确性结论。

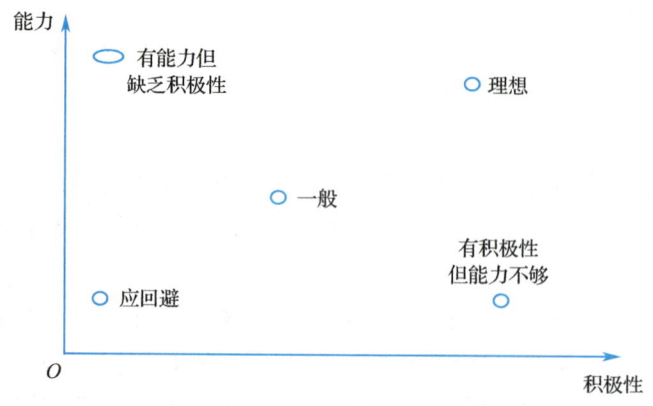

图 4-11 潜在供应商的绩效

4.3.2 供应商确定方法

1. 供应商选择标准

确定供应商选择标准的前提是建立供应商选择的指标体系。供应商选择的指标体系是企业对供应商进行综合评价的依据和标准,不同行业、企业、产品需求及不同环境下的供应商评价依据和标准应是不一样的,但基本都会涉及供应商的业绩、设备管理、人力资源开发、质量控制、价格、成本控制、技术开发、用户满意度、交货协议等可能影响供应链合作关系的方面。

建立选择供应商的指标体系前,通常要确定选择的项目、选择的标准、要达到的目标。这些问题明确以后,要有一个选择小组负责某些项目的选择工作,并可针对每一类选择项目制定相应管理办法,建立选择体系。选择供应商的一个重要原则就是公开、公正、公平和科学。

供应商选择主要有两类,一类是现有供应商,一类是新的潜在供应商。对于现有的合格的供应商,每个月做一个调查,着重就质量、价格、交货期、进货合格率、事故、配合度、信用度等进行正常选择,1~2 年做一次现场选择。接纳新的供应商的选择过程要复杂一些,通常是产品设计提出了对新材料的需求,然后再要求潜在的目标供应商提供基本情况,内容包括企业概况、生产规模、生产能力、给哪些企业供货、ISO 9000 认证、安全认证、相关记录、样品分析等,然后提供报价。随后,企业要对该供应商做一个初步的现场考察,看看其所说的和实际情况是否一致。现场考察基本上按对新材料采购质量认证的要求进行。最后汇总这些材料交给采购选择小组讨论。在供应商资格认定之后,企业各相关部门,如品质部、采购部门等再进行正式考察。如果正式考察认为没有问题,就可以进行供货期考察,最后可以小批量供货了。

在实施供应链合作关系的过程中,市场需求和供应都在不断变化,必须在保持供应商相对稳定的条件下,根据实际情况及时修改供应商评价标准,或重新开始新的供应商选择。合格的供应商队伍不应该是静态的,而应该是动态的,这样才能引入竞争机制。也就是要淘汰差的,引入好的,按动态方法选择的供应商基本上是行业内的佼佼者,也几乎都是主动"找上门"来的,这也体现了市场经济的特点。

在所有的选择要素中,确定关键的选择因素是非常重要的。毫无疑问,质量是最基本的前提。我们要求自己的产品质量要满足客户的需求,所以就要保证其上游供应商提供的元器件能满足其品质要求。虽然价格因素相当重要,但只有在质量得到保证的前提下,谈价格才有意义。

当供应商对产品的质量有了保证,价格就成了选择的主要因素。这时要求新的供应商提供一个成本分析表,内容包括生产某一元器件由哪些原材料组成、费用是如何构成的,企业论证里面的价格空间还有多少,如果认为其中有不合理的因素,就应要求供应商进行调整。

在我国,供应商的个人情况也被列为要素之一。我国企业的经营者素质参差不齐,所以对经营者个人进行考察在实际操作中有一定难度,只能从与经营者接触的过程中去考察。另外,经营者个人在行业中的口碑也很有一定的参考价值,但很难有一个统一的标准。

2. 供应商筛选

企业在对供应商进行客观、系统的选择后,必须考虑按照选择要求对供应商进行定位和筛选。

选择供应商的过程有时是非常复杂和费时的,尤其是在选择供应风险和费用支出都很高的关键性产品的供应商时。对于这些采购产品,企业需要对潜在供应商的能力和积极性进行深入全面的测评。企业不可能对大量供应商都进行这样的评价,因此在着手进行更全面分析之前,企业要尽量将所有不可能满足企业采购需要的供应商剔除。

同样,从另一个极端的角度来说,如果企业正在采购的是常规型产品,那么将会出现大量的潜在供应商,但是这类采购产品的供应风险和费用支出很低,不值得企业花费大量精力,因此企业只想对其中的一小部分供应商进行选择。快速地将大部分不符合要求的供应商剔除,可以使企业只保留少数供应商,这样就可以非常快速地完成选择工作。

简而言之,供应商筛选的目的是快速确定供应商是否值得被全面选择,以免在根本不可能被选中的供应商身上浪费时间。即在适当的情况下,将被选择的供应商数量降低到便于管理的数量。

供应商筛选过程中很重要的一点是选择那些所需相关信息一般很容易获得的筛选标准。企业必须认识到供应商筛选不是一个一次性的过程。相反,企业很可能先根据一系列初步标准和信息进行第一轮筛选,然后再进行第二轮或第三轮筛选。每一次筛选,企业都应该挖掘出一些更深入的信息源,同时扩展筛选标准以包含更多其他因素。

很明显,到底要筛选出什么样的供应商,还是要由采购产品的类型来决定。常规型采购产品筛选标准肯定不同于关键型、杠杆型和瓶颈型采购产品的标准。一些可供选择的筛选标准如下:

(1)供应商的产品或服务范围是否能够满足企业的需求?

(2)供应商的产品或服务是否满足企业的最低质量要求?

(3)供应商是否能够以企业所需的最小/最大数量提供产品或服务?

(4)供应商是否能够按照企业要求交货?

(5)价格表所列价格是否在企业可接受的价格范围内?

(6)供应商是否属于企业愿意与之进行业务往来的类型(如制造业、批发商或贸易商等)?

(7)供应商是否位于企业所在国家或是否在企业所在国家设立区域代表处或分销商?

(8)供应商是否有出口经验?是否在企业所在国或邻近国家进行过任何商业活动?

(9)供应商的营业年限是否满足企业的要求?

(10)企业所接触到的有关供应商的信息中,是否反映出供应商存在的某些问题(如财务问题、劳资关系等方面)?

(11)供应商是否与企业的竞争者之间存在任何合伙关系?

(12)对企业来讲供应商的规模是否过大或过小(如营业额、员工数量或资产额等方面)?

(13)供应商是否拥有以互联网为基础的电子商务设施?

(14)供应商是否与企业使用同种语言?

这只是一个粗略的清单,在应用时企业必须根据自己的情况和需要进行调整。

在完成了一个或几个阶段的筛选工作后,企业就可以获得一个有限数量的供应商名单,这些供应商将是企业进一步进行全面供应商选择的对象。

3. 供应商评级方法

在对供应商进行了考察、筛选,获取了有关供应商的信息后,需要将已知结果结合在一起,通过可以测量的标准选择供应商。

(1)设定供应商能力选择标准权重

企业在进行供应商评级之前,必须考虑如何将选择标准转变为可用于测量的标准。标准的可测量性是企业客观评价供应商的前提。

确定供应目标是设定选择标准权重的基础,如何设定选择标准的权重与企业采购产品的供应目标有关。供应目标的优先级别取决于采购产品的性质以及该采购项目对企业的影响。例如,一些采购项目享有最高优先权的供应目标是获得合适的设计和质量,成本可能只是第二位考虑的因素。这是因为该采购项目的设计和质量会对企业的竞争力以及盈利能力产生重要影响。有时,成本是最重要的因素,如在采购需要支付大量资金的标准化产品时,需着重考虑成本问题。

设定供应商能力选择标准权重分三个步骤:

第一步:企业应该在明确采购要求和供应计划的最初阶段就制定出供应目标。将供应目标和供应市场条件的评价结合起来,制定出有效的供应策略,包括确定与采购产品的一个或几个供应商之间应建立何种关系等。这时,企业可以利用这些结果和有限级别设定评估标准的权重。

确定权重也就是企业按照自己设定的重要性顺序排列采购产品,并且量化这个顺序。

比如对一套设备的采购,企业可以确定以下评价标准:一致性规格、产品可靠性、交货提前期、备件的持续可获得性、技术支持、产品生命周期成本。以上每一个标准都能够被分解成一系列组成部分。比如产品可靠性可以分解为平均无故障间隔期、检修停工率、设备耐用性。

第二步:用一个数值范围(如 1~10)为每一个测评标准确定权重(数值范围要符合实际需要)。例如,用 1 代表"最低要求标准",用 10 代表"绝对需要的对合同成功起关键作用的标准"。任何标准都可以被赋予一个在数值范围内这两个极限数值之间的权重。每个标准对该公司的重要性决定了该标准的权重,该权重的设定同时也取决于公司已为采购产品确定的供应目标、该供应目标对公司的重要性以及实现该目标的难易程度。

第三步:将每个标准的总权重分配给它的各个组成部分。例如,可以对可靠性标准进行如下分配:

测评标准:可靠性(10 分)

平均无故障间隔期(3 分)

检修停工率(3 分)

设备耐用性(4 分)

表 4-4 为某成套设备测评标准。

表 4-4　　　　　　　　　某成套设备测评标准

测评标准 (以及被设定不同权重的各组成要素)	总权重 (1~10)
(1)技术性能 　测量精确度(10)	10
(2)产品可靠性 　①平均故障间隔期(3) 　②检修停工率(3) 　③设备耐用性(4)	10

测评标准 （以及被设定不同权重的各组成要素）	总权重 （1～10）
（3）交货提前期 　　主要设备的交付(9)	9

(2) 评定潜在供应商能力等级

在对每个测评标准设定了权重后,要参照每个测评标准来衡量企业所调查的潜在供应商。

①确定选择类别的值域和分值

企业在实际评定供应商等级时,必须首先确定与每个测评标准的各组成要素相关的供应商绩效的可能范围。

例如,企业采购一种成套设备时要考虑组成要素和平均故障间隔期,假设对于这个组成部分,企业可接受的最低水平或底线是在两次故障之间该设备可以连续运行120～129天。

再如,企业在采购计算机耗材时一般情况下可接受的底线是供应商的交货提前期为1个工作日。

企业掌握了这些极限值,就可以根据位于每个底线上和底线下的供应商绩效划分一系列可能的绩效类别,并给每一个绩效类别确定一个分值。一些供应商的绩效可能超过了底线,但另一些供应商的绩效可能比底线低。

以上案例可利用表4-5进一步分析。

表4-5　　　　　　　　　成套设备的供应商绩效类别表

	供应商绩效类别——成套设备 选择标准的组成要素：平均故障间隔期				
评估 类别	不能接受的—— 不符合任何合理 标准的要求	可能无法被接 受——仅仅符 合最低要求	可接受的（底线）	可接受的——符合所有要求而且还超过了部分标准的要求	可接受的——超过了所有标准的要求
分值	1	2	3	4	
测评 标准	故障间的平均间 隔期低于100天	故障间的平均 间隔期为100～ 119天	故障间的平均 间隔期为120～ 129天	故障间的平均间隔期为130～149天	故障间的平均间隔期等于或高于150天

②利用测评标准和分值评定供应商的能力等级

一旦确定了与每一个测评标准的组成要素相对应的供应商绩效类别的值域以及每个类型的分值后,企业就可以进入完成评定潜在供应商的能力等级的阶段。这个阶段中企业所要做的所有事情是按照已经确定的类别评价每个供应商的绩效,并赋予其相应的分值。

假设企业已经对采购测量设备的三个潜在供应商进行了选择工作,对测评标准组成要素中的平均故障间隔期评价的结果见表4-6。

表4-6　　　　　　　　　　　供应商绩效打分表

给供应商绩效打分——成套设备 选择标准的组成要素:平均故障间隔期					
评估类别	不能接受的——未符合任何适当标准的要求	可能不会被接受的——仅符合最低要求	可接受的(底线)	可接受的——符合所有要求而且超过了部分标准的要求	可接受的——超过了所有标准的要求
分值	0	1	2	3	4
测评标准	故障间的平均间隔期低于100天	故障间的平均间隔期为100～119天	故障间的平均间隔期为120～129天	故障间的平均间隔期为130～149天	故障间的平均间隔期等于或高于150天
供应商A				×	
供应商B			×		
供应商C				×	

根据这个特定测评标准的组成要素对三个供应商进行评价的结果:供应商A和C各得3分,供应商B得2分。

在根据每一个测评标准的组成要素进行评价后,企业就可以得到每一个供应商的一组分值。但要注意,每一个测评标准的组成要素都被设定了不同权重。因此,企业必须将每个供应商的单个得分乘以赋予相应测评标准组成要素的权重。

由于赋予测评标准组成要素"平均故障间隔期"的权重是3,对应的三个供应商的加权得分分别为:供应商A和C为3×3=9分,供应商B为3×2=6分。

继续对采购测量设备的所有标准的组成要素进行同样的计算,企业可得到供应商能力评价表,见表4-7。

表4-7中任何一个供应商的满分都是224分。计算方法如下:

所有测评标准组成要素的权重总和×组成要素的满分=56×4分=224分

针对每一个选择标准的组成要素,将供应商的得分乘以该组成要素的权重可计算出供应商该项的加权得分。将所有加权得分相加就得到了表4-7所示的各供应商的总分。用每个供应商的总分除以满分,就可以得到供应商的综合能力等级,分别如下:

供应商A:161÷224≈0.72

供应商B:147÷224≈0.66

供应商C:128÷224≈0.57

表 4-7　　　　　　　　　　　　　供应商能力评价表

选择标准 （以及被设定了不同权重的各组成要素）	供应商 A 得分	供应商 A 加权得分	供应商 B 得分	供应商 B 加权得分	供应商 C 得分	供应商 C 加权得分
供应商能力评价——成套设备						
（1）技术性能						
测量精确度(10)	4	40	1	10	2	20
（2）可靠性						
①平均故障间隔期(3)	3	9	2	6	3	9
②检修停工率(3)	3	9	2	6	2	6
③设备耐用性(4)	4	16	2	8	3	12
（3）交货提前期						
主要设备的交付(9)	2	18	4	36	3	27
（4）供应范围——零部件的持续可获得性						
①提供供应持续性(1)	3	3	3	3	4	4
②财务稳定性(3)	3	9	3	9	1	3
③供应商的核心产品(3)	4	12	2	6	3	9
④可维持的市场地位(3)	4	12	2	6	0	0
（5）技术支持						
①安装与调试的技术支持(2)	2	4	3	6	3	6
②准备进行现场员工培训(3)	2	6	4	12	3	9
③对问询的响应时间(2)	3	6	3	6	2	4
④对保养与修理要求的响应时间(3)	3	9	4	12	2	6
（6）产品生命周期成本						
①产品定价(1)	1	1	3	3	4	4
②折扣(1)	2	2	2	2	3	3
③零部件成本(2)	1	2	3	6	1	2
④员工培训成本(1)	1	1	4	4	2	2
⑤技术维护成本(2)	1	2	3	6	1	2
加权得分总计		161		147		128

由此可知，供应商 A 的等级最高，C 最低，B 位于他们二者之间。

使用以上方法对供应商进行评级时，企业还需要考虑以下几个问题：

a. 对供应商的评议

当针对每一个测评标准的组成要素给供应商打分时，可以增加一段注释来说明打分的依据。这可以帮助企业了解和记住某个供应商在相应领域的优点或缺点。

b. 得分或不得分

每个测评标准都有一系列可能的分值（在上述的例子中是 0～4 分），但是在某些情况下,可能只存在两种选择——供应商或者能够满足标准的要求或者不能,两者之间不存在任何实值值域。在这种情况下,只能根据具体情况简单给供应商打 4 分或 0 分。

c. 排除标准——可接受的最低绩效标准

如果供应商的绩效没有达到某测评标准的可接受水平或底线,那么该测评标准对于企业来讲就是一个决定"发展还是中断"与潜在供应商合作关系的标准。例如,在采购测量设备的例子中,企业可以把供应商能否达到"测量精确度"的底线当作一个不可或缺的标准。也就是说,任何此项得分低于 2 分的供应商都会被自动排除在可以被进一步考察的供应商范围之外。在上述的例子中,供应商 B 就将被淘汰出局,因为他的此项得分只有 1 分。这些标准被称为"排除标准"。企业可以根据特定的采购要求决定排除标准的数量。

d. 可接受的最低额定值

另一个将供应商排除在进一步考虑范围之外的方法是设定一个应达到的最低额定值。例如,公司可以设定满分的 50%(如加权得分总计为 224 分)为可"通过"的最低额定值。在上面的例子当中,所有供应商的得分都超过了这个最低额定值。

③将能力等级与积极性等级综合在一起

企业对潜在供应商的最终评价要同时考虑到供应商的能力和积极性两个方面。

假设企业不仅对成套设备的三个潜在供应商的能力进行了评价,而且还用前面介绍过的模型对供应商的积极性水平进行了认真评价。三个供应商的评价结果如下:

供应商 A:M(积极性水平中高)

供应商 B:H(积极性水平高)

供应商 C:L(积极性水平低)

可以将能力和积极性这两个因素合并在一个供应商感知模型图中,图 4-12 为供应商 A、B、C 的感知模型图。供应商感知模型图可以帮助采购人员了解供应商可能以怎样的视角看待采购方的业务,因而可能会以何种程度的积极性与采购方开展业务。

图 4-12 中横坐标表示对于供应商而言采购方提供的业务价值量。这个价值量是由采购方的采购额在供应商的营业额中所占的比例反映出来的。如果该比例较高,供应商可能被激发出的积极性就越高。纵坐标表示采购方的业务对供应商的总体吸引水平,可以通过以下几个因素反映出供应商积极性总体效果,如采购方的付款记录、供应商与采购方进行业务往来的便利性、采购方与供应商之间是否存在文化亲和力、建立私人关系的可能性以及信任程度、采购方的业务发展潜力以及与采购方合作会对供应商的声誉产生的影响等。

用弯曲的虚线将图 4-13 划分为 H、M、L 和 N 四个区域。这四个区域可以帮助

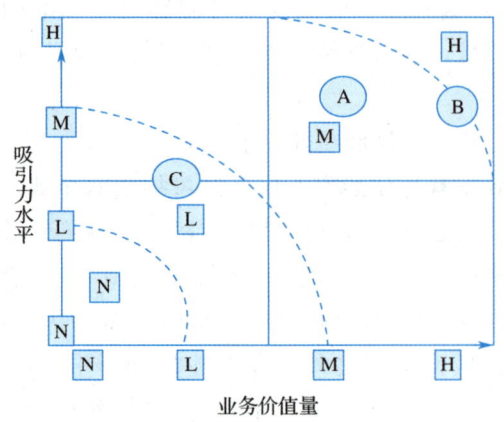

图 4-12　供应商感知模型图

采购企业在综合考虑能力和积极性的基础上,得出三个供应商的最终等级。最终评价结果为 H＝高,M＝中高,L＝低,N＝可忽略。

供应商 B 横跨了 M(中高)区域和 H(高)区域,所以得到的级别最高;供应商 A 正好位于 M(中高)区域,而供应商 C 则位于 L(低)区域。位于最低区域的供应商可能会被采购方排除在进行进一步考察的范围之外。

4.4　物料管理

4.4.1　物料及物料管理的概念

1. 基本概念

狭义的物料指生产制造产品所需的原料、材料、外购零部件、外协件、包装材料和在制品,一般是指直接物料。

广义的物料除包括直接物料外,还包括产成品、机器设备及其部件零件、工具、燃料、动力等。

物料管理是对企业生产经营活动所需各种物料的采购、验收、供应、保管、发放、合理使用、节约和综合利用等一系列计划、组织、控制等管理活动的总称。物料管理能协调企业内部各职能部门之间的关系,从企业整体角度控制物料"流",做到供应好、周转快、消耗低、费用省、取得好的经济效益,以保证企业生产顺利进行。

物料管理主要包括四项基本活动:
(1)预测物料用量,编制物料供应计划;

(2) 组织货源,采购或调剂物料;

(3) 物料的验收、储备、领用和配送;

(4) 物料的统计、核算和盘点。

在以上四项基本活动中,编制物料供应计划是重点也是难点。随着制造业和计算机技术的发展以及定量分析方法的运用,物料管理从专业部门管理发展到全面综合管理,从单纯的物料储备管理发展到物料准时制管理,从手工操作发展到自动化、信息化的物料需求计划(MRP)系统。

2. 物料特性分析

为能够精准编制物料供应计划,必须首先了解物料特性。

首先是物料的相关性,任何物料总是由于有某种需求而存在;没有需求的物料就没有存在的必要。其次是物料的流动性,因为有需求,物料总是不断从供方向需方流动。物料的相关性决定了物料的流动性。最后是物料的价值性。一方面物料占用资金,为了加速资金周转,就要加快物料流动;另一方面,在物料形态变化和流动的过程中,要用创新竞争(不仅是削价竞争)提高物料的技术含量和附加值,用最小的成本、最短的周期、最优的服务,向客户提供最满意的服务并为企业自身带来相应利润,这也是增值链含义所在。三种特性相互作用、互相影响。理解物料的管理特性有助于理解物料需求管理的特点。

在市场竞争日益激烈的环境下,产品生命周期越来越短,品种越来越多;客户对交货期的要求越来越短;同时,企业对库存的控制也因为成本的压力而变得越来越严格。怎样才能有效地解决这一矛盾,是摆在企业管理者面前的难题。

通常意义上,物料管理部门应保证物料供应适时、适质、适量、适价、适地,这就是物料管理的5R原则,是对任何公司均适用且实用的原则,也易于学习者理解和接受。

在此基础上,我们可以理解,供料管理是企业物资管理工作中的一个重要环节,主要包括编制供料计划、采用适当的供料方法和供料方式等。

4.4.2 物料需求计划

物料需求计划(Material requirements planning,MRP)是20世纪60年代发展起来的一种计算物料需求量和需求时间的系统。最初的MRP仅对物料进行计划,但随着计算机能力的提高和应用范围的扩大,MRP涉及的领域也同时随之拓宽。20世纪80年代出现了既考虑物料又考虑资源的MRP,被称为MRPⅡ——制造资源计划。MRPⅡ不仅涉及物料,而且涉及生产能力和一切制造资源,是一种广泛的资源协调系统。它代表了一种新的生产管理思想,是一种新的组织生产方式。一个完整的MRPⅡ程序大约包括20个模块,这些模块控制着整个系统,从订货录入到作业计划、库存管理、财务、会计等。

物料需求计划是利用一系列产品物料清单数据、库存数据和主生产计划计算物料需求的一套技术方法(GB/T 18354—2021 物流术语)。

制造作业中使用的大量物料的需求是由要生产某种含有这些物料的物品的决定所引起的。金属组件、纺织品与陶瓷制品以及食品中的成分、化学品与药品不是以持续均匀的速率被利用,而且在它们进入的物品被生产之前是不需要的。

这类物料的首次采购及其不断补充,通常通过应用下列逻辑分析来处理:

(1)我们何时要去制造多少这种具体产品?

(2)需要哪些组件(或成分)?

(3)这些物品已在手中的有多少?

(4)此外已经订了货的有多少,它们将在何时到达?

(5)何时需要更多,而且需要多少?

(6)这些物品应何时订货?

这就是 MRP 的基本逻辑。它对订货生产、客户定制的产品如船舶、建筑物或专用机器,对定期成批制造的小量或大量产品,对过程工业以及对重复性大量生产都是同样适用的。

MRP 有三个重要的组成部分,分别是主生产计划(Master Production Schedule,MPS)、库存数据和物料清单(Bill of Material,BOM),如图 4-13 所示。本书主要阐述 BOM 相关内容。

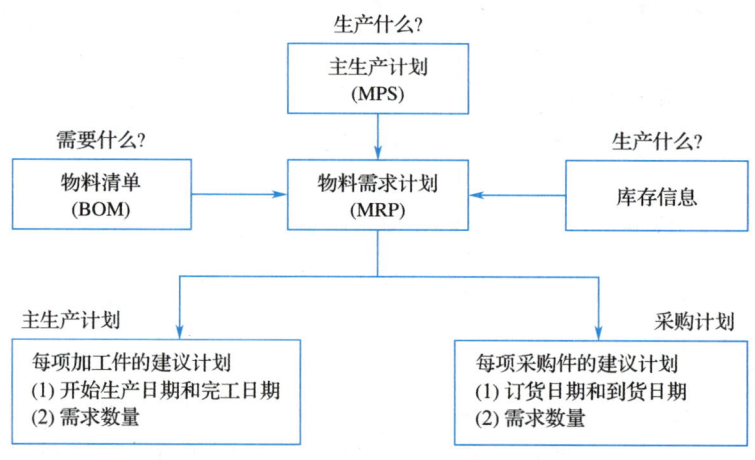

图 4-13 MRP 逻辑流程图

1. 物料清单

物料清单是接收客户订单、选择装配、计算累计提前期、编制生产和采购计划、配套领料、跟踪物流、追溯任务、计算成本、改变成本设计不可缺少的重要文件,上述工作涉及企业的销售、计划、生产、供应、成本、设计、工艺等部门。因此,也有这种说法,BOM 不仅是一种技术文件,还是一种管理文件,是联系与沟通各部门的纽带,企业各个部门都要用到 BOM 表。

下面以一个普通的眼镜装配来讲述 BOM 的概念。图 4-14 为眼镜的基本构成与部件名称。层级表述的是成品与部件的关系，0 表示成品、1 表示部件、2 表示部件的次级组成要素，以此类推，层级数字越大，次级要素就越细。在本例中，0 级就是成品眼镜，1 级就代表组成眼镜成品的直接部件。因部件不再需要进行提前加工，所以本例中没有 2 级物料，但实际中会有更复杂的 BOM 层级(表 4-8)。

图 4-14　成品眼镜结构图

表 4-8　　　　　　　　　　　　　眼镜 BOM 表

层级	物料名称	数量	单位	提前期/天
0	眼镜	1	副	0.5
1	镜腿	2	个	2
1	镜框	1	个	3
1	螺钉	4	个	1
1	鼻托	2	个	1
1	镜片	2	个	4

BOM 中还有一个重要参数就是标准损耗，标准损耗是一个需要持续改善的重点对象，与企业的物料成本息息相关。在下达物料需求时，需要加上标准损耗作为采购数量。在组装过程中，可能需要利用一些无尘布对眼镜进行擦拭，无尘布可作为低值易耗品处理。

在表 4-8 中，有一个重要概念是"提前期"，它可以被理解为生产制造需要的时间，假设制作眼镜前调试机器与准备时间需要 4 小时，一班有 8 小时，那么提前期就是 0.5 天，这是生产过程中的提前期。以表 4-8 中层级为 1 的物料为例，这些物料都需要从外面采购，那么这些物料的提前期指的就是从下单到工厂到货的提前期。如螺钉，作为标准通用物料，市场供应量大，采购难度低，相关的提前期设定为 1 天就可以了。有了这些信息后，BOM 就可以与 MRP 建立起关联，帮助企业计算下单订货时间与订货量。

2. 需求的计算

想要计算订货的数量,要先确定需求。假设每天平均需求量是 200 个眼镜,用 MRP 的语言来说,这是总需求量,也叫作毛需求。

总需求量不能直接作为采购的依据,因为可能还有库存,把库存扣减了以后,就可以得到净需求量,这才是企业真正需要采购的数量,即

净需求量(采购量)＝总需求量(毛需求)－库存

表 4-9 中假设眼镜没有库存,依据表 4-9 的数据可计算得出表 4-10 中的数据。

除了 BOM 第 0 层级成品的计算过程,随着物料清单的展开,还要层层深入,计算次一级原料的相关数量,通过对表 4-10 的原料采购计算过程来了解 MRP 运算的逻辑。

表 4-9　　　　　　　　　　眼镜需求

层级	物料名称	数量	单位	提前期/天	日期	6月1日	6月2日	6月3日	6月4日	6月5日	6月6日
0	眼镜	1	副	0.5	总需求量						200
					现有库存量						0
					净需求量						200
					计划发出订单量						200

表 4-10　　　　　　　　　物料需求计划表 1

层级	物料名称	数量	单位	提前期/天	日期	6月1日	6月2日	6月3日	6月4日	6月5日	6月6日	
0	眼镜	1	副	0.5	总需求量						200	
					现有库存量						0	净需求量=总需求量－库存量
					净需求量						200	
					计划发出订单量					200		总需求量=眼镜净需求量×2
1	镜腿	2	个	2	总需求量					400		
					现有库存量					300		
					净需求量					100		采购订单
					计划发出订单量			100				

在表 4-10 中,BOM 层级"1"的镜腿也加入到表格中,这一层的总需求量是根据

上一层物料计划发出订单量和 BOM 数量计算得出的。上一层计划发出订单量,也就是生产订单数量是 200 副,对应镜腿的总需求量就是 400 个。

由于镜腿现有库存量为 300 个,当天在库里还有 300 个,所以净需求量也就是采购量为 100 个。

由于镜腿供应商的交货提前期是 2 天,想要在第六天收到 100 个镜腿,订单应该提前 2 天发给供应商,也就是在 6 月 4 日计划发出订单量。

为使采购更能反映实际,还需考虑以下几点:

首先,需求本身存在随机性,只要随机性符合某种概率分布,就能计算出订购数量。

其次,供应链运营是一个连续的过程,工厂、仓库每天都在收到原料、生产订单、交付客户,这是持续不断的活动。如果工厂每天都发出镜腿的订单,那么在 $N+2$ 天后都能够收到货物,即便某天缺货了,也只会影响当天的销售额。只要下订单的频率足够高,就可以减缓缺货或过量库存的现象。此外,订单数量是可以调整的,不是固定的,通过增加或减少订货量,库存水平可以得到优化。

最后,提前期是客观存在于大部分原料或部件采购活动中,除非是供应商有现货,而且仓库就在隔壁,否则谁能够做到精益生产中的"准时制"式供应呢?

通过以上内容为大家介绍了 MRP 和 BOM 之间的计算关系,眼镜只有两层 BOM 结构,计算过程看上去很简单。如果是汽车这类产品,全部零部件多达 2 万个,仅用 Excel 是没法完成订货数量计算的,因为计算工作量太大,而电子表格不擅长执行大量数据的计算,所以我们需要专业的 MRP 软件。

思考题

1. 简述采购计划制订的步骤。
2. 简述采购需求说明的编制方法。
3. 企业采购中供应商管理的意义和目标是什么?
4. 采购商与供应商之间的关系类型有哪些?
5. 供应商筛选的目的和标准是什么?
6. 供应商的选择标准是什么?
7. 供应商量化评级的基本步骤有哪些?
8. 供应商日常管理要点有哪些?
9. 供应商激励的基本方法是什么?
10. 已知 A 产品结构如图 4-15 所示(图中 LT 为订货提前期)。该产品的需求计划为:第 5 周 50 件,第 7 周 150 件,第 9 周 100 件。其他物料的数据见表 4-12。求各种物料的计划投入时间和数量(计算结果填入表 4-13 中)。

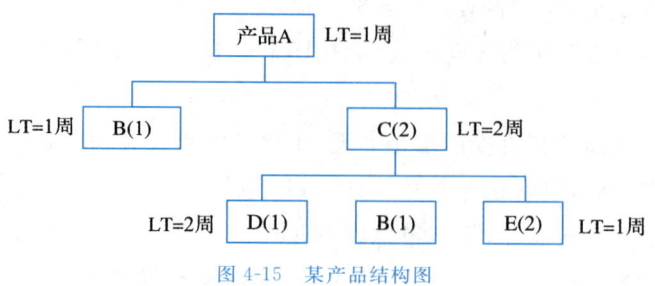

图 4-15　某产品结构图

表 4-12　　　　　　　　　　　　　　　物料数据　　　　　　　　　　　　　　单位：件

物料名称	预计到货量	现有数	批量	安全库存
A	第 1 周　20		10	10
B		10	20	10
C	第 2 周　50	20	20	10

表 4-13　　　　　　　　　　　　　物料需求计划计算表

物料 提前期	需求项目	周次								
		1	2	3	4	5	6	7	8	9
产品 A LT＝1	总需求									
	预计到货									
	预计可用库存									
	净需求									
	计划产出量									
	计划投入量									
零件 C LT＝2	总需求									
	预计到货									
	预计可用库存									
	净需求									
	计划产出量									
	计划投入量									

(续表)

物料提前期	需求项目	周次								
		1	2	3	4	5	6	7	8	9
零件 B LT=1	总需求									
	预计到货									
	预计可用库存									
	净需求									
	计划产出量									
	计划投入量									

11. 某企业在计划期需要采购某种钢材 500 吨,有 A、B 两个供应商的货物质量均符合企业的要求,信誉也较好。A 供应商距离企业 2.5 千米,其报价为 4 100 元/吨,运费是 3.6 元/(吨·千米),订购费用支出为 180 元;B 供应商距离企业 12 千米,其报价为 3 500 元/吨,运费是 1.5 元/(吨·千米),订购费用支出为 360 元。请采用采购成本比较法确定该企业应选择哪个供应商。

本章阅读　　　　　JH 公司的采购与供应

1. 现状与问题

JH 公司自成立以来,经过几年的努力,已成为其所在省内最大的连锁超市企业,有各种超市业态的大小门店 300 多家,并且有一个大型的配送中心,虽然公司发展势头强劲,但目前存在的一些问题已经开始显露出来。

首先是缺货或胀库的问题。有 200 多个商品断货达一个月以上,有的甚至断货达数月,这严重影响了门店的销售,但同时还有许多商品经常出现积压,形成胀库。库存数据和销量情况表(表 4-11)中是某个月任选的 8 种商品的库存数据和销量情况,它是公司库存情况的一个缩影。

表 4-11　　　　　　　　　　库存数据和销量情况表

库存商品名称	库存商品代码	单位	本月期初库存数量	本月期末库存数量	本月销售数据
A	100023	件	584	606	714
B	110176	箱	1 236	964	3 300
C	230240	箱	2 543	1 669	2 527

(续表)

库存商品名称	库存商品代码	单位	本月期初库存数量	本月期末库存数量	本月销售数据
D	420221	件	34	44	23
E	120229	个	173	59	290
F	450192	箱	790	578	821
G	520227	件	77	195	122
H	340145	件	4 562	3 826	6 291

JH公司根据预测来订购商品,采购部门根据历史销售数据,并对当前市场情况进行推测,预测出所需商品的品种与数量,然后与供应商进行商品的谈判与采购。但采购部门对不同地区和不同门店的需求并不能总是很好地把握,特别是在新商品引进方面,为满足不同地区、不同消费者的各种需求,公司需要引进大量商品,但商品总量的增加并不代表销售数量的增加。

其次在与供应商的合作上,公司员工抱怨供应商没有给予足够的支持,屡次发生送货延迟、送货的品种数量与订单不符等,而采购部门为了预防缺货总是加大订货量,销售不出去的那部分可以退回供应商。但退回的商品经常零乱不堪,还有的包装破损,供应商的意见很大,配送中心也需要投入大量的精力来处理这些商品,这给配送中心的运营造成不小的影响。而门店对配送中心也有意见,认为配送中心经常断货,送货不及时,货品有破损。

此外,公司的门店虽都有POS系统,但与公司的衔接不畅通,公司不能及时得到门店的销售信息;配送中心的库存数据是通过电子表格的方式报给采购部门的,但门店看不到这个数据,并且数据的准确性总难以令人信服。

JH公司的高层已经意识到必须要采取一些行动,否则公司的成长与壮大就是一纸空谈。

2. 运作分析

(1) 企业的库存治理

JH公司的商品库存周转速度相对较慢,库存天数较长,这会给资金运作方面带来一些难题。库存治理的改良涉及采购、配送以及门店这三个环节,并且这三个环节的改良必须协调统一,单独某个环节的改良并不能提升JH公司整体的库存周转速度。

(2) 与供应商建立战略合作关系

公司应形成与供应商双赢的合作理念,JH公司的长期发展离不开与供应商的合作,过分压榨供应商的利益会给公司带来许多不利的影响。

(3) 提升预测准确率

在订购商品时,采购部门不能较为准确地预测和把握各地需求,导致商品积压,降低了库存周转速度。这方面的改进策略可以是借助信息系统增强对销售数据的分析,以及改良预测方法,提升预测精度,同时还可以把局部采购权力下放到各门店,门店对当地情况能更准确地把握,并且门店也可以采购一些当地特色产品。从另一个角度来看,准确预测与合理引进新品种会减少退货情况的发生,这样既降低了配送中心的工作压力,也能促进与供应商的合作关系。

(4) 合理引进商品

引进新产品的同时要淘汰旧产品,并将这些被淘汰的商品最终退还给供应商,这样会影响与供应商的合作关系。所以在引进新品种时应该非常谨慎,做好前期的市场调研,引进时小批量地试引进,再根据市场反响情况或加大订购批量或淘汰。

(5) 增强配送中心的运作治理

配送中心是连接采购部门与门店的中间环节。配送中心的客户是各个门店,它的效率水平直接影响各门店的销售,所以配送中心的目标是及时、准确、安全把商品送到各个门店,这需要配送中心优化运作流程,同时还要提升配送中心设备设施的使用效率,降低配送成本。

(6) 增强门店治理

门店治理包括优化门店设计、科学门店治理,加快商品的流动速度,减少滞销品。

(7) 供应商管理库存

JH 公司可以考虑实施供应商管理库存的策略,选择一些有条件的供应商,与供应商共享销售信息和库存信息,供应商能更好地安排生产与补货,使商品既能满足销售的需要也不会形成积压。这样 JH 公司就能减少库存商品资金的占用,提升资金的周转率,还能节省局部管理精力。

(8) 信息系统的改良

信息系统是 JH 公司提升供应链管理的根本,公司存在的主要问题是信息系统的集成性不好,系统没有把各环节的数据集合到一起,也无法利用数据进行分析和决策。公司应该投入人力与财力对信息系统进行整合与改造,使供应商、采购、配送、门店销售各环节很好地衔接起来,让各个环节能及时、准确地了解所需的供应信息、库存信息与销售信息。

JH 公司目前存在的是供应链管理方面中的问题,要提升公司的供应链管理水平,只改良以上诸多方面中的一个或几个方面是不行的,必须有综合性、整体的改良策略,这样才能应对连锁行业更加剧烈的市场竞争。

3. 解决策略

(1) 运用经济订货批量模型,对模型得出的数据加以分析预测,合理控制进货量与库存,这样既可以减少采购成本,使库存成本大大降低,而且也能省掉多余货物回送的运输成本。

(2)建立相应的信息系统,保持公司各部门间的信息畅通。

(3)增强对配送中心的运营管理,提升配送中心运作效率,能对公司总部的决策作出及时响应,增强与门店联系,做到信息对等。

(4)增强与供应商的关系管理,与供应商保持良好的合作关系,做到信息共享。

(5)在对新产品的引进方面,要合理限制,可以采用多品种小批量的方式,提升新产品成活率。

第 5 章

企业生产物流管理

学习目标 >>>

1. 了解企业生产物流的范畴。
2. 在了解企业生产类型的基础上能区分不同生产类型生产物流的特征。
3. 掌握企业生产物流合理化组织的方法。
4. 掌握生产物流计划及控制的方法。

引导案例　DW 公司透明工厂智能生产物流

微 课：　德累斯顿的智能生产物流

　　DW 公司透明工厂占地 7 平方千米,每天组装 5 400 万个零件,生产 4 500 辆整车,其中大部分工作都由机器人完成,可以说,正是科技与传统行业的完美融合,使得 DW 公司透明工厂整个物流生产运作体系高效、顺畅地进行。

　　在以消费体验、柔性化生产为核心的市场环境下,企业生产要素的组织及产品的销售对物流的要求愈发严苛,如何快速生产质量合格的产品并配送至客户手中已成为重要课题,而智能物流正是解决此问题的关键所在。

　　DW 公司透明工厂所有零部件存储于厂区 5 千米外货运村 12 000 平方米库房中,由第三方物流根据透明工厂生产计划的要求,以各个总装工位需求量分拣排序后,放在相应的标准化工装器具内,按照生产节拍的要求,通过城市轨道运输的方式,送到厂区内 6 000 平方米的线边交接库,并以自动导向车的方式直接配送到总装线边各个工位,自动导向车同时带回已经使用完毕的空器具完成逆向物流的过程,生产下线的整车质检完毕后,驶入可停 280 辆下线整车的 40 米高、16 层的全自动化立体停车库。从供应商到为其提供上线服务的物流服务商、总装线边,再到成品车下线入库，整个生产物流实现了全程数字化信息化管理，并根据产量的不同由60~100名员工进行操控。所有零件可随时查询和追溯实时状态，工装器具实现了从3PL到总装线的循环共用，自动化设备和信息化设备如自动导向车、输送线、射频技术等在透明工厂的使用非常普遍。除了总装线的上线生产物流，逆向物料和器具物流、成品车也完全实现了自动化、数字化的管理方式。

智能物流的应用为DW公司透明工厂提供了高效的生产要素组织及上线服务，不但满足了批量生产需求，而且灵活实现了小批量、多批次等个性化定制生产服务。

（资料来源：供应链专家，2003-03，有改动）

5.1 企业生产物流概述

5.1.1 企业生产物流的概念

微课：生产物流简介

企业生产物流是企业物流的主体。生产物流区别于供应物流、销售物流、回收物流最显著的特点是它与企业的生产密切联系在一起，如图5-1所示。它与整个生产工艺工程共生，是生产工艺工程的组成部分。只有合理组织生产物流过程，才能使生产过程处于正常状态。

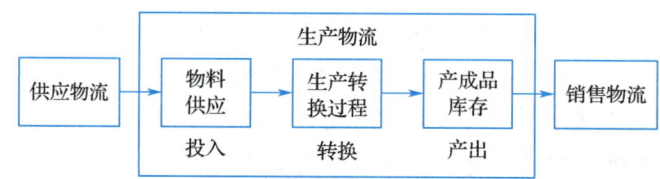

图5-1　生产物流流程

从生产过程来看，生产物流是生产过程的一个组成部分，它和生产工艺过程是密不可分的。其过程大体为原材料、燃料、外购件等物料从原材料仓库出库开始，进入生产线的开始端，随生产加工过程并借助一定的运输装置，一个接一个环节地流动，在流动的过程中本身被加工，同时产生一些废料、余料，直到生产加工终结，流至成品仓库为止。

从物流的角度来看，企业生产系统中物流的边界起于原材料、外购件的投入，止于产成品仓库。它贯穿生产全过程,横跨整个企业(车间、工段),其流经的范围是全厂性的、全过程的。物料投入生产后即形成物流,并随着时间进程不断改变自己的实物形态(如加工、装配、储存、搬运、等待状态)和场所位置(各车间、工段、工作地、仓库)。

企业生产物流是指生产所需物料在空间和时间上的运动过程,是生产系统的动态表现。换言之,物料(原材料、辅助材料、零配件、在制品)经历生产系统的各个生产阶段或工序的全部运动过程就是生产物流。

综上所述,企业生产物流是指伴随企业内部生产过程的物流活动,即原材料、燃料、外购件等投入生产后,经过下料、发料、运送到各个加工点和存储点,以在制品的形态,从一个生产单位流入另一个生产单位,按照规定的生产工艺进行加工、储存的全部生产过程。

5.1.2 影响生产物流的主要因素

1. 产品生产方式

产业不同,生产方式就不同,产业相同,生产方式也不一定相同,即使生产方式相同,生产过程组织形式也不会完全相同。所以,产品生产方式是影响生产物流最基本的因素。

2. 生产类型

不同的生产类型,它的生产结构、工艺流程、工艺装备、生产过程的组织形式以及生产管理方法也各不相同,在不同程度上影响着生产物流的构成。

3. 生产规模

生产规模是指单位时间内的产品产量,通常以年产量来表示。生产规模越大,生产过程的构成越齐全,物流量就越大。如大型企业铸造生产中有铸铁、铸钢、有色金属铸造之分。反之生产规模小,生产过程的构成没有条件划分得很细,物流量也就较小。

4. 企业的专业化与协作水平

社会生产力的高速发展及全球经济一体化,使企业的专业化和协作水平不断提高,与此相适应,企业内部的生产趋于简化,物流流程缩短。例如,过去由企业生产的毛坯、零件、部件等,现在可以由企业的合作伙伴来提供。这些变化必然影响生产物流的构成与管理。

5.1.3 合理组织生产物流的基本要求

企业的生产过程实质上是由每一个生产加工过程"串"起来形成的物流活动。合理地组织生产物流活动,使生产过程处于正常状态,是保证企业获得良好经济效益的关键所在。

1. 连续性要求

连续性是指物料在生产过程中始终处于运动状态，包括空间上的连续性和时间上的流畅性。空间上的连续性要求生产过程各个环节在空间布置上合理紧凑，使物料的运动流程尽可能短，没有迂回往返现象。时间上的流畅性要求物料在生产过程中各个环节的运动，自始至终处于连续流畅状态，没有或很少有不必要的停顿和等待现象。

保持和提高生产过程的连续性可以缩短产品的生产周期，减少在制品数量，加速流动资金周转；可以更好地利用物资、设备和生产面积，减少产品在停放等待时可能发生的损失；有利于提高产品的质量。生产过程的连续性同工厂布置、生产技术水平有关。工厂布置合理或采用先进的科学技术，提高机械化、自动化水平，就比较容易实现生产过程的连续性。在一定的生产技术水平条件下，生产过程的连续性还同生产管理工作水平有关。生产管理水平较高，如采用先进的生产组织形式、合理安排工序、提前做好生产技术准备工作等，也能提高生产过程的连续性。

2. 比例性要求

比例性是指生产过程中各个工艺阶段之间、各工序之间在生产能力上要保持一定的比例。比例关系表现为各生产环节的工人数、设备数、生产面积、生产速率和开动班次等要素之间的相互协调和适应，因此比例是相对的、动态的。

比例性要求是保证生产顺利进行的前提，有利于充分利用企业的设备、生产面积、人力和资金，减少产品在生产过程中的停顿、等待时间，缩短生产周期。为保持生产过程的比例性，在工厂设计或生产系统设计时，就要正确规定生产过程的各个环节、各种机器设备以及各工种工人在数量和生产能力方面的比例关系。在日常生产管理工作中，要加强计划管理，做好生产能力的综合平衡工作，采取有效措施，克服薄弱环节，保持各生产环节之间的比例关系。

3. 节奏性要求

节奏性是指在生产过程的各个阶段，从投料到产成品入库，都能保持有节奏地进行。它要求在相同的时间间隔内生产大致相同数量或递增数量的产品，避免前松后紧的现象。

生产过程的节奏性应当体现在投入、生产和产出三个方面。其中产出的节奏性是投入、生产节奏性的最终结果。只有投入和生产都保持了节奏性的要求，实现产出节奏性才有可能；同时，生产的节奏性又取决于投入的节奏性。因此，实现生产过程的节奏性必须对三个方面统一安排。此外，任何一个车间、工段和工作地的工作都要有节奏地进行。因此，保持各个生产环节的投入、生产和产出的节奏性，对实现整个企业的生产过程的节奏性是十分重要的。

实现生产过程的节奏性，有利于劳动资源的合理利用，减少工时的浪费和损失；

有利于设备的正常运转和维护保养,避免因超负荷使用而产生难以修复的损坏;有利于产品质量的提高和防止废品大量产生;有利于减少在制品的大量积压;有利于安全生产,避免人身事故的发生。

4. 柔性要求

柔性是指生产过程的组织形式要灵活,能及时适应市场的变化,满足市场发生的新的需求。柔性通常也称适应性,即生产物流系统对生产工艺流程变动的反应程度。由于国内外市场的激烈竞争,技术的进步和人民生活水平的提高,用户对产品的需要越来越多样化,这就给企业的生产过程组织带来了新的挑战,要求企业朝着多品种、小批量、能够灵活转向、应急应变性强的方向发展,从而提高企业的竞争力。

为提高企业生产过程的柔性,企业可采用各种先进的生产组织方式和方法,如流水线组织、混流生产组织、成组加工单元、柔性生产单元等。

5.2 企业生产物流分析

在生产物流的形成过程和流动方式上,企业的生产类型起着决定性作用。不同类型的生产过程对应的生产物流系统组织过程与管理方法大不相同。

通常情况下,企业生产的产品产量越大,产品的品种则越少,生产专业化程度也越高,而物流过程的稳定性和重复性也就越大。所以生产物流类型与决定生产类型的产品产量、产品品种和专业化程度有着内在联系。

5.2.1 生产类型

1. 按生产工艺特征分类

按生产工艺特征可以把生产类型分为连续性生产和离散性生产。

(1)连续性生产

连续性生产又称流程式生产,是指把一种乃至数种原材料投入最初工序中,通过它们共同连续地进行一系列化学或物理变化而制成产成品的过程。如化工、炼油、冶金、食品、造纸等都是连续性生产的典型。其特点是工艺流程和各环节能力都是相对固定的,生产设施采用专用设备或装置按照工艺流程布置;工艺过程是连续进行的,不能中断;自动化水平较高,生产计划管理严格,但生产日常管理相对简单。

(2)离散性生产

离散性生产又称加工装配式生产,是指先分别通过固有的各种加工作业制造出图样规定的零件,然后通过一定的手段把它们组合起来,制造成具有特定功能的产品的过程。如机械制造、汽车、电子设备制造行业的生产过程均属于这一类型。其特点是产品是由许多零部件构成的,而各个零部件的加工过程彼此是独立的,所以整个产品的生产工艺是离散的。

连续性生产和离散性生产在产品市场特征、生产设备、原材料等方面有着不同特点,见表 5-1。

2. 按照企业组织生产的特点分类

按照企业组织生产的特点,可以把生产类型分为备货型生产和订货型生产。流程式生产一般为备货型生产,加工装配式生产既有备货型生产也有订货型生产。

备货型生产是企业根据市场需求,有计划地进行产品开发和生产,生产出的产品不断补充产成品库存,以保证库存能随时满足用户的需求,如小型电机、轴承等。

表 5-1　　　　　　连续性生产和离散性生产的特点比较

项目	连续性生产	离散性生产
用户数量	较少	较多
产品品种数	较少	较多
自动化程度	较高	较低
设备布置的柔性	较低	较高
生产能力	可明确规定	模糊
扩充能力的周期	较长	较短
对设备可靠性要求	高	较低
原材料品种数	较少	较多
在制品库存	较少	较多

订货型生产是企业根据用户订单组织产品的设计和生产,企业根据用户在产品结构及性能等方面的要求以合同的方式确定产品品种、性能、数量及交货期来组织生产。两者的区别见表 5-2。

表 5-2　　　　　　备货型生产和订货型生产的区别

项　目	备货型生产	订货型生产
产品	标准产品	按用户要求生产,无标准产品,大量的变型产品与新产品
对产品的需求	可以预测	难以预测
订货期	事先确定	订货时确定
价格	不重要,由产成品库随时供货	很重要,订货时确定
设备	多采用专用高效设备	多采用通用设备
人员	专业化人员	多种操作技能人员

3. 按生产的稳定性和重复性程度分类

按生产的稳定性和重复性程度分类，可以把生产类型分为大量生产、单件小批生产、成批生产。

（1）大量生产

大量生产是指只生产少数品种，但每一种产品生产量很大的生产类型，如家用电器、标准零部件的生产等。

大量生产的特点：生产的品种少，每一种产品的生产数量多。由于这类产品在一定时期内具有相对稳定的需求，因此生产能稳定进行。

（2）单件小批生产

单件小批生产是指需要生产的产品品种多但每一品种生产的数量少，生产重复度低的生产类型，如流行商品制造、重型机器制造、船舶制造等都属单件小批生产。

单件小批生产类型的特点：由于生产品种繁多，生产对象不断变化，因此生产的组织分散，必须采用通用机器设备。

（3）成批生产

成批生产的对象是通用产品，生产具有重复性，即在生产中轮番更换品种，每种产品形成一定批量的生产类型，其品种、批量和重复性程度均介于大量生产和单件小批生产之间，如机床制造厂、机车制造厂的生产等。

成批生产类型的特点：生产的品种较多，生产的稳定性差，建立正规的生产线和流水线的难度较大，但可以按多品种对象专业化的形式组织生产，使生产过程基本上可以在生产单元内封闭完成，形成多种产品轮番生产的局面。

大量生产、单件小批生产、成批生产类型的特点的比较见表5-3。

表5-3　　　　　　　　　　　不同生产类型的特点

项目	大量生产	单件小批生产	成批生产
产品种类	单一或很少	很多	较多
产品产量	很大	单个或很少	较大
采用设备与工装	专用	通用	专用和通用并存
设备排列	对象专业化	工艺专业化	对象工艺专业化
劳动分工	细	粗	有一定分工
工人技术水平	低	较高	一般
生产周期	短	长	较长
劳动生产率	高	低	较高
单位产品成本	低	高	较高
计划管理工作	较简单	复杂多变	较复杂

(续表)

项目	大量生产	单件小批生产	成批生产
控制管理	简单	复杂	较简单
适应性	差	强	较差

5.2.2　不同生产类型的生产物流分析

1. 连续性生产过程及其生产物流特征

(1) 连续性生产过程特征

连续性生产产品种类较少且标准化、自动化程度较高,设备按流水线方式布置;原材料种类较少、在制品库存较低,对生产物流运输量和库存量的管理压力小。

(2) 连续性生产物流特征

连续性生产物流特征是要保证连续供应物料和确保每一生产环节的正常运行,对生产物流系统可靠性和安全性的要求很高。

2. 离散性生产过程及其生产物流特征

(1) 离散性生产过程特征

由于离散性生产各个零部件的加工过程彼此是独立的、地理位置分散、零件种类繁多,因此协作关系十分复杂。

(2) 离散性生产物流特征

离散性生产物流特征是要保持各个生产环节之间有一定的在制品储备,既要减少在制品积压,又要保证生产的成套性;准确控制零部件的生产进度,在计划、组织、协调等方面要求较高。

3. 大量生产过程及其生产物流特征

大量生产类型生产的品种分为单一品种和多品种两类。

(1) 单一品种大批量生产

① 单一品种大批量生产过程特征

品种单一,但产品数量相当大,产品设计和零件制造标准化、通用化、集中化,很强的零件互换性和装配的简单化极大地提高了生产效率,生产成本相对较低,产品质量保持稳定。

生产组织为流水生产方式。流水生产是指加工对象按照一定的工艺路线有规律地从前道工序流到后道工序加工,并按照一定的生产速度连续完成工序作业的生产过程。流水生产的特点有:①工作地专业化程度高;②工艺过程是封闭的;③工作地按照工艺过程的顺序依次排列;④生产具有明显的节奏性;⑤生产过程的连续程度相对较高。

②单一品种大批量生产物流特征

a.大批量生产方式的生产组织为流水生产方式。流水生产要求生产物流系统要与生产过程其他要素(人员、设备工装、工艺、场地、物料)协调好,使不同作业计划的工段能连续、同步、均衡进行生产。

b.由于产品设计和工艺设计相对标准和稳定,物料的消耗定额容易并适宜准确制定;由于生产品种的单一性,生产的重复度极高,物料采购供应相对固定,物料需求的外部独立性和内部相关性易于计划和控制,进而有利于实现准时生产方式供料。

(2)多品种大批量生产

①多品种大批量生产过程特征

多品种大批量生产也叫大批量定制生产,是以满足客户特定需求产品和服务为目的的大批量生产类型。

为同时满足多种定制产品和大批量生产两个条件,生产商必须在生产、时间和空间上进行优化。生产优化方面要增加订单生产中库存生产的比例,初级加工阶段的生产过程要求在整个制造过程中按工艺专业化的思路重组,并尽可能将客户订单分离点向生产过程的下游移动,减少为满足客户订单中的特殊需求而在设计、制造及装配等环节增加的各种费用。在时间的优化方面,关键是有效推迟客户订单分离点,企业不是采用零碎的方法,而必须对其产品设计、制造、传递产品的过程和整个供应链的配置进行重新思考,通过采用集成的方法,企业能够以最高的效率运转,以最小的库存满足客户的订单要求。在空间的优化方面,关键是有效扩大相似零件、部件和产品优化范围,并充分识别、整理和利用这些零件、部件和产品中存在的相似性。

②多品种大批量生产物流的特征

a.企业面向个性化客户需求和规模化制造,必须牢固建立物料供应商、零部件制造商、产成品销售商以及消费者构成的供应链上下游之间良好的协同关系,使基于标准服务的定制化产品转向基于定制服务的产品标准化。

b.由于在基型加工阶段后要按客户订单要求加工,加大了其物流过程中对物料需求的计划和控制的难度,对客户订单的精确管理、工艺设计的动态管理、物料的配送供给等要求更高,同时对流水线的柔性提出更高要求。

4.单件小批生产过程及其生产物流特征

(1)单件小批生产过程的特征

产品对象基本上是一次性需求的专用产品,一般不重复生产。因此,生产品种繁多,生产对象不断变化,生产设备和物流装备必须采用通用性原则。在生产状态复杂多变的情况下,一般按工艺专业化原则,采用机群式布置的生产物流组织形式。

(2)单件小批生产物流的特征

由于单件生产,产品设计和工艺设计重复性低,物料的消耗定额不容易或不适宜准确制定;由于生产重复程度低,物料需求与具体产品制造存在一一对应的相关需求,物料需求必须准确制定计划;由于单件生产的数量少,品种繁多,制造过程中采购所需物料的供应商多变,外部物流较难控制。

5. 成批生产过程及其生产物流特征

(1) 成批生产过程特征

成批生产方式的对象是通用产品,但产品品种数量较多、产量有限,因此产品设计采用系列化,零部件制造采用标准化、通用化;根据轮番重复生产这一特征,成批生产过程通常按照对象专业化原则组织生产。工艺过程采用成组技术;运用柔性制造系统使生产系统能适应不同产品或零部件的加工要求,并能减少加工不同零部件之间的换模时间。

(2) 成批生产物流特征

①以 MRP(物料需求计划)实现物料外部独立需求与内部相关需求之间的平衡。以 JIT(准时制)实现客户个性化特征对生产过程中物料、零部件、产成品的拉动需求。

②由于产品设计和工艺设计采用并行工程处理,物料的消耗定额容易准确制定,从而产品成本容易降低。

③由于生产品种的多样性,对制造过程中物料的供应商有较强的选择要求,从而外部物流的协调较难控制。

5.3　企业生产物流合理化组织

企业生产物流组织的目的是提高生产效率。企业生产物流组织包括企业生产物流的空间组织和时间组织。

5.3.1　企业生产物流空间组织

为使生产物流过程达到连续性、协调性和节奏性要求,必须从空间上把生产过程的各环节合理组织起来,使之协调一致,最大限度地提高企业综合生产效率。

1. 企业生产物流空间组织的主要内容

企业生产物流空间组织是指企业依据经营目标和经营方针,确定生产系统的地址、构成、专业化形式、生产过程组织形式以及决定生产系统各组成部分在空间上的相对位置等一系列工作,是对企业生产系统的规划和设计。

企业生产物流空间组织主要包括工厂选址和工厂布局两方面。

(1) 工厂选址

工厂选址是指运用科学的方法决定工厂的地理位置。它是建立、组织和管理企业的第一步,也是重要的一步。它对工厂建成后的物流布置以及投产后的生产经营费用、产品和服务质量、成本都有极深远的影响。

(2) 工厂布局

工厂布局包括工厂布置和车间布置。工厂布置是对整个工厂内所有占据空间位置的要素进行整体设计,使之在有限的空间范围内各得其所,相互协调地完成生产加工。车间布置是要按一定的原则,准确地确定车间内部各组成单位以及工作地、机床设备间的相互位置,从而使它们组成一个有机整体来实现车间的具体功能和任务。

工厂布置与车间布置直接决定了物料、工具以及工人在企业中的流动路线、流动距离和效率。可以这样认为,企业的空间组织是做好生产物流管理的前提,工厂选址会间接影响到相应的库存成本和运输成本,而工厂布局则会直接影响到物料流动的距离、方式以及成本等。因此,要做好生产物流管理工作,必须掌握布置生产设施的影响因素,并根据企业对物流管理的基本要求和原则,做好生产设施的选址、空间布置和优化工作。

2. 几种典型的空间组织模式

(1) 工艺专业化布置

工艺专业化布置是按工艺特征建立生产单位,将设备按功能进行分类,把同一类型的设备和工作地集中进行布置以实现一定的工艺功能,布置形式如图 5-2 所示。

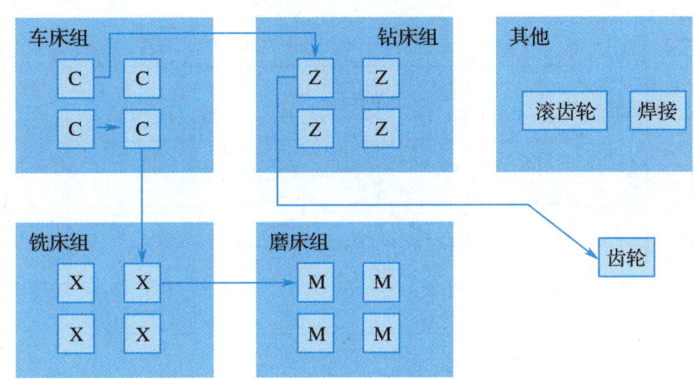

图 5-2 工艺专业化布置形式

工艺专业化布置方式的优点是:对产品品种变化的适应能力强;生产系统的可靠性较高;工艺及设备管理较方便。缺点是:运输次数多,运输线路长;协作关系复杂,协调任务重;只能使用通用工艺设备,生产效率低下,且在制品量大,生产周期长。这种布置形式适用于多品种、小批量的生产类型,同类设备较多的企业。

(2) 对象专业化布置

对象专业化布置又称为产品布置法。它是以加工产品为对象划分生产单位,每种产品拥有固定的作业线路和生产场地,设备按照加工或装配的工艺过程顺序布置的方法,其布置形式如图 5-3 所示。

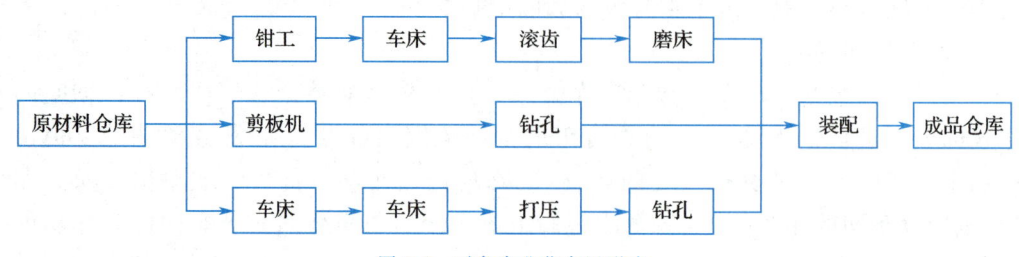

图 5-3　对象专业化布置形式

对象专业化布置方式的优点是：运输、搬运次数少，运输路线短；协作关系简单；可使用专用高效设备和工艺设备；在制品量少，生产周期短。缺点是：它对产品品种变化的适应性差；生产系统的可靠性较差；工艺及设备管理较复杂。这种布置形式适用于大量、大批的生产类型，标准化产品、自动化程度较高的企业，如汽车、食品加工等行业。

（3）成组布置

成组布置形式是按照成组技术的原理，将结构和工艺相似的零件组成零件组，制定零件组的典型工艺流程，再根据典型工艺流程将相关设备和工人组成一个生产单元。这种布置方式融合了产品布置和工艺布置的优点，既有一定的连续性，又有较高的柔性，但是如果单元之间的流程不平衡，则需要中间储存，导致单元间的物料搬运费用增加。通常，这种布置形式适合多品种、中小批量的生产类型，其布置形式如图5-4所示。

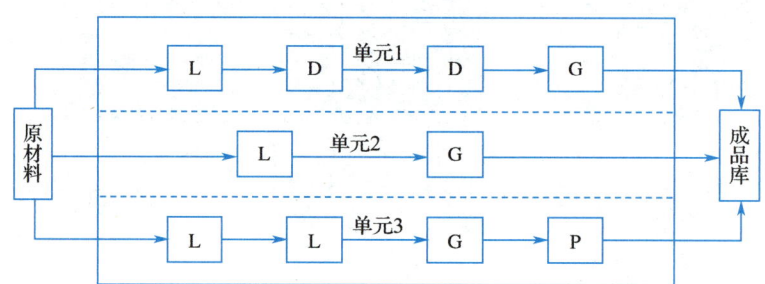

图 5-4　成组布置形式

成组布置形式的优点是：设备利用率高；流程通畅，运输距离较短，搬运量少；在满足产品品种变化的基础上有一定的批量生产，具有柔性和适应性。缺点是：需要较高的生产控制水平以平衡各单元之间的生产流程；若单元间流程不平衡，则需要中间储存，增加了物料搬运量；班组成员需掌握所有作业技能；减少了使用专用设备的机会。

5.3.2　企业生产物流时间组织

生产物流时间组织是指物料在生产过程中，各个生产单位、各工序之间在时间上的衔接和结合方式。要合理组织生产物流，不仅要缩短物料流程的距离，而且要加快物料流动的速度,减少物料的成批等待,实现生产物流的节奏性和连续性。物料在生产组织内部移动过程如图5-5所示。

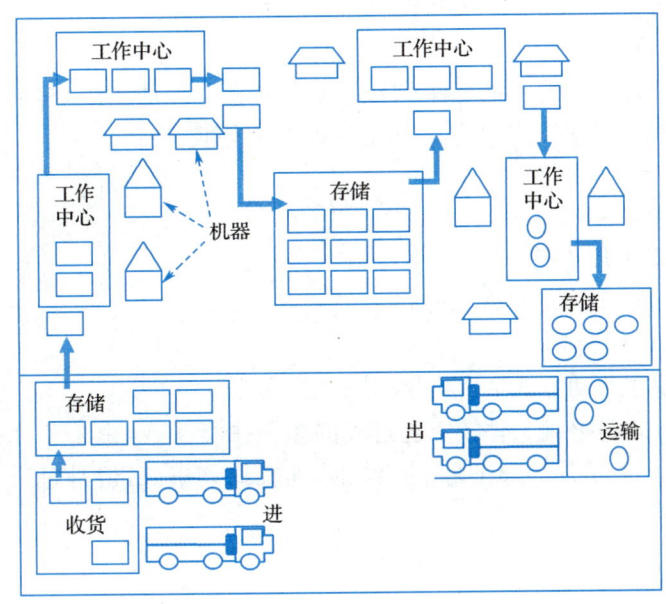

图 5-5 物料移动

1. 企业生产物流时间组织的重要性

生产物流的顺畅性不仅取决于合理的空间布置,还取决于有效的时间组织。因为生产与需求的同步性实质上表现为时间的合理安排。如果事先不做好计划,生产就可能中断,需求就可能无法准时满足。

事实上,有效的生产计划是合理组织生产的前提条件,它直接影响企业生产物流管理效果。无论是何种生产方式,生产计划编制的合理性、目标性和运作方式都会直接决定物流管理的目标和方式。

企业的生产计划是指对一个生产系统的产出品种、产出速度、产出时间、劳动力和设备配置以及库存等问题所预先进行的考虑和安排,受生产需求和企业生产运作能力的限制。企业的生产计划包括三个层次:综合计划、主生产计划和物料需求计划,这些计划从粗到细明确了每一种产品、每一个零部件的需求时间和数量,从而为产品或零部件的物料流动、物流组织提供了依据。

通过生产物流时间组织,明确每一道工序的加工时间和数量。在制品在各工序之间的移动方式和加工顺序的不同都会影响时间的合理安排,进而影响相应的物流组织管理工作。因此,在组织生产物流的过程中,必须做好相应的计划与控制工作,保证生产过程在时间组织方面的合理化。

2. 几种典型的时间组织模式

原材料、零部件以及产成品的流动时间和流动数量取决于各级生产计划的制订以及实际投产后所进行的控制工作。在实际安排生产时,在制品在各工序中的移动有三种典型方式——顺序移动方式、平行移动方式和平行顺序移动方式。这些移动方式主要从时间安排的角度影响和控制相关的生产物流。

(1)顺序移动方式

顺序移动方式是指当一批工件在上道工序完成全部加工后,整批地转到下道工序进行加工的方式,如图5-6所示。加工周期计算公式为

$$T_{顺} = Q \sum_{i=1}^{m} t_i$$

式中,Q——一批工件数量;

t_i——第i道工序的单件工时;

m——加工工序数;

$T_{顺}$——顺序移动方式加工周期。

顺序移动方式是整批工件按工艺过程的顺序进行生产,由于工件在工序间是整批转移的,所以每一工件的加工是不连续的,加工周期很长,但是每道工序等待的时间能连续被利用。

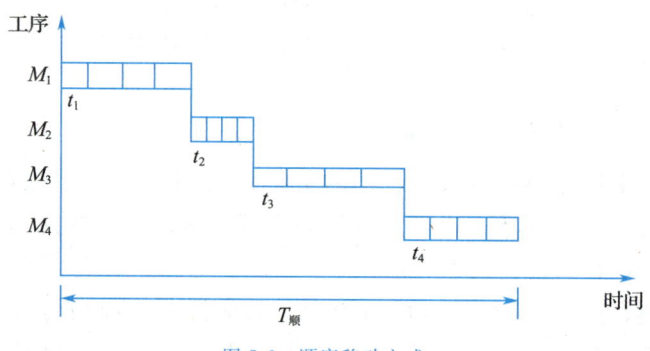

图5-6　顺序移动方式

(2)平行移动方式

平行移动方式是指每个工件在前道工序加工完成以后,立即送到后道工序继续加工,使各个工件在各道工序上平行移动地进行加工作业,如图5-7所示。加工周期计算公式为

$$T_{平} = \sum_{i=1}^{m} t_i + (Q-1) t_L$$

式中,Q——一批工件数量;

m——加工工序数;

t_i——第i道工序的单件工时;

$T_{平}$——平行移动方式加工周期;

t_L——最长的单件工序时间。

平行移动方式的优点是不会出现工件成批等待现象,因而整批工件的加工周期

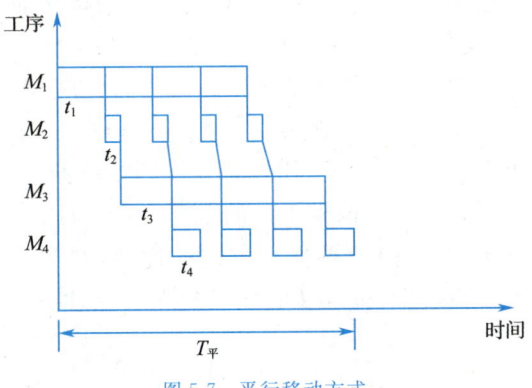

图 5-7　平行移动方式

最短。缺点是当工件在各道工序加工时间不相等时,会出现人力和设备的停工现象。只有当各道工序加工时间相等时,各工作地才能连续充分负荷地进行生产。另外,运输频繁会加大运输工作量。

(3) 平行顺序移动方式

平行顺序移动方式是每批工件在每道工序上连续加工没有停顿,并且工件在各道工序的加工尽可能做到平行。该方式既考虑了相邻工序上加工时间尽量重合,又保持了该批工件在工序上的顺序加工,如图 5-8 所示。加工周期计算公式为

$$T_{平顺} = Q\sum_{i=1}^{m} t_i - (Q-1)\sum_{j=1}^{m-1} \min(t_j, t_{j+1})$$

式中,Q——一批工件数量;

m——加工工序数;

t_i——第 i 道工序的单件工时;

$T_{平顺}$——平行顺序移动方式加工周期;

$\min(t_j + t_{j+1})$:相邻两道工序中较短的单件工序时间。

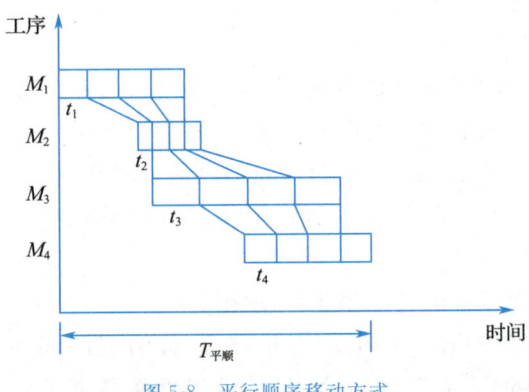

图 5-8　平行顺序移动方式

虽然平行顺序移动方式的加工周期要比平行移动方式的加工周期长,但可以保

证设备充分负荷。其特点有：①当 $t_j \leqslant t_{j+1}$ 时，物料按平行移动方式转移。即当上一道工序的加工时间小于或等于下一道工序的加工时间时，上一道工序加工完每一工件后，应立即转到下一道工序去加工。②当 $t_j > t_{j+1}$ 时，以 j 工序最后一个工件的完工时间为基准，往前推移 $(n-1)t_{j+1}$ 作为工件在 $(j+1)$ 工序的开始加工时间。即当上一道工序的加工时间大于下一道工序的加工时间时，要使上一道工序加工完最后一个工件，刚好下道工序开始加工该批工件的最后一个工件。

平行顺序移动方式吸取了前两种移动方式的优点，消除了间歇停顿现象，能有效利用工时，工序周期较短，但安排进度时比较复杂。上述三种移动方式各有利弊，其特点见表 5-4。

表 5-4　　　　　　　　　　　三种移动方式的特点比较

移动方式	顺序移动	平行移动	平行顺序移动
优点	工序内加工过程连续；设备利用率高；整批加工，整批运送，管理与运输方便	同时对一批零件进行加工，生产周期短	既保证了工序内连续加工，又保证了多道工序能同时对一批零件进行加工（不同工序尽量平行），加工周期居中
缺点	加工周期最长	若单件工序时间不等，会出现加工中断现象	每次向下道工序转移零件数量和时间不同，管理复杂
生产范围	批量小，单件工序时间短，重量轻	批量大，单件工序时间长，重量较大的零件	批量大，单件工序时间长

从组织生产的角度来看，平行移动方式下的运输次数最多，而顺序移动方式下的运输次数最少，平行顺序移动方式下的运输次数处于两者中间。但是顺序移动方式下的生产周期长，对客户的响应能力相对较弱；平行顺序移动方式虽然结合了平行移动方式和顺序移动方式的优点，但组织管理很复杂。因此，在实际安排组织时，不能简单地从运输费用这个角度来考虑，而应根据实际情况进行选择和组织安排。通常，在选用时要考虑以下因素：

（1）工件大小和轻重

大、重工件在工序间不可能成批传送，如大齿轮、机座等总是单件传送的，而重量轻、体积小的工件一般放在容器中按容量大小成批传送。

（2）相邻工序工作地之间的空间距离及器件的运输装置

相邻工序、工作地在空间位置上紧密衔接或有机械化传送装置，有利于在工序间单件传送，实现平行移动。

（3）尽可能使生产过程的各工序生产率相等

尽可能使生产过程的各工序生产率相等，也称为工序同期化。此时，按平行移动方式组织生产不仅加工周期最短，而且整批工件在各道工序上连续加工，不会出现设备短暂停歇现象。

例题 5-1

某零件加工有 4 道工序,批量为 4 件,各工序单件工时分别为 10 分钟、5 分钟、15 分钟、10 分钟。要求:绘制零件在工序间的三种移动方式图,并计算其整批零件的工艺周期。

解 1. 绘制零件在工序间的三种移动方式,如图 5-9～图 5-10 所示。

2. 计算其整批零件的工艺周期。

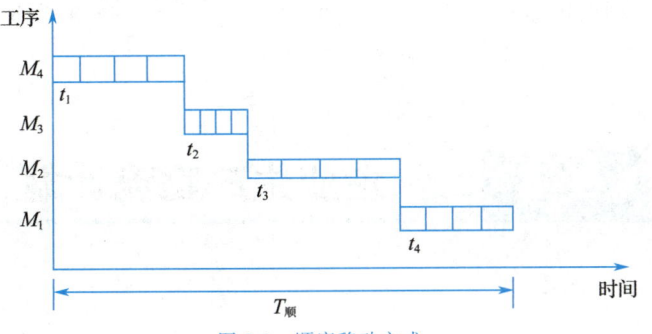

图 5-9　顺序移动方式

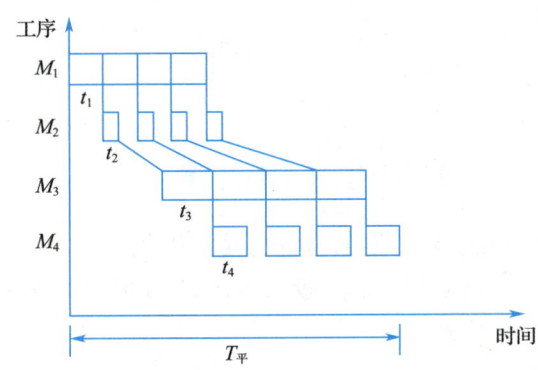

图 5-10　平行移动方式

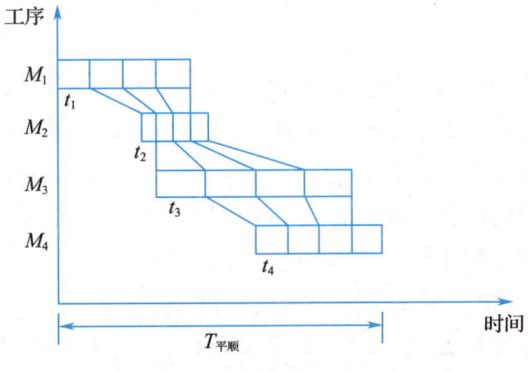

图 5-11　平行顺序移动方式

$$T_{顺} = Q\sum_{i=1}^{m} t_i = 4 \times (10+5+15+10) = 160(分钟)$$

$$T_{平} = \sum_{i=1}^{m} t_i + (Q-1)t_L = (10+5+15+10) + (4-1) \times 15 = 85(分钟)$$

$$T_{平顺} = Q\sum_{i=1}^{m} t_i - (Q-1)\sum_{j=1}^{m-1} \min(t_j, t_{j+1})$$
$$= 4(10+5+15+10) - (4-1) \times (5+5+10) = 100 分钟$$

5.4 企业生产物流计划

微课：生产计划和排产

5.4.1 生产物流计划的意义和任务

生产物流计划是企业生产过程中物料流动的纲领性书面文件，它指导生产过程从物料需求核算开始，经过采购、入库、投入生产、加工移动直至成品入库的全过程。

1. 生产物流计划的意义

科学合理的生产物流计划，对提高生产物流管理的工作效率、顺利完成生产任务、降低生产成本和生产物流成本等都具有十分重要的意义。

（1）为合理订货和采购提供可靠依据

企业生产所需的生产物料种类繁多，数量不一，规格复杂，只有事先做好周密计划，才能尽可能地避免订购过程中的各种错误发生。科学合理的生产物流计划，可以对生产物资市场的价格波动进行合理预测，并做出及时反应。对价格预期上扬较大的生产物资可有计划地提前做好准备，避免提价损失；反之，如果预期生产物资价格下降，则应控制进货，防止物料贬值，造成资金浪费。

（2）作为监督生产物流实施合理与否的标准

生产物流计划为各相关部门设置了考核指标，如计划准确率、到货准确率、订货合同完成率、采购物资合格率、成本降低率、存货周转率、存货损失率等，以衡量供应部门、生产车间、财务部门、仓库部门、运输部门等部门的工作质量和效率。考核企业生产物流实施的有效性,从而使企业能更充分地利用资源,发挥生产物流的最大效能,有效降低成本。

(3)有利于合理控制库存

合理的生产物流计划为原材料库存或流水作业线备货提供了准确的库存数据,一般情况下,为避免生产中断,库存设置有充足的保险量。但作为生产企业,较之物流企业更希望以低库存进行生产运作,这就要求合理控制库存。合理控制库存取决于合理的采购和准确的用料计划,因此合理的生产物流计划有利于合理控制库存。在有条件的企业,可采用更为先进的采购方式,如JIT采购,在一定程度上能使企业的原材料趋于零库存。

(4)促进生产效率,降低生产物流成本

生产物流计划是为生产计划服务的,两者既联系密切又相互制约。一方面有效的生产物流计划,能促进生产计划的调整与完善,甚至能优化生产过程组织,从而起到促进生产效率的作用;另一方面,优化后的生产过程组织,也会简化生产物流过程,从而起到降低生产物流成本的作用。

2. 生产物流计划的任务

(1)保证生产计划的顺利完成

为保证按计划规定的时间和数量生产各种产品,要研究物料在生产过程中的运动规律,以及在各工艺阶段的生产周期,以此来安排各工艺阶段生产的时间和数量,并使系统中各生产环节内的在制品的结构、数量和时间保持协调。总之,通过生产物流计划中的物流平衡以及计划执行过程中的调度、统计工作,保证计划的顺利完成。

(2)为均衡生产创造条件

均衡生产是指企业及企业内的车间、工段、工作地等生产环节,在相等的时间内,完成等量或均增数量的产品。

均衡生产的要求有以下几点:

①每个生产环节都要均衡地完成所承担的生产任务;

②不仅要在数量上均衡生产和产出,而且各阶段物流要保持一定的比例性;

③要尽可能缩短物料流动周期,同时要保持一定的节奏性。

(3)加强在制品管理,缩短生产周期

保持在制品、半成品的合理储备是保证生产物流顺利进行的必要条件。在制品过少,会使生产物流中断而影响生产;反之,又会造成生产物流不畅,延长生产周期。因此,对在制品的合理控制,既可减少在制品占用量,又能使各生产环节衔接、协调,按生产物流作业计划有节奏地、均衡地组织生产物流活动。

5.4.2 生产物流计划的内容

生产物流计划的内容主要包括:确定生产物料消耗定额;确定计划期的生产物

料需用量;制订物料需求计划;物料库存计划等。

生产物流计划的主要依据是主生产进度计划,即根据计划期内规定的出产产品的品种、数量、期限以及实际生产能力,具体安排在制品在各工艺阶段的运作过程。

主生产进度计划确定后,实施计划的首要任务是备料,备料的前提是确定需用量,确定需用量的依据一是主生产进度计划中各种物料的品种、数量、时间;二是各种物料消耗定额,确定的需用量经过与库存的平衡后编制出物流需求计划、采购计划、物料库存计划,然后组织供料和在制品移动控制,如图5-5所示。

1. 物料消耗定额

物料消耗定额是指在一定的生产技术组织条件下,生产单位产品或完成单位工作量、服务所必须消耗的物料数量标准。

物料消耗定额是现代企业生产物流管理中十分重要的基础性工作,是编制生产物流计划的重要依据。每个企业必须制定先进合理的物料消耗定额,才能正确计算物料需要量并按质、按量、按时地组织物料供应,使物料得到充分有效利用,从而降低生产成本及生产物流成本。

(1)物料消耗定额的作用

①是确定生产中物料需要量和物料采购量的重要依据;

②是编制物料供应计划的重要依据;

③是进行生产成本核算的重要依据;

④是促进企业节约的重要手段;

⑤是推动企业提高生产技术水平和工人操作技术水平的重要手段;

⑥是推动企业不断改进产品设计和生产工艺的动力源。

(2)物资消耗的构成

物资消耗的构成一般包括三部分(图5-12)。

①有效消耗

有效消耗是指构成产品或零件净重的物料消耗,它是物料消耗中最主要的部分。

②工艺性损耗

工艺性损耗是指在生产工艺过程中改变物料原有形状和性能而产生一些不可避免的物料损耗。

③非工艺性损耗

非工艺性损耗是指生产中产生的废品由于运输保管不善及其他非工艺技术因素所产生的损耗。

(3)物料消耗定额的制定

不同行业和不同种类的物料消耗定额制定在标准上、方法上、精度上等方面各有不同的选择。

①比较典型的机械加工企业主要原材料定额制定

a.规则零件下料(零件棒材消耗定额以毛坯重量为主)

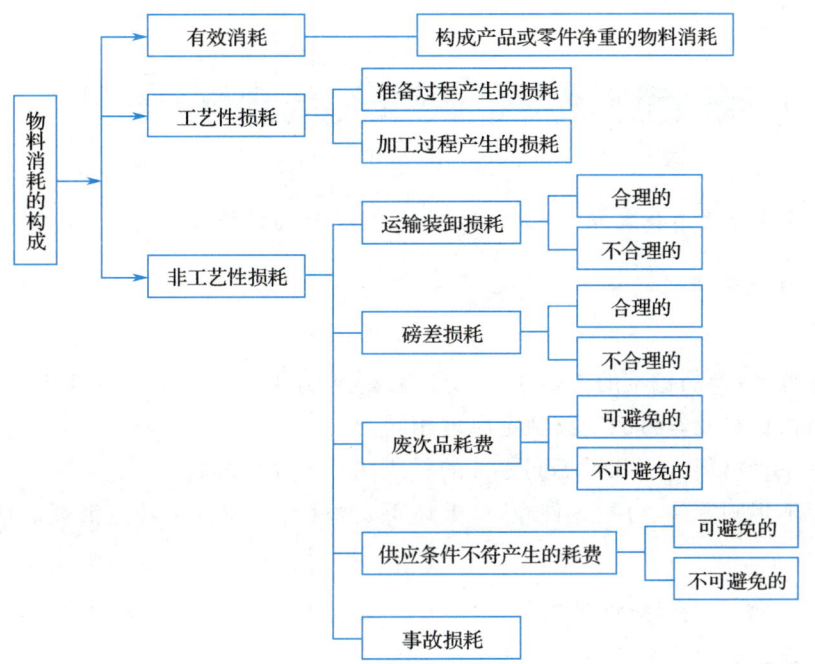

图 5-12 物料消耗的构成

当一根棒材只下一件料时,计算公式为

零件棒材消耗定额＝零件毛坯重量＋锯(切)口重量＋夹头重量＋残料重量

注:零件毛坯重量不是产品净重,产品净重＝毛坯－加工中的所有工艺损失

当一根棒材下几件料时,计算公式为

零件棒材消耗定额＝一根棒材的重量÷一根棒材可锯(切)的毛坯数

或

零件棒材消耗定额＝毛坯重＋各种损耗÷切材料数

式中

一根棒材可锯(切)的毛坯数＝[棒材长度－(料头长度＋夹头长度)]÷
[单位毛坯长度＋锯(切)宽度]

例 5-2

图 5-13 中,一根棒材可以切成 4 个零件,每个零件毛重 2 千克,切口铁屑为 0.2 千克,残料头为 0.4 千克,剩下的料头(夹头)为 1.4 千克,问单位产品材料消耗定额如何制定?

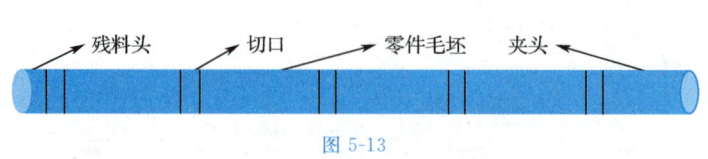

图 5-13

解 零件棒材消耗定额＝毛坯重＋各种损耗÷切材料数

$$零件材料消耗定额 = 2 + \frac{0.2 \times 5 + 0.4 + 1.4}{4} = 2.7 \text{ 千克}$$

适用范围：产品稳定的大量大批生产类型企业，采购订货中可以要求定尺，除棒材外，管材、板材及丝材的定额制定原理相同。

b. 在一种材料上下几种不同零件的料或同种不规则的料

对于不规则零件，可按零件净重（毛坯重）占材料的比例来计算消耗定额。计算公式为

零件材料消耗定额＝零件净重（毛坯重）÷材料综合利用率

例 5-3

一批零件 90 个，每个净重 15 千克，已知该批零件的材料消耗为 2 250 千克，零件材料消耗定额为多少？

解 根据计算公式：

零件材料消耗定额＝零件净重（毛坯重）÷材料综合利用率
　　　　　　　　＝15÷(90×15÷2 250)＝25 千克

② 冶金、铸造、化工企业的主要原材料消耗定额制定

冶金、铸造、化工企业的原材料是严格按比例配备的，称为配料比。配料比指投入熔化炉中各种金属材料的比例。计算公式为

每吨铸件所需的某种炉料的消耗定额＝(1÷合格铸件的成品率)×配料比

例 5-4

某企业灰铁铸件的合格品率为 80%，生产时需投入生铁配料比为 50%，问生产 1 吨合格的灰铁铸件所需生铁的消耗定额？

解 根据计算公式：

每吨铸件所需的某种炉料的消耗定额＝(1÷合格铸件的成品率)×配料比
每吨灰铁铸件所需生铁消耗定额＝(1/80%)×50%＝1.25×0.5＝0.625 吨

2. 确定计划期的生产物料需用量

物料需用量是完成主生产进度计划所必须消耗的经济合理的物料数量。其计划期总需用量是各种物料分别通过消耗定额计算需用量的总和,具体计算方法有直接计算法和间接计算法。

(1) 直接计算法

直接计算法按各种物料的单位产品消耗定额直接计算,经汇总取得物料需用量,其计算公式为

$$某种物料需用量=计划产量\times 单位产品物料消耗定额+合理损耗$$

(2) 间接计算法

间接计算法按一定的比例系数和经验来估算物料需用量的,主要用于没有消耗定额或难以制定消耗定额的物料,其计算公式为

$$某种物料需用量=计划产量\times(上期物料消耗量/上期产出量)\times 物料消耗变动系数$$

微课: 材料与生产物流

3. 制订物料需求计划

计划期的生产物料需用量是物料需求计划的主要依据,但还必须结合现有库存、在途库存、替代品及主生产进度计划中各种物料的需求节点等综合分析。具体制定方法详见第四章,这里不赘述。

4. 物料库存计划

物料库存计划管理是生产物流的调节器,生产过程中各环节衔接的效果主要靠各环节间库存点的进库、出库及储存点的作业活动进行调节。

物料库存计划包括原材料、零件的订货方式及储存计划;在制品、半成品在生产过程中各环节节点的储存计划,产成品的储存计划。

5.5 企业生产物流控制

5.5.1 生产物流控制原理

生产物流系统各部分之间的联系极为密切且相互制约。生产物流系统既要保

证满足生产要求,又要减少在制品库存。因此,在生产物流系统中,物流协调和减少各个环节生产和库存水平变化的幅度是很重要的。系统的稳定程度与采用的控制原理有关主要有推进式物流控制原理和拉引式物流控制原理。

1. 推进式物流控制原理

推进式物流控制原理是根据最终产品的需求结构,计算出各个生产工序的物料需求量,在考虑各生产工序的生产提前期之后,由控制中心向各工序同时发出物流指令(生产计划指令),如图 5-14 所示。

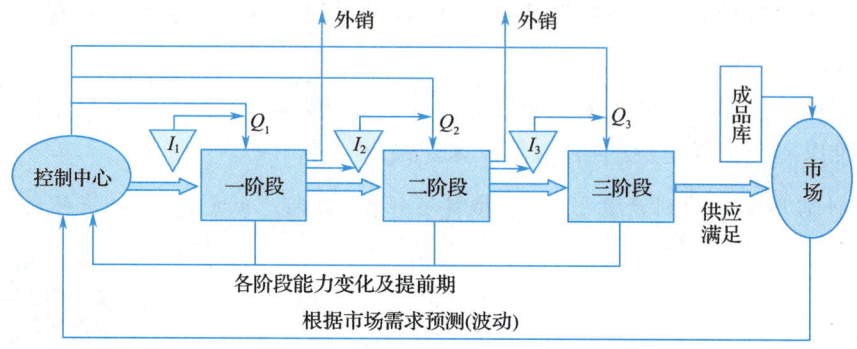

图 5-14 推进式物流控制原理

推进式物流控制的特点是集中控制,每个阶段物流活动都要服从集中控制指令。但各阶段没有独立影响本阶段的局部库存因素,因此这种控制原理不能使各阶段的库存保持在期望水平。

图 5-14 中,Q_1、Q_2、Q_3 分别为各阶段生产量;I_1、I_2、I_3 分别为各阶段库存在制品。

2. 拉引式物流控制原理

拉引式物流控制原理是根据最终产品的需求结构,计算出最后工序的物流需求量,根据最后工序的物流量,向前一道工序提出物流供应要求,前一阶段按本阶段的物流需求量向更前一阶段提出物流供应要求,以此类推,各道生产工序都接受后道工序的物流需求,如图 5-15 所示。

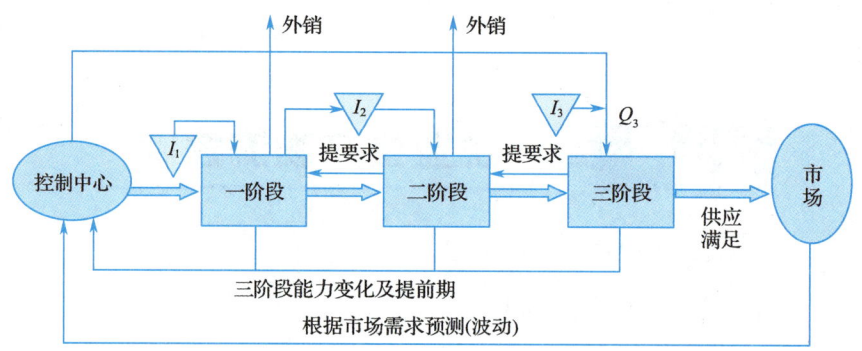

图 5-15 生产物流拉引式控制原理

拉引式物流控制原理是在考虑了各生产工序的生产提前期之后,由控制中心只向最后工序发出物流指令(生产计划指令)。

拉引式物流控制原理的特点是分散控制,每一阶段的物流控制目标都满足局部需求。这种控制方式,使局部生产达到最优要求。但各阶段的物流控制目标难以考虑系统的总控制目标,因此这种控制原理不能使总费用水平和库存水平保持在期望水平上。广泛应用的"看板管理"系统控制,实质上就是生产物流拉引式控制。

5.5.2 生产物流控制方法

需求和能力的波动,反映到生产上就是计划与实际的偏差,为保证生产计划的完成,必须对生产物流活动进行有效控制。常用的生产物流控制方法有平准法和加权法。

1. 平准法

平准法是根据需要量的实际值与预测值的差异和预先确定的前置期,对原计划的生产量在生产过程中进行修正调整,降低实际与计划的偏离程度。所谓前置期,是指实际值与预测值比较后,确定调整二者差异安置的间隔时期。修正量可以在前置期内修正,也可以平均分摊在以后各期中。

例 5-5

原编制的生产任务见表5-5。假定前置期为一个月,即1月末有差异时,在3月加以调整。各月实际发生数值见表5-6。

表 5-5 原编制的生产任务 单位:台

月份	预测需求量	计划生产量	计划期末库存量
1	1 250	1 250	0
2	1 250	1 250	0
3	1 250	1 250	0
4	1 250	1 250	0
5	1 250	1 510	260
6	1 250	1 400	410
7	1 250	840	0
8	1 250	1 250	0
9	1 250	1 250	0

（续表）

月份	预测需求量	计划生产量	计划期末库存量
10	1 250	1 288	38
11	1 250	1 212	0
12	1 250	1 250	0

表 5-6 中，1 月末实际需要量为 1 250 台，与计划生产值是一致的，则各项差异为 0，故 3 月的修正值也为零；2 月末差异为－10 台；4 月的生产量要减少 10 台，修正后的计划为 1 240 台；3 月末的差异为－140 台；5 月生产量要做修正，降低 140 台。经过修正后，该年度各月生产量在 790～1 520 台范围变化，而库存量的差异在－70～510 台范围变化。

表 5-6　　　　　　　　　各月实际需求量　　　　　　　　单位：台

月份	需要量			生产量			库存量		
	实际值	预测值	差异	计划值	修正值	修正计划	实际值	计划值	差异
1	1 250	1 250	0	1 250	0	1 250	0	0	0
2	1 240	1 250	－10	1 250	0	1 250	10	0	＋10
3	1 110	1 250	－140	1 250	0	1 250	150	0	＋150
4	1 370	1 250	＋120	1 250	－10	1 240	20	0	＋20
5	1 200	1 250	－50	1 510	－140	1 370	190	260	－70
6	1 140	1 250	－110	1 400	＋120	1 520	570	410	＋160
7	1 040	1 250	－210	840	－50	790	320	0	＋320
8	950	1 250	－300	1 250	－110	1 140	510	0	＋510
9	1 180	1 250	－70	1 250	－210	1 040	370	0	＋370
10	1 240	1 250	－10	1 288	－300	988	118	38	＋80
11	1 200	1 250	－50	1 212	－70	1 142	60	0	＋60
12	1 170	1 250	－80	1 250	－10	1 240	130	0	＋130

平准法也可以将修正量不集中于某一月内，而是分散到若干月中。如 2 月末需要量差异为－10 台，可以分摊到 4 月至 8 月 5 个月内，每月减少两台，3 月末差异为－140 台则应分摊到 5 月至 9 月，每月生产量减少 28 台。这种方法调整后的修正计划生产量在 824～1 480 台范围变化，比隔月调整变动幅度小。

2. 加权法

加权法与平准法不同，一是考虑了前置期的动态变化；二是调整量留有回旋余地（α）。

加权法可以按以下公式实现修正和调整

$$X_{t+(\tau+1)} = X^*_{t+(\tau+1)} + \alpha\left[I^*_t - I_t - \sum_{j=1}^{\tau}(X_{t+j} - X^*_{t+j})\right]$$

式中　X_t——t 期实际生产量；
　　　X^*_t——t 期计划生产量；
　　　I^*_t——原订 t 期末计划库存（在制品）量；
　　　I_t——t 期末实际库存（在制品）量；
　　　τ——调整时相当于调整期的前置；
　　　α——加权系数。

加权系数 α 的范围为 $0 \leqslant \alpha \leqslant 1$，其意义是修正部分是由 t 期末计划和实际库存量的差异及前置期各期中计划与实际生产量的差异相加后，再乘以加权系数得到的。

当 t 期末反映出来偏差时，就要修正或调整 $t+(\tau+1)$ 期的实际生产量，即 $X_{t+(\tau+1)}$，而且这种修正或调整是在前置期内逐步完成的，其修正量为 $X_t - X^*_t$。t 值分别为 $t+1, t+2, \cdots, t+\tau$，在 t 期中，计划期末库存（在制品）量与实际期末库存量分别为

$$I^{\tau}_t = I^*_{t-1} + X^*_t - D^*_t$$
$$I_t + I_{t-1} + X_t - D_t$$

式中　D^*_t——预测需求量；
　　　D_t——实际需求量。

下面举例说明其修正方法。

例 5-6

表 5-7 是某企业修正计划表。假定：$\alpha = 0.4$，前置期 $\tau = 2$，实际修正数据见表 5-7 右侧。

表 5-7　　　　　　　某企业修正计划表　　　　　　　单位：台

期间	计划			实际			
	预测需求量	计划生产量	计划库存量	需求量 D_t	生产量 X_t	修正量 Δt	库存量 I_t
1	100	140	40	110	140	—	30
2	180	180	40	150	180	—	60
3	220	180	0	190	180	—	50

(续表)

期间	计划			实际			
	预测需求量	计划生产量	计划库存量	需求量 D_t	生产量 X_t	修正量 Δt	库存量 I_t
4	150	180	30		184	+4	
5	100	180	110		170	−10	
6	200	216	126		198	−18	

表 5-7 中，第 1 个期间期末 $D_1=110$ 台，实际生产量 $X_1=140$ 台，故其库存量 $I_1=X_1-D_1=30$(台)。

第 4 个期间的生产量为：

$$X_4 = X_4^* + \alpha\left[I_t^* - I_t - \sum_{j=1}^{\tau}(X_{t+j} - X_{t+j}^*)\right]$$
$$= 180 + 0.4 \times [40 - 30 - (180 - 180) - (180 - 180)]$$
$$= 184(台)$$

故将第 4 个期间的计划量修正为 184 台，修正量为 +4 台。

第 2 个期间期末，因为 $I_2=60$，故得到

$$X_5 = 180 + 0.4 \times [40 - 60 - (180 - 180) - (184 - 180)] \approx 171(台)$$

同理可得 $X_6=198$(台)

按加权法，一般修正量不应太大，每期均要修正，工作较为麻烦。所以也可以对 $\alpha\left[I_t^* - I_t - \sum_{j=1}^{\tau}(X_{t+j} - X_{t+j}^*)\right]$ 做出规定，凡其值过小时可不予修正，只有当该数值达到或超过某一预定数值时，方才进行修正。

关于加权系数 α 的选择：如果 α 增加，修正生产量变化幅度较大，但库存量变化不大；α 减小，库存量变化较大，生产量变化较小。由此，α 的值与修正一个时期还是修正若干时期有关，出发点是生产量变化和库存变化分别产生的成本变化形成的总成本最低。

思考题

1. 影响生产物流的主要因素有哪些？如何影响？
2. 合理组织生产物流的基本要求有哪些？这些要求主要取决于什么？
3. 不同生产类型的生产物流特征是什么？
4. 如何区分工艺专业化布置和对象专业化布置？

5. 生产物流计划的内容主要包括哪些？

6. 如何区分推进式物流控制和拉引式物流控制？

7. 生产 3 件某产品，需经 4 道工序加工，每道工序加工的单件工时分别为 8 分钟、4 分钟、17 分钟、6 分钟。要求：绘制产品在工序间的三种移动方式图，并分别计算三种移动方式整批产品的工艺周期。

8. 表 5-8 是某生产企业计划调整表，左方为 6 期生产计划，右方为前 3 期实际生产情况。假定：$\alpha=0.9$，前置期 $\tau=2$。请根据加权法计算第 3 期以后的生产量，并确定表中计划库存量、实际修正量、实际库存量数据。

表 5-8 计划调整表

期间	计划/件			实际/件			
	预测需求量 D_t^*	计划生产量 X_t^*	计划库存量 I_t^*	需求量 D_t	生产量 X_t	修正量 Δt	库存量 I_t
1	110	150		120	150		
2	190	190		160	190		
3	230	190		200	190		
4	160	190					
5	110	190					
6	210	226					

本章阅读　　生产物流

生产物流是指在生产工艺中的物流活动。一般是指原材料、外购件等投入生产后，经过下料、发料，运送到各加工点和存储点，以在制品的形态，从一个生产单位（仓库）流入另一个生产单位，按照规定的工艺过程进行加工、储存，借助一定的运输装置，在某个点内流转，又从某个点内流出，始终体现物料实物形态的流转过程。

1. 相关内容

生产物流活动是与整个生产工艺过程伴生的，实际上已经构成了生产工艺过程的一部分。过去人们在研究生产活动时，主要关注一个又一个生产加工过程，而忽视了将每一个生产加工过程串在一起的、并且又和每一个生产加工过程同时出现的物流活动。例如，不断离开上一道工序，进入下一道工序，便会不断发生搬上搬下、向前运动、暂时停止等物流活动。实际上，一个生产周期，物流活动所用的时间远多于实际加工的时间。所以，企业生产物流研究的潜力、时间节约的潜力、劳动节约的潜力是非常大的。

生产物流的基本工作是按照物料需求计划的指令，准时保量无差错地将生产所需要的物料配送到现场和每一个工作中心。生产物流管理包括：

（1）场内仓储管理；

（2）物流设施设备的选用；

（3）库存管理等内容。

2. 多层分析

生产物流是企业物流的关键环节，从物流的范围分析，企业生产系统中物流的边界起于原材料、外购件的投入，止于成品仓库。它贯穿生产全过程，横跨整个企业（车间、工段），其流经的范围是全厂性的、全过程的。物料投入生产后即形成物流，并随着时间进程不断改变自己的实物形态（如加工、装配、储存、搬运、等待状态）和场所位置（各车间、工段、工作地、仓库）。从物流属性分析，企业生产物流是指生产所需物料在时间和空间上的运动全过程，是生产系统的动态表现。换言之，物料（原材料、辅助材料、零配件、在制品、成品）经历生产系统各个生产阶段或工序的全部运动过程就是生产物流。因此，生产物流是企业生产活动与物流活动的有机结合，对生产物流流程的优化设计离不开对企业生产因素的考虑，二者是不可分割的。生产物流的优化设计主要从三个方面入手：第一，生产流程对物流线路的影响；第二，生产能力对物流设施配备的要求；第三，生产节拍对物流量的影响。

3. 大概流程

企业生产物流的过程大体为，原材料、零部件、燃料等辅助材料从企业仓库和企业的"门口"开始，进入生产线开始端，再进一步随生产加工过程各个环节运动，在运动过程中，产生一些废料、余料，直到生产加工终结，再运动至成品仓库便终结了企业生产物流过程。

4. 发展经历

生产物流和生产流程同步，是从原材料购进开始直到产成品发送为止的全过程的物流活动。原材料、半成品等按照工艺流程在各个加工点之间不停顿地移动、转移，形成了生产物流。它是制造产品的生产企业所特有的活动，如果生产中断了，生产物流也就随之中断了。生产物流的发展历经了人工物流—机械化物流—自动化物流—集成化物流—智能化物流五个阶段。

5. 主要特点

（1）实现价值

企业生产物流和社会物流最本质的不同，即企业物流最本质的特点是，它不是实现时间价值和空间价值的经济活动，而是实现加工附加价值的经济活动。

企业生产物流一般是在企业的小范围内完成，当然，这不包括在全国或者世界范围内布局的巨型企业。因此，空间距离的变化不大，在企业内部的储存和社会储存目的也不相同，这种储存是对生产的保证，而不是一种追求利润的独立功能，因此时间价值不高。

企业生产物流伴随加工活动而发生,实现加工附加价值,即实现企业主要目的。所以,虽然物流空间、时间价值潜力不高,但加工附加价值却很高。

(2) 主要功能要素

企业生产物流的主要功能要素不同于社会物流。一般物流功能的主要要素是运输和储存,其他是作为辅助性或次要功能或强化性功能要素出现的。企业物流主要功能要素则是搬运活动。

许多生产企业的生产过程,实际上是物料不停的搬运过程,在不停搬运过程中,物料得到了加工,改变了形态。

即使是配送企业和批发企业的企业内部物流,实际上也是物料不断搬运的过程。通过搬运,商品完成了分货、拣选、配货工作,完成了大改小、小集大的换装工作,从而使商品形成了可配送或可批发的形态。

(3) 物流过程

企业生产物流是一种工艺过程性物流,一旦企业生产工艺、生产装备及生产流程确定,企业物流也因而成了一种稳定性的物流,物流便成了工艺流程的重要组成部分。由于这种稳定性,企业物流的可控性、计划性便很强,但进入这一物流过程后选择性及可变性便很小。对物流的改进只能通过对工艺流程的优化,这方面和随机性很强的社会物流也有很大的不同。

(4) 物流运行

企业生产物流的运行具有伴生性,往往是生产过程中的一个组成部分或一个伴生部分,这决定了企业物流很难与生产过程分开而形成独立的系统。

在总体伴生性的同时,企业生产物流中也确有与生产工艺过程可分的局部物流活动,这些局部物流活动有本身的界限和运动规律,当前企业物流的研究大多是针对这些局部物流活动而言的。这些局部物流活动主要是仓库的储存活动、接货物流活动、车间或分厂之间的运输活动等。

6. 工艺操作

(1) 工厂布置

工厂布置是指工厂范围内,各生产手段的位置确定、各生产手段之间的衔接和以何种方式实现这些生产手段。具体来讲,就是机械装备、仓库、厂房等生产手段和实现生产手段的建筑设施的位置确定。这是生产物流的前提条件,也是生产物流活动的一个环节。在确定工厂布置时,单考虑工艺是不够的,必须要考虑整个物流过程。

(2) 工艺流程

工艺流程是技术加工过程、化学反应过程与物流过程的统一体。在以往的工艺过程中,如果认真分析物料的运动,会发现有许多不合理的运动。例如,厂内起始仓库搬运路线不合理,搬运装卸次数过多;仓库对各车间的相对位置不合理;在工艺过程中物料过长的运动、迂回运动、相向运动等。这些问题都反映了工艺过程缺乏物流考虑。

工艺流程有三种典型的物流形式：

①加工物固定

加工物固定，加工和制造操作处于物流状态，如建筑工程工艺、大型船舶制造等。

②加工和制造的手段固定

加工和制造的手段固定，被加工物处于物流状态。这种工艺形式是广泛存在的形式，如化学工业中许多在管道或反应釜中的化学反应过程，水泥工业中窑炉内物料不停运动完成高温热化学反应过程，高炉冶金过程、轧钢过程。更典型的是流水线装配机械、汽车、电视机等，也属于这种类型。

③被加工物及加工手段都在运动中完成加工工艺

除去上述两类极端工艺外，许多工艺是上述两类形式的过渡形式，并具有上述两类形式的特点。

（3）物流结点

生产物流结点，主要以仓库形式存在，虽然都名为仓库，但生产物流中各仓库的功能、作用乃至设计、技术都是有区别的。一般来说，生产物流中的仓库有两种不同类型。

①储存型仓库

一般来讲，在生产物流中，这种仓库应尽量减少。在生产物流中，这不是主体。

②衔接型仓库

衔接型仓库是生产企业中各种类型中间仓库的统称，有时就直接称为中间仓库。

中间仓库完全在企业的可控范围之内，因此可以采用多种方法缩减这种仓库，甚至完全取消这种仓库，解决这一问题需要管理方法与调整技术并用。从技术方面来讲，是调整半成品生产与成品生产的速率，在这一方面，现在采用的看板方式和物料需求计划方式都有可能解决这一问题，以达到生产物流的优化。

第6章

企业销售物流管理

学习目标 >>>

1. 了解销售物流的概念、流程,明确销售物流服务的目标。
2. 掌握企业销售物流对物流系统的影响、构成要素。
3. 掌握销售物流的主要环节、过程。
4. 掌握电子商务背景下的销售物流模式。
5. 了解回收物流的主要内容。
6. 掌握企业销售物流的客户服务能力。

引导案例 Z服装公司的销售物流运作

1. 企业简介

Z品牌既是服装品牌,也是专营Z服装品牌的连锁零售品牌,Z服装品牌之道可以说是时尚服饰业界的一个另类,在传统的顶级服饰品牌和大众服饰中间独辟蹊径开创了快速时尚模式。随着快速时尚成为时尚服饰行业的一大主流业态,Z服装品牌也备受推崇。

2. Z服装公司的销售物流运作流程

在经过了设计与订单管理和生产管理流程后,销售物流运作还有两项流程——销售物流配送和终端销售。

(1)销售物流配送

销售物流配送具体步骤为产品分拣—打包装运—区域配送/打包装运—专卖店销售。Z服装品牌在总部和马德里有两个大型物流中心,这两个物流中心和工厂实现了无缝连接,其货品通过空运送至欧洲以外的市场。Z服装品牌的产品在运送前都会贴好销售市场的价格标签,并且挂在衣服上。Z服装公司给各专卖店每周配货2次,保持着惊人的运输速度,其送货正确率达到98.9%,出错率不足0.5%。Z服装公司配送中的亮点是越库配送,即商品到了配送中心以后,不进库,而直接在站台上向需要的客户进行配送,配送中心不存储任何商品,只是作为在当地生产公司和专卖店间调选货物改变商品运输路径的中心枢纽点,每个专卖店的订单都会被独立打包,然后直接从配送中心载货送到专卖店上架销售。Z 服装公司在巴西、阿根廷、墨西哥建有三个小型仓储中心,用来应对南半球在不同季节的需求(图 6-1)。

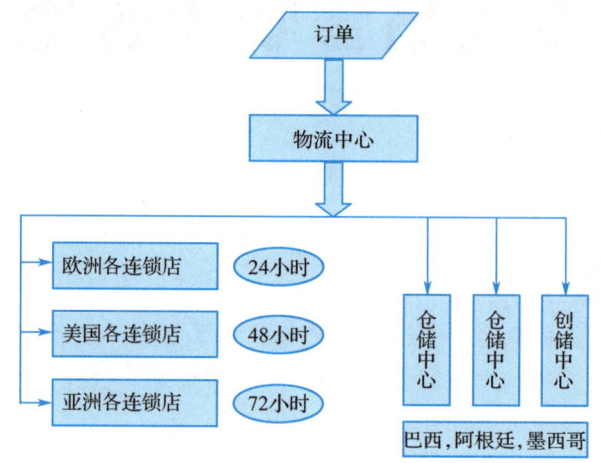

图 6-1　乙服装公司流配送概况

(2)终端销售

终端销售具体步骤为产品分类—本体配套—产品下架处理—产品销售。Z 服装专卖店按照女装、男装和童装分类摆放衣物,将衣裤、佩饰组合在一起搭配,使顾客成套购买,并且其上货时间不超过三周。未卖出的商品送往其他分店销售或送回本部,服装行业一般出售率为 60%～70%,但 Z 服装品牌的商品的出售率达到 85%。Z 服装公司采取前向一体化的销售模式,每周都有新品上市,商品上下架的替换率非常快。专卖店的库存量少,属于多样少量的经营模式。

6.1　企业销售物流概述

微课:销售物流简介

6.1.1　企业销售物流的概念和作用

销售物流的起点,一般是生产企业的产成品仓库,经过分销物流,完成长距离、干线的物流活动,再经过配送完成市内和区域范围的物流活动,到达企业、商业用户或最终消费者。销售物流是一个逐渐发散的物流过程,这和供应物流形成了一定程度的镜像对称,通过这种发散的物流,资源得以广泛配置。

1. 企业销售物流的概念

根据《物流术语》(GB/T 18354—2021)的定义,销售物流是指企业在销售商品过程中所发生的物流活动。

销售物流既是企业物流系统的最后一个环节,又是企业物流与社会物流的一个衔接点。它与企业销售系统相配合,共同完成产成品的销售任务。销售活动的作用是企业通过一系列营销手段,出售产品,满足消费者的需求,实现产品的价值和使用价值。销售物流是储存、运输、配送等环节的统一。

(1) 销售物流是一个系统,具有系统性

销售物流是企业为保证自身经营利益,伴随销售活动而将产品所有权转移给用户的物流活动,包括订货处理、产成品库存、发货运输、销售配送等物流活动。

(2) 销售物流是联结生产企业和用户的桥梁

销售物流是企业物流活动的一个重要环节,它以产品离开生产线进入流通领域为起点,以送达用户并经过售后服务为终点。

(3) 销售物流是生产企业赖以生存和发展的条件

对生产企业来讲,物流是企业的第三利润源,降低销售物流成本是企业降低成本的重要手段。销售物流成本占据了企业销售总成本的 20% 左右,销售物流直接关系到企业利润。

(4) 销售物流具有服务性

在现代社会中,市场环境是一个完全的买方市场,只有满足买方需求,卖方才能最终实现销售。在这种市场前提下,销售往往以送达用户并经过售后服务才算终止。因此,销售物流要以满足用户的需求为出发点,树立"用户第一"的观念,必须做到快速、及时、安全。

2. 企业销售物流的作用

销售物流是企业物流的输出活动,是企业为了满足客户的物流需求而进行的一系列物流活动的结果。销售物流的作用主要体现在以下三个方面。

(1) 销售物流是满足客户需求、实现企业效益的必经之路

企业经过供应、生产等活动,将各种原材料、半成品转换成客户需要的产品或服务后,必须经过销售服务活动,才能将产品或服务送到消费者手中,在满足消费者需求的同时,自身也获得经济效益。

(2) 销售物流是企业开拓市场、获取客户满意度的重要途径

销售物流不仅提供客户需要的产品和服务,还要高质量、低成本地为客户提供差异化的产品和服务。只有这样,企业才能不断提升客户价值,提高顾客满意度,扩

大市场份额。

(3) 销售物流是推动供应链有效运作的关键

现代供应链的运作只有围绕市场,以客户的需求为中心,才能获得最佳的经济效益。而销售物流是企业连接客户的物流活动,是供应链末端的物流活动。因此,要构建以客户为中心的拉动式供应链,就不能离开销售物流活动。

6.1.2 企业销售物流的活动环节

企业生产的最终产品将通过销售活动进入市场,这些活动过程包括以下六个环节。

1. 产品包装

包装可视为生产物流系统的终点,也是销售物流系统的起点。因此,在包装材料、包装形式上,除了要考虑物品的防护和销售外,还要考虑储存、运输等环节的方便。包装标准化、轻薄化以及包装器材的可回收利用等也是很重要的问题。

2. 物品储存

适量的成品储存可以解决生产与需求之间的不平衡问题,减少缺货损失,从而有效降低销售的损失。物品储存包括仓储作业、物品养护和库存控制。企业应优化仓储作业,提高作业质量及作业生产率;使用科学的方法养护物品;使成品库存控制以市场需求为导向;合理控制成品存储量,并以此指导生产活动。

3. 开拓销售渠道

一般而言,销售渠道有以下三种:

(1) 生产者—消费者

商品由生产者直接到消费者,销售渠道最短,可大大降低物流销售费用。

(2) 生产者—批发商—零售商—消费者

商品由生产者到批发商(一个或多个),再由批发商到零售商,销售渠道最长,流通费用最高。

(3) 生产者—零售商或批发商—消费者

商品由生产者先到零售商或批发商,再到消费者,销售渠道长度和流通费用介于以上两者之间。

影响销售渠道的因素是多方面的,具体有政策性因素、产品因素、市场因素和生产企业本身因素。销售物流的组织与产品类型有关,如钢材、木材等商品,其销售渠道一般选用第一种销售渠道和第三种销售渠道;日用百货、小五金等商品的销售,多选用第二种或第三种销售渠道。

4. 及时运送物品

企业应根据产成品的批量、运送距离、地理条件选择运输方式。对于第一种销售渠道,运输形式有两种:一是销售者直接取货,二是生产者直接发货送给消费者。

对于第二种和第三种销售渠道,除了采用上述两种形式以外,配送是一种较为先进、流行的形式。

由生产者直接发货时,企业应考虑发货批量大小问题,它将直接影响物流成本,要使发货批量达到运输费用与仓储费用之和最小。

5. 信息处理

企业应完善销售系统和物流系统的信息网络,加强两者协作的深度和广度,并建立社会物流沟通的信息渠道、订货处理的计算机管理系统及顾客服务体系,做到信息畅通。

6. 装卸搬运

客户希望在物料搬运方面的投资最小化。例如,客户需要供应商以其使用尺寸的托盘交付,也有可能需要特殊货物集中在一起装车,这样就可以直接再装运,不需要重新分类。装卸搬运应适当考虑搬运机器的器具、装卸搬运方式的省力化、机械化、自动化及智能化等。

6.1.3 销售物流服务要素

影响销售物流服务质量与成本的要素有四个,即时间、可靠性、通信和便利性。

微课: 销售物流服务的时间要素

1. 时间

时间要素通常是指订货周期时间。订货周期是指从客户确定对某种产品有需求到需求被满足之间的时间间隔,也称为提前期。时间要素主要受订货传递、订单处理、订单准备和订单装运变量的影响。

2. 可靠性

可靠性是指根据客户订单的要求,按照预定的提前期,安全地将订货送达客户指定的地点。对于客户来说,在多数情况下可靠性比提前期更加重要。可靠性主要有三类:提前期的可靠性、安全交货的可靠性以及正确供货的可靠性。

3. 通信

与客户通信是监督客户服务可靠性的关键手段。通信渠道应对所有客户开放并准入,因为这是摆脱销售物流外部约束的信息来源。然而,通信必须是双方的,卖方必须要把关键的服务信息传递给客户。

4. 便利性

便利性是指服务水平必须灵活。为了更好地满足客户要求,必须确认客户的不同要求,根据客户规模、市场区域、购买的产品及其他因素将客户细分,为不同客户提供适宜的服务,这样可以使管理者针对不同客户以最经济的方式满足其要求。

6.1.4 销售物流的模式

销售物流有三种主要模式:生产企业自己组织销售物流、第三方物流企业组织销售物流和用户自己提货。

1. 生产企业自己组织销售物流

生产企业自己组织销售物流是在买方市场环境下主要销售物流模式之一,也是我国当前绝大部分企业采用的物流形式。

它实际上把销售物流作为企业生产的一个延伸,或者是看成生产的继续,此时生产企业将销售物流当成企业经营的一个环节,而且这个经营环节是和用户直接联系、直接面向用户提供服务的一个环节。在企业从"以生产为中心"转向"以市场为中心"的情况下,这个环节逐渐变成了企业的核心竞争环节,已经不再是生产过程的继续,而是企业经营的中心,生产过程变成了这个环节的支撑力量。

生产企业自己组织销售物流的好处在于可以将自己的生产经营和用户直接联系起来,信息反馈速度快、准确程度高,信息对于生产经营的指导作用大。因此,企业往往把销售物流环节看成开拓市场、进行市场竞争中的一个环节,尤其是在买方市场前提下,企业格外看重这个环节。

生产企业自己组织销售物流可以对销售物流的成本进行大幅度的调节,充分发挥它的"成本中心"作用,同时能够从整个生产企业经营的角度合理安排和分配销售物流环节的力量。

虽然由生产企业自己组织销售物流能够促进企业的发展,但必须以企业规模可以达到销售物流的规模效益为前提,否则将可能会阻碍企业的发展。原因如下:

一是生产企业的核心竞争力的培育和发展问题。如果生产企业的核心竞争能力在于产品的开发,那么销售物流可能占用过多的资源和管理力量,会对核心竞争能力的培育与发展造成影响。

二是生产企业销售物流专业化程度有限,自己组织销售物流缺乏优势。

三是一个生产企业的规模终归有限,即便分销物流的规模达到了经济规模,但延伸到销售物流之后就很难再达到经济规模,因此可能会反过来影响市场开拓。

2. 第三方物流企业组织销售物流

由专门的物流服务企业组织企业的销售物流,实际上是生产企业将销售物流外包,将销售物流社会化。

由第三方物流企业承担生产企业的销售物流,其最大优点在于第三方物流企业是社会化的物流企业,它向很多生产企业提供物流服务。因此,可以将企业的销售物流和企业的供应物流一体化,将很多企业的物流需求一体化,采取统一的解决方案,从而实现物流的专业化和规模化,并通过技术、组织等方面的相关措施,降低运营成本,提高服务水平。第三方物流企业组织销售物流已经成为网络经济时代销售物流的一个发展趋势。

3. 用户自己提货

用户自己提货实际上是将生产企业的销售物流转嫁给用户,变成用户自己组织供应物流的形式。对于销售方来讲,已经没有了销售物流的职能。这是在计划经济时期被广泛采用的模式,除非在十分特殊的情况下,否则这种模式不再具有生命力。

6.2 企业分销需求计划概述

微课:分销需求计划(DRP)的作用

6.2.1 分销需求计划的概念

分销需求计划是流通领域中的一种物流技术,是 MRP 在流通领域中应用的直接结果。它主要解决分销物资的供应计划和调度问题,达到既保证有效地满足市场需要又使得配置费用最低的目的。

6.2.2 实施分销需求计划的意义

应用分销需求计划的潜在经济效益很大。物流成本主要集中在库存维持、仓库管理、运输上,这些领域正是分销需求计划能够发挥其作用的领域。

成功实施分销需求计划,能提高客户服务水平,减少物流系统库存量和库存积压物资,降低物流成本。更为重要的是,实施分销需求计划还能为企业带来难以用数字描述的、更广泛的潜在效益。

既然物流企业信息化程度不高是制约物流企业发展的关键,那么就必须以先进的信息化技术和优秀的管理思想来推动物流企业的发展。分销需求计划就是以业务流程优化为基础,以销售与库存综合控制管理为核心的集采购、库存、销售、促销管理、财务以及企业决策分析功能于一体的高度智能化的企业配送业务解决方案,它能够实现物流企业高效率的集成化管理,具有优化流程与规范化管理、降低经营成本、优化资源分配等功能。

6.2.3 分销需求计划的原理

分销需求计划作为计划和控制销售的一种技术方法,主要是通过分散订货点的方法来控制流通中的多级库存,其核心思想是根据客户需求组织供应货源,安排各级库存,以实现按需销售和配送。

分销需求计划在两类企业中可以得到应用。一类是流通企业,如储运公司、配送中心、物流中心、流通中心等。这些企业的基本特征是,不一定做销售,但一定有储存和运输的业务,它们的目标是在满足客户需要的原则下,有效利用资源(如车辆等),使总费用最低。另一类是一部分较大型的生产企业,它们有自己的销售网络和储运设施。这些企业既做生产又做流通,产品的全部或一部分由自己销售。企业中由流通部门承担分销业务,具体组织储、运、销等活动。这两类企业的共同之处是以满足客户需求为自己的宗旨,依靠一定的物流能力(仓储、运输、包装、装卸搬运能力等)来满足客户的需求,从制造企业或物资资源市场调配物资资源。

分销需求计划的原理如图 6-2 所示,输入三个文件,输出两个计划。

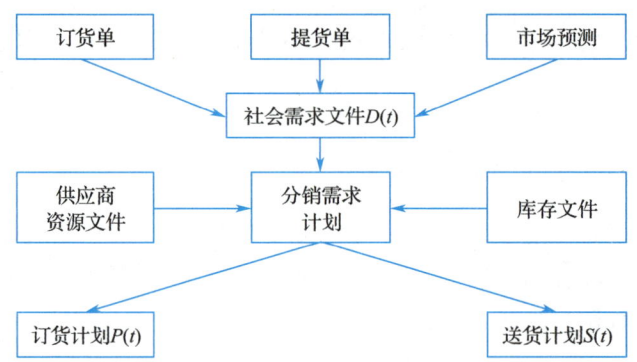

图 6-2　分销需求计划原理

1. 输入文件

(1) 社会需求文件

包括所有客户的订货单、提货单和订货合同,以及下属子公司、企业的订货单,此外还要进行市场预测,确定一部分需求量。所有需求要按品种和需求时间进行统计,整理成社会需求文件。

(2) 库存文件

库存文件是对自有库存物资进行统计列表,以便针对社会需求量确定必要的进货量。

(3) 供应商资源文件

供应商资源文件包括可供应的物资品种和生产企业的地理位置等,地理位置和订货提前期有关。

2. 输出文件

（1）送货计划

为保证货物能按时送达,要考虑作业时间和路程距离,提前一定时间开始作业。对于大批量需求可实行直送,而对于数量众多的小批量需求可以进行配送。

（2）订货计划

订货计划是指从生产企业订货的计划。对于需求物资,如果仓库内无库存或者库存不足,则需要向生产企业订货。当然,也要考虑一定的订货提前期。

这两个文件是分销需求计划的输出结果,是组织物流的指导文件。

6.3 企业分销渠道管理

6.3.1 分销渠道概述

1. 分销渠道的概念

分销渠道是指使产品或服务得以顺利使用或消费的一系列相互依赖的组织。分销渠道包括产品（服务）从生产者向消费者转移的过程中,取得这种产品（服务）的所有权或帮助所有权转移的所有企业和个人。

分销渠道主要包括批发商、零售商、经销商、代理商,以及处于渠道起点和终点的生产者与消费者。企业利用此渠道的目的是更好地将自己的产品或服务传送给目标群体,以方便消费者能通过适当的方式,在适当的时间,适当的地点,以适当的价格购买到自己满意的商品。

2. 分销渠道的流程结构

分销渠道通常由五种流程构成,即实体流程、所有权流程、付款流程、信息流程及促销流程。

（1）实体流程

实体流程是指实体原料及成品从制造商转移到终端顾客的过程,根据需求可跨越某些中间商形成连接顾客的直接渠道,如图 6-3 所示。

（2）所有权流程

所有权流程是指货物所有权从原材料供应商到生产企业以及下游营销企业,最后再到终端消费者的转移过程,其一般流程如图 6-4 所示。

（3）付款流程

付款流程是指货款在各企业之间的流动过程,如图 6-5 所示。

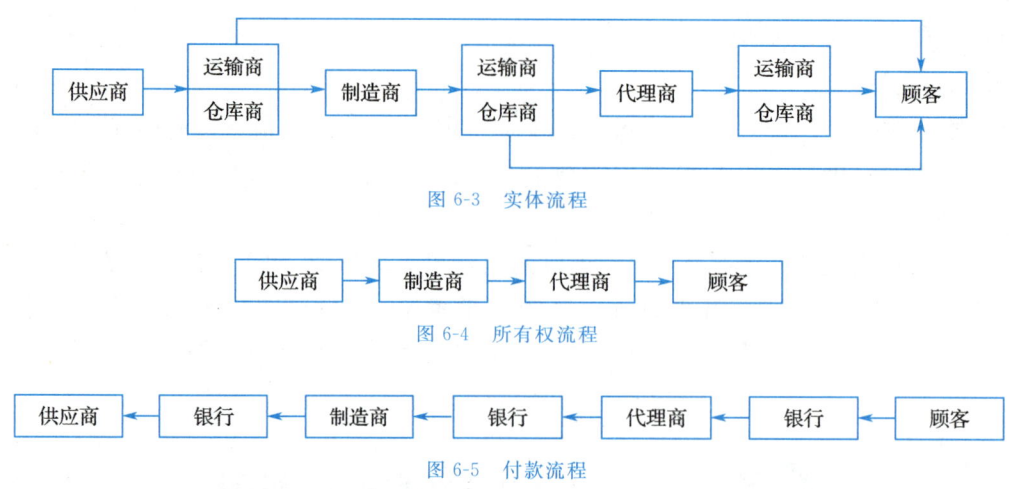

图 6-3 实体流程

图 6-4 所有权流程

图 6-5 付款流程

(4) 信息流程

信息流程是指在分销渠道中,各企业间相互传递信息的过程,如图 6-6 所示。

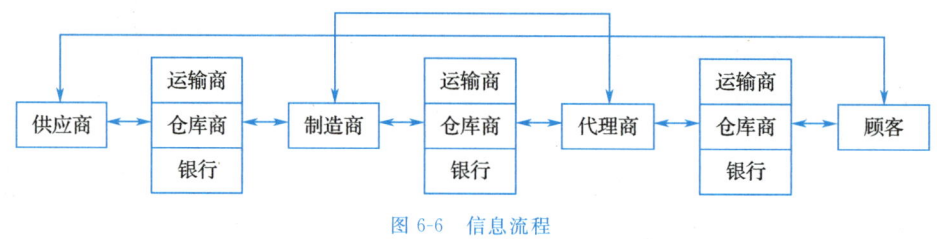

图 6-6 信息流程

(5) 促销流程

促销流程是指由分销渠道中某一成员运用广告、人员推销、公共关系、促销等活动对另一成员施加影响的过程,如图 6-7 所示。

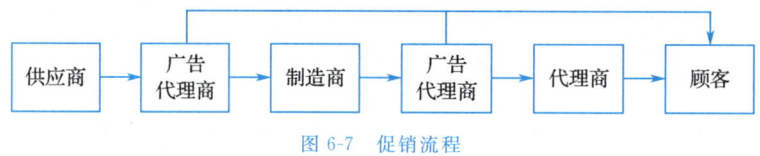

图 6-7 促销流程

3. 分销渠道的职能

(1) 调研

调研是指渠道成员收集和发布市场营销环境中相关者和相关因素的情报信息,用于制订市场营销计划。

(2) 促销

促销是指渠道成员运用多种手段向目标群体传递信息,进行充分沟通,最后吸引并说服顾客购买。

(3)联系

渠道成员可以寻找潜在消费者并与之进行联系。

(4)调整

渠道成员可以根据购买者的需求进行调整以提供合适的产品,包括生产、分类、组装、包装等行为。

(5)谈判

渠道成员在完成职责的过程中,相互间需要达成相关价格及其他方面的协议,完成所有权或使用权的转移。

(6)物流

物流是指运输和储存货物,是渠道成员实现原材料及成品从制造商转移到最终顾客的功能。

(7)融资

渠道成员能够使企业获得和使用资金,扩大其资金来源,补偿分销渠道的成本,从而缓解企业在资金上的压力。

(8)风险承担

渠道成员共同协作,分散了资金等要素的市场风险。

6.3.2 分销渠道模式

分销渠道模式一般有直接销售物流渠道、间接销售物流渠道和代销渠道等。

1. 直接销售物流渠道

直接销售物流渠道不经过任何中间环节,图 6-8 中的零层渠道即该种模式。零层渠道是指由生产者把产品直接销售给最终消费者,具体方式包括生产企业自设销售网点、人员推销、邮购、电话购物等。由于没有中间环节,所以是最简单、最短的分销渠道,主要适用于生产批量小、分散经营的手工业品、农副产品等。其最大的优势是降低物流成本。具体优缺点如下:

(1)优点

①缩短流通时间。

②及时了解市场需求变化。

③保证产品的质量,减少产品损耗。

④直接控制产品的价格。

(2)缺点

①分散了生产者的精力。

②承担较大的市场风险。

③增加构筑销售网络的费用。

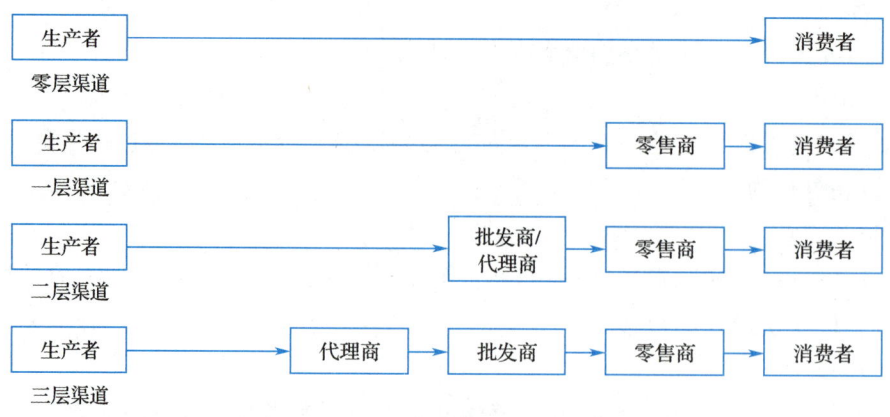

图 6-8　分销渠道模式

2. 间接销售物流渠道

间接销售物流渠道在生产者把商品销售给消费者的过程中,加入了中间环节,图 6-8 中的一层渠道、二层渠道和三层渠道均为该种模式。其最大的优势是规避交易和投资风险。

(1)间接渠道的种类

①一层渠道

一层渠道是指由生产者直接向大型零售商供货,零售商再把商品转卖给消费者。一层渠道模式具有中间环节较少、节约销售费用、市场信息反馈及时的优点,生产耐用消费品和选购品的企业较多采用此种模式。

②二层渠道

二层渠道是我国消费品分销渠道中的传统模式,在商品流通中被广泛使用。它是由批发商向各生产有代销产品,通过挑选、分类、分装、调配后再供给零售商,或经由代理商将产品供给各类零售商。这种渠道模式对产品类型属于零星、分散的中小型生产企业和进货零散的小型零售企业十分适用。在日常生活中,我们所购买的大多数日用消费品采取的都是这种营销模式。但值得一提的是,这种营销模式因流通环节较多,故渠道成本较高。

③三层渠道

三层渠道是指生产者既运用代理商,又利用批发商和零售商来销售产品。这种模式的分销渠道较长、中间环节较多、流通费用较高,一般不宜采用。

(2)间接销售物流渠道的优缺点

①优点

中间商能迅速打开当地市场;中间商能一次性订购批量产品,减少了市场中交易的次数;专业化的分销渠道设置使分销成本最小化、交易规范化;为买卖双方搜索市场资源提供了便利。

② 缺点

流通环节的增加使流通过程时间较长;物流运输、仓储等费用增加;产品价格上升,加重了消费者的负担

3. 代销渠道

代销渠道是指生产者和消费者之间有代理商为之服务的销售物流渠道。它与生产者之间并不是商品买卖关系,而只是接受客户的委托,办理代购、代销、代储、代运等业务,以佣金或手续费的方式赚取报酬,如贸易中心、贸易货栈、贸易信托公司等的代营业务。

6.3.3 分销渠道选择

1. 影响渠道选择的因素

分销渠道是产品价值实现的途径,对它的决策关系到产品能否以最快的速度、最大的辐射面接近目标顾客,使其做出购买决策。影响企业选择分销渠道的因素主要有四个方面:

(1)产品因素

产品因素对销售渠道的选择起决定性作用,它涉及以下内容:

① 产品的单价

一般说来,产品的单价越低,其销售渠道宜长且宽;反之则宜短且窄。例如,日用百货品的生产企业经常直接与批发商打交道,由批发商批发给零售商,再经零售商销售给消费者;而高级服装的生产企业,则愿意将产品直接通过大的百货商店或高级服装店出售。

② 产品的体积和重量

产品的体积和重量主要通过影响运输与储存的费用来影响渠道的模式选择。一般情况下,较轻、较小的产品可选择较长、较宽的分销渠道;如果产品的体积和重量很大,如重型机器、水泥及其他建筑材料等,因运输和储存较为困难,费用较高,所选的销售渠道要尽量短一些,避免中间储存和重复运输,最好是由生产企业直接销售给最终用户。如果必须选择中间商,最好选择代理商,而不用批发商。

③ 产品的样式

在大多数情况下,样式容易发生变化的产品,如时装、鞋帽等,其销售渠道一定要短,避免产品过时;而样式不容易发生变化的产品,销售渠道可适当长一些。

④ 产品的稳定性和易腐性

在正常情况下,稳定性差和易腐的产品都要选择最短的销售渠道,以免经过的中间环节过多,在反复运输和搬运中造成不良后果。例如,玻璃器皿、精密仪器、具有腐蚀性的液体、新鲜蔬菜等,最好用短渠道完成销售。

⑤产品的技术复杂性

技术复杂性越高的产品,对服务支持的要求也越高,同时顾客对产品了解和学习的难度也越大,因此应尽可能选择较短的渠道。

⑥产品的标准化程度

标准化程度越高的产品,其通用性也越强,因而可选择较长、较宽的渠道;相反,如果产品的标准化程度低,属于某个特殊领域的产品,则该产品最好选用较短、较窄的渠道,可以直达目标顾客。

⑦产品的生命周期

随着产品生命周期的演进,分销渠道要经历从短到长、从窄到宽的变化过程。而到了产品的衰退期,其分销渠道就要适当压缩。

(2) 市场因素

市场因素主要包括以下三方面:

①市场需求、顾客的购买量和购买频率

对于市场需求大、购买量较少、购买频率较高的产品,企业应选择较宽、较长的渠道,以扩大销售面;对于市场需求大、单次购买量大、购买频率较低的产品,可采取窄渠道、短渠道和直接销售渠道,以减少流通环节和流通费用,加快资金周转速度。

②市场区域的范围

产品销售的市场区域范围越大,则销售渠道就越长、越宽;相反,如果产品的市场区域范围很小或只在当地销售,那么最好选择直接销售模式,以减少渠道成本。

③顾客的集中程度

如果顾客集中度高,应选择较短、较窄的渠道;如果顾客较为分散,则应选择较长、较宽的分销渠道。

(3) 企业因素

①企业商誉和资金

通常企业的商誉越好,资金实力越雄厚,就越有条件自主选择各种销售渠道,甚至可以建立自己的销售网络体系,不需要借助中间商的力量;反之,一些知名度较低而且资金薄弱的中小企业,则必须依赖中间商提供各种销售服务。

②企业的经营能力

如果企业自身有足够的销售力量,或者有丰富的销售经验,就可以少用或不用中间商;反之,如果企业的销售力量不足或者缺乏产品销售经验,那就要依靠中间商来帮助企业销售产品。

③企业的服务能力

如果生产企业有较强的服务能力,能够为最终消费者或用户提供更多的服务,则可以选择较短的分销渠道;相反如果该企业自身服务能力不足,则最好选择较长的分销渠道,以借助中间商的力量帮助企业完成客户服务工作。

④企业的控制能力

企业对分销渠道的控制能力强,可选择较长的渠道,反之,尽量选择较短的渠道。企业控制分销渠道的能力对企业发展具有较大影响。强大的分销渠道控制能力意味着企业能更有效地管理和激励渠道伙伴,确保渠道运作高效、顺畅,促进产品快速渗透市场,提升品牌影响力和市场份额,也有助于企业实现销售目标,增强市场竞争力。相反,若企业分销渠道控制能力弱,则会导致市场反应迟缓、销售效率低等问题,甚至引起渠道冲突,影响企业的市场表现和长期发展。因此,加强分销渠道控制能力是企业提升市场地位和实现可持续发展的重要保障。

(4) 社会环境因素

社会环境因素,主要是指一个国家的宏观方针政策对分销渠道的影响,包括以下两个方面:

① 经济环境

整个社会的经济形势好、发展快,分销渠道的选择余地就较大。若一个地区经济萧条甚至出现衰退的现象,市场需求下降,企业就应该尽量减少不必要的流通环节,使用较短的分销渠道。

② 相关法规、政策

在选择销售渠道时,企业应考虑有关销售的政策与法规,如反不正当竞争法、价格法、消费者权益保护法等均会影响生产者对分销渠道的选择。生产者在选择分销渠道时,必须遵守国家的有关法律和规定,使用合法的中间机构和合法的营销手段。

2. 选择渠道成员

选择好的中间商,建立起稳固而良好的合作关系,直接关系到企业在市场上营销活动的成功。一般说来,企业在选择中间商时应考虑以下因素:

(1) 市场覆盖面

中间商的市场覆盖面是否与企业的目标市场一致直接影响企业对其做出的选择,如某企业计划在海南开辟市场,所选中间商的经营地域就必须包括这一范围。

(2) 中间商是否具有专门的营销知识、经验、技术和设施

不同中间商以往的经营范围和经营方式不同,能够胜任的职能也不同,生产企业必须在根据自己的目标对中间商完成某项产品营销的能力进行全面评价之后才能做出选择。例如,经销计算机等高技术产品,要求中间商具备必需的技术人才;一部分中间商在销售食品方面极富经验,另一部分中间商在经营纺织品方面历史悠久;有的产品需要人员推销,但有的产品需要现场演示。

(3) 预期合作程度

有的中间商与生产企业合作得比其他中间商好,能积极主动地为企业推销产品,并认为这也符合他们自己的利益。因此,当生产企业预期与中间商的合作程度较好时,选择该中间商的可能性就大大增加。

(4)中间商的目标与要求

生产企业在做出选择前,对于中间商的经营目标与合作要求应有清晰的了解。例如,有的中间商希望生产企业能为产品做大量的广告或开展其他促销活动,扩大市场的潜在需求,使中间商更易于销售;还有的中间商希望供求双方建立长期稳定的业务关系,生产企业能为自己提供随时补充货源的服务,并在产品紧俏时也保证供货;也有的中间商不希望与某一家生产企业维持过于密切的关系等。

同时,为保证分销渠道的畅通,企业必须就价格政策、销售条件、市场区域划分、相互服务等方面与中间商明确权利和责任。

微 课: 分销渠道的设计

3. 选择分销渠道策略

(1)密集性营销

密集营销是指企业在分销渠道的每一层次选择尽可能多的中间商销售其产品。这种销售方式可以使企业的产品达到最大的市场陈列效果,使顾客能够最方便地买到本企业的产品。但这种营销方式可能会使用一些效率不高的中间商,使产品的营销成本上升。消费品中的日用品、冲动购买品和生产资料中的标准件使用密集型营销方式比较普遍。

(2)选择性营销

选择性营销是指企业在分销渠道的每一层次只挑选一部分中间商来销售其产品。这种营销方式使用较普遍,它可以适用于各种类型的产品,尤其是消费品中的选购品,工业品中的标准产品和原材料。在这种营销方式中,企业通过对中间商的精选,去掉那些效率不高的中间商,可使企业的营销成本降低;对于精选的中间商,企业容易与之保持良好的关系,使中间商能更好地完成企业所赋予的营销职能。另外,这种方式可以使企业把精力集中于这些精选的中间商,提高对分销渠道的控制能力。

(3)独家营销

独家营销是指企业在一个地区只选择一家中间商销售其产品。选择独家营销,要求企业在同一地区不能再授权其他中间商销售本企业产品。对所选的中间商,企业要求其不得再经营与之竞争的产品。这种营销方式在消费品中的特殊品尤其是一些名牌特殊品、需要提供特殊服务的产品中使用较多。采取独家营销,对企业来说,可以提高对分销渠道的控制能力,刺激中间商努力为本企业服务。但这种营销方式对企业来说风险较大,如果中间商选择不当,则有可能失去某一地区市场。

4. 评价渠道策略

(1)经济性原则

经济性原则主要是评价渠道策略可能达到的销售额及费用水平。这项原则包括下面几个方面的内容：第一，选择的渠道必须是能够保证商品和劳务向消费者的流向是合理的；第二，渠道环节应尽可能少，并且渠道组合是合理的；第三，选择的渠道能够用最少的消耗、最快的速度、最短的时间、最短的里程转移商品实体；第四，选择的渠道要具有相对稳定性，以节省开辟新渠道的费用。总之，要力求成本低、效益高。

(2) 可控性原则

可控性原则要求企业对分销渠道的选择不应仅考虑经济效益，还应考虑分销渠道的可控性。因为分销渠道稳定与否对企业能否维持并扩大其市场份额、实现长远目标关系重大。企业直销对渠道的控制能力最强，但由于人员推销费用较高，市场覆盖面较窄，因此不可能完全达到销售目标。利用中间商营销就应充分考虑渠道的可控性，一般说来，建立特约经销或特约代理关系的中间商较容易控制，但在这种情况下，中间商的销售能力对企业的影响又很大，因此应慎重决策。

(3) 适应性原则

虽然渠道成员互相之间在一个特定的时期内有某种程度的承诺，但这种承诺往往会影响企业的应变能力，而市场却是不断发展变化的，因此企业在选择分销渠道时须充分考虑其对市场的适应性。首先是地区的适应性，在某一特定地区建立商品的分销渠道，应与该地区的市场环境、消费水平、生活习惯等相适应；其次是时间的适应性，根据不同时间商品的销售状况，应能采取不同的分销渠道与之相适应。

5. 分销渠道管理

企业在选择渠道成员并使渠道步入正轨后，就涉及对渠道成员的评价与激励等相应的管理内容。

(1) 渠道成员的评估

生产者对中间商的表现应定期进行评价，对于表现好的中间商给予鼓励，对于表现较差的中间商促使其改进，对于表现很差的中间商可及时进行个别调整。评价中间商的标准主要包括：销售本企业产品的数量、平均存货水平、商品陈列位置、向顾客销售商品的程度、对受损货物的处理情况、对顾客的服务表现、与生产者促销方面的合作等，经过评价后，对于经营好的中间商应给予鼓励，对表现较差的中间商应帮助其改进推销工作，必要时可以进行更换，以保证企业顺利开展营销活动。

(2) 渠道成员的激励

中间商主动性发挥的程度，与企业产品销售量直接相关，生产企业应该采取多种措施，鼓励中间商的经营兴趣，提高中间商的积极性，并且要通过各种办法帮助中间商推销产品。激励中间商的办法可归纳如下：

① 物质激励

要给中间商以合理的商业利润，这个办法对于经销企业产品的所有中间商都是可行的，可以根据中间商的销售量和所提供的劳务水平确定利润。恰到好处的商业利润和适当的商品销售量结合在一起，有助于提高中间商推销产品的积极性。

②精神激励

中间商是有情感的,需要给予心理上的安慰,生产企业应对他们所做的工作表示关注和重视。例如,有的中间商可能希望能亲自参观生产企业,有的中间商则可能希望自己的贡献能得到社会公众的认可等,如果这些心理需要能得到满足,中间商自然会非常积极地为企业推销产品。

③信息支持

生产企业应尽可能地与中间商保持信息传递的连续性,可以利用通信、业务联系,或者为各个中间商发送期刊等手段来达到上述目的。这些手段的感情色彩越浓,越有利于企业与中间商之间的良好合作。生产企业与中间商之间的交往越是密切,业务也就越成功,其中主要原因是直接沟通一方面可以消除隔阂,避免矛盾;另一方面又能将市场信息及时提供给中间商,使其在市场竞争中获得信息优势。21世纪是信息爆炸的时代,谁掌握更多的信息,谁就拥有更多的主动权。

④提供帮助

为了鼓励中间商,企业应使用各种办法帮助所选中的中间商。帮助中间商的办法主要有提供有利的付款条件、准确的产品信息、技术援助、产品维修服务、承担退货风险等。这些帮助可以增强中间商对其经营产品的信心,并唤起中间商对成功的渴望。

⑤建立良好的合作关系

生产企业与中间商各自所担负的职能不同,看问题的角度不同,各自有不同的利益,因而生产企业与中间商之间的矛盾是经常发生的,如果处理不好,就会互相埋怨。如果能巧妙地处理好这些矛盾,则会起到鼓励中间商的作用。因此,生产企业应重视与中间商之间的亲密共事关系。

(3)渠道冲突的管理

渠道冲突是指渠道成员发现其他渠道成员从事的活动阻碍或者不利于本组织实现自身的目标,从而发生的矛盾和纠纷。渠道冲突分为三种类型:垂直渠道冲突、水平渠道冲突和多渠道冲突。

垂直渠道冲突是指同一条渠道中不同层次之间的冲突,如生产企业与批发商和经销商之间、批发商与零售商之间等发生权利及其相关利益的冲突,具体表现在价格、存货水平、资金占有、促销策略、技术咨询与服务障碍等方面。水平渠道冲突指的是同一渠道模式中,同一层次中间商之间的冲突。产生水平冲突的原因大多是生产企业没有对目标市场的中间商数量分管区域做出合理规划,使中间商为各自的利益互相倾轧。多渠道冲突是指一个生产企业通过两条或两条以上渠道向同一市场出售其产品而发生的冲突。多渠道冲突的本质是几种分销渠道在同一个市场内争夺同一种客户群而引起的利益冲突。

渠道冲突会给企业的销售物流带来严重影响,当渠道成员之间存在冲突时,可能会导致物流工作阻滞、重复等情况的发生,因此做好渠道冲突管理对于销售物流工作来说意义十分重要。进行渠道冲突管理,首先要做好分销渠道的战略设计和组织工作,并建立渠道成员之间的交流和沟通机制、制定统一的经营行为准则,同时进行价值链的整合,谨慎选择中间商并明确各级渠道成员的权责,最后还要适当地对渠道成员进行激励。通过上述措施,在适度控制的基础上,充分激发渠道成员的潜力,增加合作的深度并使各方同时受益。

(4)渠道调整

①增减渠道成员

增减渠道成员是指在某一分销渠道模式里增减个别中间商。生产者决定增减个别中间商时,需要进行经济效益分析,要考虑到增减某个中间商,对企业的盈利是否会有影响等。这是生产者在决定渠道成员增减时必须充分考虑的因素,以便采取相应的措施防止出现不必要矛盾。

②增减渠道

增减渠道是指增减某一渠道模式。当生产者利用某一分销渠道销售产品不理想,达不到预期销售目标;或者市场需求扩大而原来有的渠道不能满足需求;或者分销渠道一方面销售量低下,而另一方面市场的需求又未得到满足时,生产企业就要考虑增加或减少渠道,或者二者同步进行,即减掉某条渠道同时又增加另一条渠道。在增减渠道时,生产者要考虑增减某一渠道会带来的经济效果,以及其他渠道的竞争者保留的渠道是否会产生不安全因素,是否会造成在营销推行上过于保守,降低销售量等可能性,生产者要对此全面考虑并做出预防措施。

③调整全部渠道

调整全部渠道是指生产者对所利用的全部渠道进行调整。例如,将直接渠道改成间接渠道,单一渠道改成复合渠道等。这种调整是最困难的,它不仅使全部销售渠道改变,而且还会涉及营销组合因素的相应调整、营销策略的改变。作为生产企业,对调整全部渠道要特别谨慎,要进行系统分析,以防考虑不周而影响企业的营销工作,更会进一步影响企业销售物流的管理工作。

思 考 题

1. 什么是企业销售物流?
2. 企业销售物流的活动环节包括哪些?
3. 什么是分销需求计划?
4. 分销需求计划的原理是什么?
5. 什么是分销渠道?分销渠道的模式是什么?

本章阅读   OL 的营销方式

1. 营销背景

随着中国男士使用护肤品习惯的转变,男士美容市场的需求逐渐增加,中国男士护肤品市场也逐渐走向成熟,越来越多的中国年轻男士护肤已从基本清洁开始发展为护理,美容的成熟消费意识也逐渐开始形成。

OL中国市场分析显示,男性消费者初次使用护肤品和个人护理品的年龄已经降到22岁,男士护肤品消费群区间已经获得较大扩张。虽然消费者年龄层正在扩大,但即使是在经济发达的北京、上海、杭州、深圳等城市,男士护肤品销售额也只占整个化妆品市场的10%左右,全国的平均占比则远远低于这一水平。作为中国男士护肤品牌,OL对该市场的上升空间充满信心,期望进一步扩大在中国年轻男士群体的市场份额,巩固其在中国男妆市场的地位。

2. 营销目标

(1)推出新品男士BB霜,品牌主希望迅速占领中国男士BB霜市场,树立该领域的品牌地位,并希望打造成为中国年轻男性心目中人气最高的BB霜产品。

(2)男士BB霜目标客户定位于18岁到25岁的人群,他们是一群热爱分享,热衷于社交媒体,并已有一定护肤习惯的男士群体。

3. 执行方式

面对其他男妆品牌主要针对"功能性"诉求的网络传播,OL将关注点放在中国年轻男性的情感需求上,了解到年轻男士的心态在于一个"先"字,他们想要领先一步,先同龄人一步。因此设立了"我是先型者"的创意理念。

为了打造该产品的网络知名度,OL针对目标人群,同时开设了微博账号和微信账号,开展一轮单纯依靠社交网络和在线电子零售平台的网络营销活动。

(1)在微博上引发了针对男性使用BB霜的接受度讨论,发现男性以及女性对于男性使用BB霜的接受度都大大高于人们的想象,为传播活动率先奠定了舆论基础。

(2)有了代言人的加入,发表属于他的先型者宣言,号召广大网民,通过微博申请试用活动,发表属于自己的先型者宣言。微博营销产生了巨大的参与效应,更将微博参与者转化为品牌的主动传播者。

(3)在电商平台建立了BB霜首发专页,开展"占尽先机,万人先型"的首发抢购活动,设立了微博部长,为关于BB霜使用者提供一对一的专属定制服务。另外,特别开通的微信专属平台,每天即时将从新品上市到使用教程、前后对比等信息均通过微信推送给关注该微信公众账号的每一位用户。

4. 营销效果

该活动通过网络营销引发了在线热潮,两个月内,在没有任何传统电视广告投放的情况下,该活动覆盖人群达到3 500万,共307 107用户参与互动,仅来自微博的阅读量就达到560万;在整个微博试用活动中,一周内有超过69 136名男性用户申请了试用,在线的预估销售库存一周内即被销售一空。

■ 思考 ■

1. OL为何开发中国男士护肤品?
2. 你认为OL开发中国男士护肤品的营销方式如何?

第 7 章

企业回收物流管理

学习目标 >>>

1. 熟悉逆向物流的概念
2. 理解逆向物流和回收物流的区别和联系
3. 熟悉回收物流的分类
4. 掌握设计企业回收物流作业流程的方法

引导案例　　H 电器公司的逆向物流管理之道

美国一个家用电器商——H 电器公司最近开发了一套逆向物流系统,以管理其来自主要经销商的返品。尽管有一些产品是在顾客那里损坏的,但主要的损坏还是来自运送途中,比例极高。作为逆向物流领域的一个新丁,H 公司为此从头设计了一个高效信息系统,这对公司来说多少有点奢侈。这个系统帮助 H 公司将每个顾客的每一个返品都同初始订单、初始制造厂和制造商的数据联系起来。公司的产品和质量工程师利用这些数据评定制造上的缺陷,完善流程。公司的最终目标是杜绝除运送途中造成返品的事件发生。例如,当某种类型物品的损坏时常发生时,工程师就会重新设计产品包装以防止运输途中类似情况的再次发生。这种改革极大地节约了成本,增加了公司过去两年的收入。

在新系统中最有趣的是,它允许 H 公司根据顾客所贡献的长期价值进行区别对待。管理层也意识到,一些顾客的服务成本明显高于其他顾客。H 公司能根据返品历史来评估经销商,这也可以帮助 H 公司评估其经销商对公司的贡献度。滥用 H 公司返品政策的经销商会发现,他们不得不另寻合作伙伴了。通过更有效地管理每个经销商在返品上给公司造成的服务成本,H 公司已经做了明显改进。

H 公司还在其逆向物流系统里构筑了另外一个复杂元素——极大化返品利润的能力。收到损坏的返品后,产品工程师立即定位损坏位置,计算零部件的成本和将产品修复到初始状态所需耗费的劳动。例如,当一个冰箱因为底板损坏而不能使用时，工程师会马上计算要花费多少费用，才能更换掉底板并使它能够重新被使用。基于以上的修复成本，H 公司制定了电器是需要修复，还是在二手市场销售，或者是拆成备品备件的一般原则。通过这种方式，H 公司能够最小化存货成本，并保证返品能够给公司带来最大收入。

总的来说，对于收入和成本管理能给公司带来的正面影响，H 公司有着充分的认识。H 公司曾简单地将其返品销毁掉，但现在修复处理和再营销已经成为公司有利可图的活动了。

（资料来源：浦震寰，李方峻. 企业物流管理[M]. 4 版. 大连：大连理工大学出版社，2019：226-227，有改动）

7.1 回收物流概述

7.1.1 回收物流的含义

要学习回收物流，首先需要引入逆向物流的概念。从企业供应链的角度上看有两个方向，一个是货物从生产到消费的实际方向上的物流，也是供应链上投入产出方向上的物流，它是从原材料的开采、加工、存储、运输到产品的采购、生产、加工和装配，再到产品的存储、运输、配送、销售和售后服务的整个过程，这是正向物流。目前对企业正向物流的研究是比较广泛的。而沿着另一个方向，也就是物品沿着供应链下游往上游流动，则是逆向物流。逆向物流是与正向物流相反的物流活动。

逆向物流可以简单地概括为，组织对来源于客户手中的物资的管理。逆向物流包含来自客户手中的物资、包装品和产品。更简单的概括是，逆向物流是自从客户手中回收用过的、过时的或者损坏的产品和包装开始，直至最终处理环节的过程。但是现在被普遍接受的观点是，逆向物流是在整个产品生命周期中对产品和物资完整的、有效的和高效的利用过程进行协调。

逆向物流有广义和狭义之分。狭义的逆向物流是指对那些由于环境问题或产品已过时而对产品、零部件或物料回收的过程。它是将排泄物中有再利用价值的部分加以分拣、加工、分解，使其成为有用的资源重新进入生产和消费领域的过程。广义的逆向物流除了包含狭义的逆向物流的定义之外，还包括废弃物物流的内容，其最终目标是减少资源使用，并通过减少使用资源达到废弃物减少的目标，同时使正向物流及回收物流更有效率。

综上所述，企业回收物流通常被认为是企业逆向物流的重要组成部分，它通常不包括企业废弃物物流，指的是可以被再利用的物品沿着企业供应链下游向上游流动,所以本书认为回收物流指不合格物品的返修、退货以及周转使用的包装容器从需方返回供方所形成的物品实体流动。

7.1.2 回收物流产生的原因

回收物流产生的原因是多方面的,包括环保的需求、物品的再利用。由于质量问题而发生的返修、退货行为,制造商能通过完善的逆向物流体系为顾客提供更满意的服务,并且降低退货等多方面原因产生的物流成本,树立自身良好的企业形象。逆向物流产生的原因包含以下几个方面:

1. 顾客的退货行为

世界上任何一家企业,只要它生产出有形产品,就可能会遇到退货问题。这种退货的原因是多方面的,常见的有产品自身的质量问题、产品订购数量偏差、用户使用后不满意、错误的物流递送等。退货行为存在普遍性,所以它是逆向物流产生的一个重要原因。

2. 生产厂商的召回

产品的召回制度源于20世纪60年代的美国汽车行业,经多年实践,现在世界各国对缺陷汽车的召回都有了比较成熟的管理制度。在欧洲,许多欧盟国家成员国实施了专门的法律,要求制造商在知晓其产品存在缺陷后采取措施召回。2000年是世界汽车业界的"汽车召回年",多家汽车生产企业等都相继宣布,因各种原因其各自生产的汽车或多或少都存在安全隐患,在全球范围内召回汽车。

近年来,随着消费者地位的上升,产品的召回现象从最初的汽车、电脑迅速蔓延到手机、家电、日用品等各行各业。

3. 产品生命周期结束后的回收

产品生命周期结束或者产品更新换代等原因,都会导致回收行为的产生,因此产品的回收行为是促使逆向物流产生的一个极其重要的原因。

4. 国际和法律的环境保护因素

伴随着经济的迅速发展,环境的恶化、资源的枯竭引起了人们的广泛关注,人们的环保意识不断增强。各企业为了在消费者心目中树立良好的形象,提高企业和商品的知名度而纷纷展开逆向物流,以降低资源消耗和减少对环境的污染。另外,基于环境保护和节约资源的目的,许多国家的政府也纷纷制定各种法律法规,责令生产厂商为商品的整个生命周期负责,要求他们回收处理所生产的产品或包装物品等,否则就要为对环境的破坏买单,从而迫使企业改变策略,实行逆向物流。

7.1.3 回收物流的流程

回收物流将最终顾客所持有的废旧物品回收到供应链上各节点企业,它包括五种物资流:直接再售产品流(回收、检验、配送),再加工产品流(回收、检验、再加工),再加工零部件流(回收、检验、分拆、再加工),报废产品流(回收、检验、处理)和报废零部件流(回收、检验、分拆、处理)。

回收物流主要包括以下环节:

1. 回收

回收是将顾客所持有的产品通过有偿或无偿的方式返回销售方。这里的销售方可能是供应链上任何一个节点,来自顾客的产品可能返回到上游的供应商、制造商,也可能是下游的配送商、零售商。

2. 检验与处理决策

检验与处理决策是对回收品的功能进行测试分析,并根据产品结构特点以及产品和各零部件的性能确定可行的处理方案,包括直接再销售、再加工后销售、分拆后零部件再利用和产品或零部件报废处理等。然后,对各方案进行成本效益分析,确定最优处理方案。

3. 分拆

分拆是指按产品结构的特点将产品分拆成零部件。

4. 再加工

再加工是指对回收产品或分拆后的零部件进行加工,恢复其价值。

5. 报废处理

报废处理是指对那些没有经济价值或严重危害环境的回收品或零部件,通过机械处理、地下掩埋或焚烧等方式进行销毁。西方国家对环保要求越来越高,而后两种方式会给环境带来一些不利影响,如占用土地、污染空气等。因此,目前西方国家主要采取机械处理的方式。

7.1.4 回收物流的特点

企业回收物流作为企业逆向物流的重要组成部分,其特点和逆向物流所呈现的特点类似。逆向物流作为企业价值链中的特殊一环,与正向物流相比,既有共同点也有不同点。二者的共同点在于都具有包装、装卸、运输、储存、加工等物流功能。但是,逆向物流与正向物流相比又具有其鲜明的特殊性。总的来说,企业回收物流具有以下特点:

1. 分散性

回收物流产生的地点、时间、质量和数量是难以预见的,废旧物资流可能产生于生产领域、流通领域或生活消费领域,涉及任何领域、任何部门、任何个人,在社会的每个角落都在日夜不停地发生。正是这种多元性使其具有分散性,而正向物流则不然,按量、准时和指定发货点是其基本要求。回收物流发生的原因通常与产品的质量或数量的异常有关。

2. 缓慢性

人们不难发现,开始的时候逆向物流数量少、种类多,只有在不断汇集的情况下才能形成较大的流动规模。废旧物资的产生也往往不能立即满足人们的某些需要,它需要经过加工、改制等环节,甚至只能作为原料回收使用,这一系列过程所需的时间是较长的。同时,废旧物资的收集和整理也是一个较复杂的过程,这一切都决定了废旧物资缓慢性这一特点。

3. 混杂性

回收的产品在进入回收物流系统时往往难以被划分为产品,因为不同种类、不同状况的废旧物资常常是混杂在一起的。当回收产品经过检查、分类后,回收物流的混杂性随着废旧物资的产生而逐渐衰退。

4. 多变性

由于回收物流的分散性及消费者对退货、产品召回等回收政策的滥用,有的企业很难控制回收物品的时间和空间,产生了多变性。多变性往往表现在四个方面:回收物流具有极大的不确定性,回收物流的处理系统与方式复杂多样,回收物流技术具有一定的特殊性,成本较高。

7.2 回收物流的分类

目前,关于回收物流分类的方式多样,总结下来主要有以下分类:

7.2.1 按照回收物品的渠道分类

按照回收物品的渠道,回收物流可分为退货逆向物流和回收逆向物流。退货逆向物流是指下游顾客将不符合订单要求的产品退回给上游供应商,其流程与常规产品流向正好相反;回收逆向物流是指将最终顾客所持有的废旧物品回收到供应链上各节点企业,如图 7-1 所示。

7.2.2 按照逆向物流材料的物理属性分类

按照回收物流的物理属性分类,回收物流可以分为固体回收物流、液体回收物流和气体回收物流。

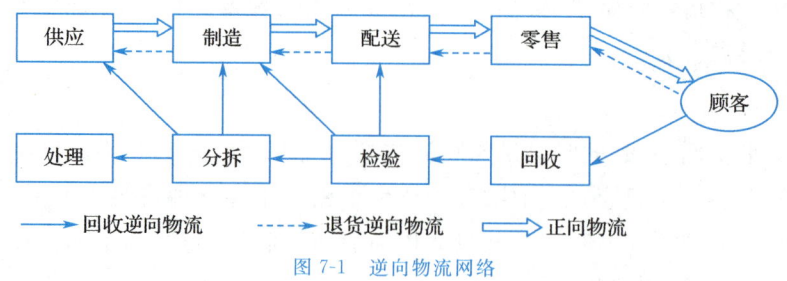

图 7-1 逆向物流网络

1. 固体回收物流

固体回收物流包括金属类回收物流和非金属类回收物流。金属类回收物流包括黑色金属和有色金属的回收物流，非金属类回收物流包括纸张类、塑料类、玻璃类、橡胶类等回收物流。

（1）金属类

①黑色金属

黑色金属如废钢铁，来源广泛，包括报废的机械设备、汽车、建筑结构中的钢梁等。这些废钢铁经过回收、分拣、加工处理后，可以重新用于钢铁生产，制造新的钢材产品。

②有色金属

有色金属如废铜、废铝、废铅、废锌等。例如，废铜可以来自废旧电线电缆、电器设备等，经过回收处理后，可用于制造新的电线、铜管等铜制品；废铝主要来源于废旧易拉罐、汽车零部件等，可再加工成铝型材、铝板等铝制品。

（2）非金属类

①纸张类

纸张类主要包括旧报纸、杂志、办公用纸、纸箱等。这些废纸可以通过回收、打浆、造纸等工艺，重新制成各种纸张产品，如新闻纸、包装纸、卫生纸等。

②塑料类

塑料类如聚乙烯（PE）、聚丙烯（PP）、聚氯乙烯（PVC）、聚苯乙烯（PS）等。例如，日常生活中的废旧塑料瓶、塑料袋、塑料玩具等，经过分类、清洗、粉碎、造粒等工序后，可以重新加工成塑料薄膜、管材、注塑件等塑料制品。

③玻璃类

玻璃类主要有平板玻璃、玻璃瓶罐、玻璃器皿等。废旧玻璃经过回收、清洗、破碎、熔化等过程，可重新制成新的玻璃制品，如玻璃容器、建筑玻璃等。

④橡胶类

橡胶类包括废旧轮胎、橡胶管、橡胶密封件等。其中废旧轮胎是主要的橡胶回收物，经过粉碎、脱硫等处理后，可以加工成再生橡胶，用于制造轮胎、橡胶垫、橡胶鞋底等产品。

2. 液体回收物流

液体回收物流主要包括化工液体回收物流和石油类回收物流等。

（1）化工液体

化工液体如废酸、废碱、废有机溶剂等。这些化工液体废弃物在化工生产、电子制造、机械加工等行业中产生。例如，电镀行业会产生大量的废酸和废碱，这些废弃物经过回收处理后，可以进行中和、提纯等操作，实现资源的再利用。废有机溶剂如废乙醇、废丙酮等，可通过蒸馏、精馏等方法回收，再次用于化工生产或作为清洗剂使用。

（2）石油类

石油类主要包括废机油、废润滑油、废燃料油等。例如，汽车、机械设备在运行过程中会定期更换机油和润滑油，产生大量废油。这些废油可以通过过滤、蒸馏等处理方式，去除杂质和污染物，再生为可用的润滑油或燃料油。

3. 气体回收物流

气体回收物流主要是工业废气回收物流。包括在工业生产过程中产生的各种废气，如钢铁冶炼过程中产生的高炉煤气、转炉煤气，这些废气中含有一氧化碳等可燃气体，可以通过回收、净化、加压等处理后，作为燃料用于发电、供热等；化工生产中产生的含挥发性有机物（VOCs）的废气，如苯、甲苯、二甲苯等，通过吸附、冷凝、燃烧等方法回收处理，既减少了环境污染，又可以回收利用其中的有用成分。

7.2.3 按照成因、途径和处置方式及其产业形态分类

按成因、途径和处置方式及其产业形态的不同，回收物流可分为投诉退货、终端退回、商业退回、维修退回、生产报废和副品及包装六类。表7-1 中列出了这六类典型的回收物流。它们普遍存在于企业的经营活动中，其涉及采购、配送、仓储、生产、营销和财务部门。因此，从事回收物流管理的经理需要完成大量协调、安排、处置、

表 7-1　按成因、途径和处置方式划分的回收物流分类

类别	周期	驱动因素	处理方式	例证
①投诉退货：运输过程中的货物损失、偷盗、质量问题、重复运输等	短期	市场营销收到的客户反馈	确认检查、退换货补货	电子消费品，如手机、录音笔等
②终端退回：经完全使用后需处理的产品	长期	经济、市场营销	再生产、再循环	电子设备的再生产、地毯循环、轮胎修复
		法规条例	再循环	超过生命周期的白色和黑色家用电器
		资产恢复	再生产、再循环、处理	电脑组件、打印机硒鼓

(续表)

类别	周期	驱动因素	处理方式	例证
③商业退回：未使用商品退回还款	短到中期	市场营销	再使用、再生产、再循环、处理	零售商积压库存、时装、化妆品
④维修退回：缺陷或损坏产品	中期	市场营销、法规条例	维修处理	有缺陷的家电、零部件、手机等
⑤生产报废和副品：生产过程废品和副品	较短期	经济法规条例	再生产、再循环	药品行业、钢铁业
⑥包装：包装材料和产品载体	短期	经济	再使用	托盘、条板箱、器皿
		法规条例	再循环	包装袋

资料来源：孙明贵.回收物流管理[M].北京：中国社会科学出版社，2005

管理与跟踪的工作，企业才能完成资源的价值再生。然而在许多企业中，回收物流的管理却往往被忽视或简单化，甚至被认为是多余的。

7.2.4　根据回收利用的动机分类

根据回收利用的动机，回收物流可分为经济利益驱使下的回收物流和环保意识驱动下的回收物流。

1. 经济利益驱使下的回收物流

由于废旧物品仍具有部分使用价值，只要回收价值大于回收成本，在经济利益驱使下，废旧物品就会被回收利用，目的是得到废旧物品中仍存在的价值。

2. 环保意识驱动下的回收物流

随着人们消费水平的提高，垃圾数量持续增加，垃圾减量化越来越受到人们的重视。欧洲一些国家甚至通过颁布法律来实现垃圾减量化的目的。其法规内容是强制生产者对产品的整个生命周期负责，也就是常说的召回法规，即让生产者在其商品被使用后负责回收。

7.2.5　根据回收的废品种类分类

按照回收利用的废品种类不同，回收物流可分为包装材料的回收物流、可置换的备用零件的回收物流和耐用消费品的回收物流。

1. 包装材料的回收物流

包装材料会很快地被回收利用，因为一旦使用它们包装的商品被送达以后，它们就不再被需要了。

2. 可置换的备用零件的回收物流

可置换的备用零件比如机器零件、电视显像管等。置换备用件仅在机器出现故障进行维修或进行预防性维修后才被回收,因此这种回收通常要经过很长一段时间。

3. 耐用消费品的回收物流

耐用消费品如打印机、电冰箱等的生命周期长,基本上只在它们生命周期完结时才会被回收。这种回收方式的回收期更长,回收物流可能发生在这种产品过时以后。

7.2.6 根据重复利用的方式分类

按照重复利用的方式不同,回收物流可分为直接使用废旧物品的回收物流、对废旧物品进行修理的回收物流、回收废旧材料的回收物流和重新制造回收物流。

1. 直接使用废旧物品的回收物流

直接使用废旧物品虽然可能经过清洗和简单维护,但是不需要经过预先修理操作。最常见的可以重复使用的废旧物品是包装材料,如酒瓶、货盘等。

2. 对废旧物品进行修理的回收物流

对某些废旧物品需要进行修理操作后才可投入使用,这主要指废旧家电、废旧工业机器、废旧电子设备等废品的回收利用。

3. 回收废旧材料的回收物流

废旧材料回收指的是对构成产品的材料进行回收,在回收过程中不需要保持产品原有的功能和结构,如碎玻璃的回收,废旧书籍、杂志的回收等。

4. 重新制造回收物流

重新制造回收物流是指在回收物流系统中保持了废品个体的功能和结构,力图通过分解、修理、换位等操作使废品达到一个新的有用状态。例如,对机械类、组装类(如航空发电机)的回收利用。

7.2.7 根据回收利用的主体分类

按照回收利用的主体不同,回收物流可分为产品的原始制造商参与的回收物流和第三方回收商参与的回收物流。

1. 产品的原始制造商参与的回收物流

产品的原始制造商参与的回收物流是指出于战略和竞争等方面的考虑,他们可能会为了保护自己产品中的特殊知识和技术而选择自己进行重新制造的回收物流活动;或者是在法律约束下进行的回收物流活动,这一点在西方发达国家中较为突出。

2. 第三方回收商参与的回收物流

这种回收物流指回收者是除供需双方之外的第三方回收商参与的回收物流系统。第三方回收商参与废旧物品的回收一般是出于经济目的。废旧材料的回收通常都是由第三方的专门公司进行的。

7.3 回收物流的处理

7.3.1 回收物流的管理

回收物流担负着将废旧品进行处理的任务,对废旧品的处理方式将直接影响最终这些废旧品处理的合理程度,这是回收物流合理化的一个重要方面。在处理回收物品时,可根据被处理物品的状况,用回收或再生的方式恢复其经济价值或效益,对低价值的废弃物采用无害化掩埋、造肥或焚化产生能源的方式进行处理等。

7.3.2 企业回收物流的处理

1. 企业回收物流内容

企业回收物流涵盖了多个方面,具体包括：

(1) 产品回收物流

产品回收物流指的是将已经售出的产品,由于各种原因(如质量问题、退换货等)从消费者或市场回收的过程。这些产品可能会被修复、翻新或拆解,以回收有价值的部件或材料。

(2) 包装回收物流

包装回收物流涉及使用过的包装材料的回收。这些包装材料在产品配送过程中起到保护作用,使用后可以回收再利用,从而减少资源浪费和环境污染。

(3) 零部件回收物流

在产品制造过程中,可能会产生一些未使用或剩余的零部件。通过零部件回收物流,这些零部件可以被回收并重新用于生产,从而降低生产成本并减少浪费。

(4) 可再生资源回收物流

可再生资源回收物流是指将生产和消费过程中产生的可再生资源(如废纸、废金属、废塑料等)进行回收,通过分类、处理和再加工,使其重新进入生产和消费领域。

(5) 废弃物回收物流

废弃物回收物流涉及将生产和消费过程中产生的废弃物进行回收,包括生活垃垃、工业废弃物等。这些废弃物需要通过专业的回收物流系统进行处理,以实现资源的再利用和环境的保护。

2. 企业回收物流产生的原因及处理

(1)产品回收物流

①产品回收的概念

产品回收组织可被定义为按照法律、合同要求或责任义务,生产企业将所有弃置产品、零部件和材料从用户端收集并移动到生产端的活动。

②产品回收的原因

产品回收的原因有:购买产品的功能和质量有缺陷,不能满足客户的需要;商品的功能、包装等已过时,被新的品种所替代;销售商库存的季节性产品;销售商的某些产品库存过多;按规定停止销售的过期、失效产品,如食品、药品等;销售商退出或破产等。

③产品回收处理方法

产品的回收处理方法有直接退回给制造商、重新出售或打折出售、卖给二级市场、捐赠给慈善机构、修理改造后重新流入消费市场。一体化供应链中的产品回收物流系统模型如图7-2所示。

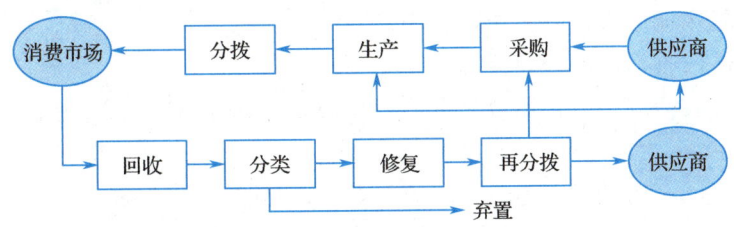

图7-2 一体化供应链中的产品回收物流系统模型

(2)包装物回收物流

①包装的概念

包装是在物流过程中保护产品、方便储运、促进销售,按一定技术方法采用容器、材料及辅助物等将物品包封并予以适当装潢和标志的操作的总称。简言之,包装是包装物和包装操作的总称。

②包装物的分类

根据分类标准的不同,包装物可被划分为不同的类别。按包装在流通中的作用划分,包装物可以分为起保护商品、方便运输、装卸和储运作用的工业包装(也称运输包装)和以促销为主要目的的商业包装(也称销售包装);按包装的适用范围,包装物可以分为专用包装和通用包装;按包装的使用次数,包装物可以分为一次用包装、多次用包装和周转用包装;按包装层次的不同,可以分为个包装、中包装和外包装;按包装容器软硬程度,包装物可以分为硬包装、半硬包装和软包装。

③包装物回收物流处理方法

包装物回收物流的处理方法有预处理、运输、最终处理。

a.预处理

无论回收物流中的货物是来自最终用户还是来自分销中心中的其他成员,也不管最终包装物的目的地在何处,回收物流中所有的包装物在送至下一目的地之前都应先进行预处理,包括清洗、检测、归集和分类等工作。

b.运输

运输是包装物回收物流中主要的成本项,正因为如此,回收站的设置往往很分散且接近客户,这也是提高回收物流有效性和服务水平所要求的。

c.最终处理

企业必须为进入回收物流的包装物决定它们的最终目的地。包装物回收物流的最终处理途径有重新利用、整修、回收物料、循环利用、贱卖等形式。

(3)零部件回收物流

①零部件回收物流的概念

零部件回收物流是指对回收的零部件经过分拣、测试后,把有价值的零部件拆解、修复或再加工后,重新用于产品的装配中或者用于修理失效部件或弃之不用的部件的回收过程。例如,飞机引擎、汽车引擎、家具、家电、复印机和打印机等的零部件开始越来越多地进入回收物流过程中。

②零部件回收物流的处理流程

零部件回收物流一般包括收集、分拣、测试、拆卸/装配、复原/再制造、运输等流程,如图7-3所示。

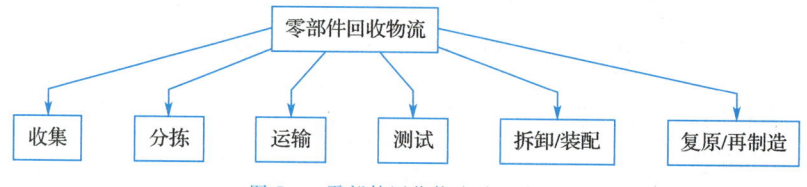

图7-3 零部件回收物流处理流程

资料拓展　　汽车行业零部件回收

以汽车行业的原始零部件制造商为例,它们对自己所生产的家庭轿车的回收策略如图7-4所示。

具体操作如下:

(1)在汽车修理行业中,所有回收汽车的70%都被拆卸,把能利用的零部件预处理后再利用。

(2)30%的回收汽车拆卸解体后,没用的零部件则卖给材料回收商。

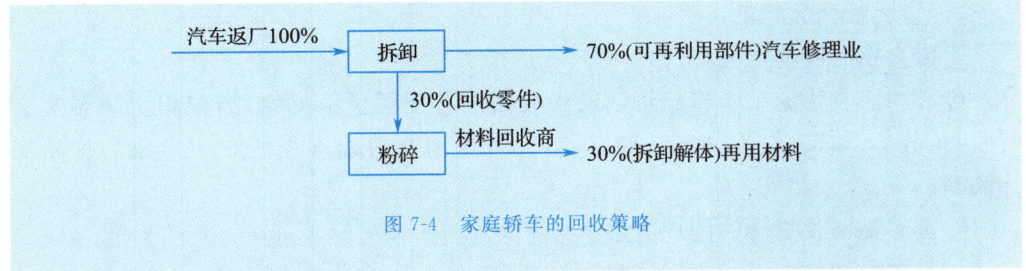

图 7-4　家庭轿车的回收策略

(4)可再生资源回收物流

①可再生资源概念

在生产、流通和消费过程中必然要排放各种排放物(或称废料),其中可回收再生利用的部分称为再生资源,基本上或完全失去再利用价值的废料称为废弃物。最终排放物、再生资源与最终废弃物的关系如图 7-5 所示。当然这二者之间的界限在现实生活中并非泾渭分明的,它们之间由于科学技术进步和生产工艺的改进会相互转化。本书中的物料就是再生资源中以材料形式回收的部分。

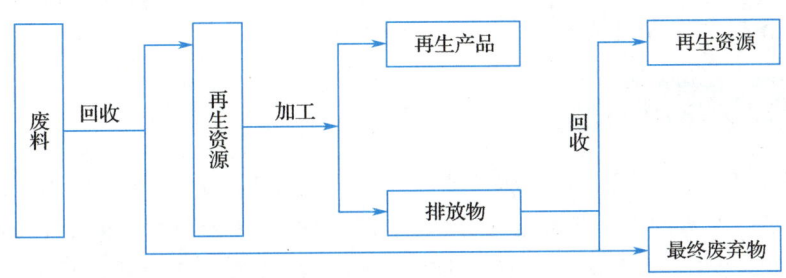

图 7-5　排放物、再生资源与最终废弃物的关系

②可再生资源回收物流处理方法

a. 收集与分类

回收可再生资源时要对可再生资源进行有效的收集和分类。这通常涉及建立一个广泛的回收网络,包括社区回收点、中转站和分拣中心。例如,某电器厂商建立了逆向物流回收体系,通过整合销售门店和售后团队,实现废旧电器的快速回收

b. 运输与中转

收集后的可再生资源需要被运输至处理设施处。这可能涉及建立中转站,以便于资源的集中和进一步运输。运输过程中应考虑环境影响,尽可能减少碳排放。

c. 加工与处理

在分拣中心,可再生资源将被根据类型和条件进行进一步的加工和处理,这可能包括拆解、清洗、破碎和分选等操作,以便资源可以被重新利用。

d. 再利用与销售

经过处理的可再生资源可以重新进入市场,作为新的生产原料。这有助于减少对原始资源的依赖,并促进循环经济的发展。

（5）废弃物回收物流

①废弃物回收物流的概念

废弃物回收物流是指将经济活动中失去原有使用价值的物品，根据实际需要进行收集、分类、加工、包装、搬运、储存等，并分送到专门处理场所时所形成的物品实体流动。

②废弃物回收物流的处理方法

a.废弃物掩埋

垃圾焚烧：在一定地区用高温焚烧垃圾以减少垃圾和防止污染及病菌、虫害滋生。

垃圾堆放：在远离城市的沟、坑、塘、谷中，选择合适位置直接倒垃圾，也是一种物流技术。

b.净化处理加工

对垃圾进行净化处理，以减少对环境的危害，尤其是对废水的净化处理。

c.垃圾发电

对垃圾进行技术处理，利用现代技术手段，对垃圾进行转化，通过燃烧和化学降解，使其转换成热能和电能。

资料拓展 危险性废弃物物流作业

在日常生产、消费活动中，包括工、农、商业部门及家庭生活，都会产生危险性废弃物，这一类废弃物具有化学反应性、毒性、易燃易爆性、腐蚀性或其他特性，这些属性都会对人类健康或环境产生危害。所以，在这类废弃物质的收集、储存、运输和处理等物流过程中必须采取与一般废弃物不同的特殊管理方法。图7-6为危险性废弃物物流流程。

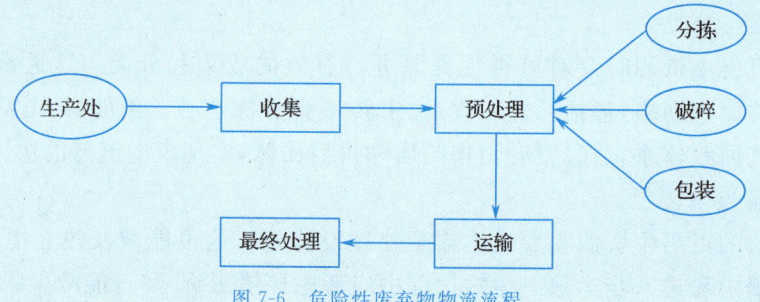

图7-6　危险性废弃物物流流程

1.收集

危险性废弃物的收集是危险性废弃物物流的第一个流程。根据成本最小化原则，危险性废弃物的收集方案有两种：一种是直接将废弃物运往收集中心或回收站；另一种是通过专用运输车按规定的路线运往指定地点储存或进行进一步处理。而现行的收集方法主要有两种：混合收集和分类收集。

(1) 混合收集

混合收集是指收集未经任何处理的原生废弃物的方式，它的优点是比较简单易行，收集费用低。但在混合收集过程中，各种物质相互混杂，降低了废弃物中有用物质的纯度和再利用价值，同时增加了处理的难度，提高了预处理的费用。

(2) 分类收集

分类收集是指按废弃物的不同物理化学性质分组收集的方法，这种方法可以提高回收物质的纯度和数量，减少预处理费用。分类收集优点很多，它是降低废弃物处理成本、简化处理工艺、实现综合治理的前提。然而，分类收集的组织工作非常复杂。在危险性废弃物物流过程中，将具有不同性质的危险物品分类收集，可以极大地降低处理费用，并减少危险事故发生的可能性。因此，分类收集方式是危险性废弃物收集的主要方式。

2. 预处理

废弃物的预处理是指采用物理、化学或生物的方法，将废弃物转变为便于运输、储存、回收、利用和处理的形态。常用的预处理技术主要有压实、破碎、分拣、固化和包装等。

3. 运输

在所有物流活动中，运输都是必不可少的重要环节。同样，在危险性废弃物物流作业中，运输发挥着重要作用。从收集开始到最终处理完毕，运输是中心环节之一。物流过程中的运输能力、运输反应速度，在很大程度上制约了废弃物的物流效率。

运输的主要方式有公路运输、铁路运输、水路运输、航空运输和管道运输。

4. 最终处理

危险性废弃物物流作业的最终处理阶段要根据各种废弃物的不同状态、性质而采取不同的处理方法，从而使处理效果达到最佳。

对固体危险性废弃物的最终处理方法有安全掩埋、焚烧、贮藏等。对液体危险性废弃物的最终处理方法有物理法、化学法、物理化学法和生物法。物理法主要是利用物理作用分离或回收液态危险性废弃物中的悬浮物质，尤其是有害物质。化学法主要是利用化学反应作用处理或回收液态危险性废弃物中的危险性溶解物质。物理化学法是运用物理和化学的综合作用使液态危险性废弃物得到净化的方法。生物法是利用微生物的净化作用来处理液态危险性废弃物。

对气体危险性废弃物的最终处理方法主要有两种：一种是直接利用烟囱对有害物质进行高空排放，通过扩散、稀释等作用，减少污染。另一种是局部有害物质的治理技术，通过在产生危险性气体的地点将有害物质收集起来，利用净化设备和装置把有害物质处理后，再经烟囱排放到大气中。

思考题

1. 什么是回收物流？回收物流和逆向物流有什么关系？
2. 企业回收物流产生的原因有哪些？
3. 简述企业回收物流的流程。
4. 企业回收物流的处理需要注意哪几个方面？

本章阅读　　令人印象深刻的召回案例

在回收物流领域，召回案例通常涉及产品安全、合规性或性能问题，需要制造商或分销商将产品从市场或消费者手中回收。以下是一些与召回相关的案例：

1. 汽车行业召回案例

汽车制造商可能会因为安全问题，如刹车系统故障、气囊缺陷或排放问题，发起大规模的产品召回。例如，某些品牌可能因为特定型号车辆的燃油泵存在缺陷，需要召回并免费更换，以消除安全隐患。这类案例通常需要高效的回收物流策略，以确保快速回收并最小化对品牌信誉的影响。

2. 电子产品召回案例

电子产品，如手机、笔记本电脑或家用电器，可能会存在电池过热、电气短路、屏幕坏损或其他安全问题，这些问题有些存在安全隐患，有些影响消费者的体验，损害了消费者的正当权益，厂家会组织其召回。在召回过程中，制造商需要建立完善的回收物流流程，以便从消费者那里回收产品，并进行维修、更换或适当处置。

3. 食品和药品召回案例

在食品和药品领域，召回的案例也层出不穷。例如，国内某食品公司生产的198罐"鱼皮花生"中，有126罐因过氧化氢含量超标而被召回。我国出口加拿大的一批酸菜鱼产品，遭到了召回通报，原因包括漏标过敏原、农药残留超标、检出致病菌等。美国FDA在某年的药品召回中，一共召回110种药品，原因包括微生物污染、运输过程中温度超标、工艺等问题。这些都要求企业快速响应，通过设置物流渠道回收产品，并采取紧急措施防止问题产品继续流通。

4. 环保法规下的召回案例

随着全球对环保的持续关注，不符合环保标准的各种产品可能会被召回。例如，某型号汽车设计或生产缺陷导致排放超标，在确认存在排放危害后，制造商应立即停止生产、出口、销售问题车辆，并制订召回计划，包括具体的召回措施、负责机构、联系方式、进度安排等，随后向国家市场监督管理总局提交召回计划，并在规定时间内向社会发布召回信息。整个召回过程企业需要遵守相关法规，通过逆向物流系统回收这些产品，并进行环保处理。

5. 供应链管理中的召回案例

在供应链管理中,召回可能涉及多个环节,包括原材料供应商、制造商、分销商和零售商。有效的逆向物流系统可以帮助企业追踪产品流向,快速识别问题源头,并协调各方进行产品回收。

这些案例表明,召回事件需要企业具备强大的回收物流能力,以确保产品能够安全、有效地从市场和消费者手中回收。同时,这也强调了企业在设计产品和供应链时,需要考虑潜在的召回风险,并制定相应的应对策略。

第 8 章

企业物流发展趋势

学习目标 >>>

1. 了解企业物流管理发展的主要挑战。
2. 掌握企业物流的现代化技术。
3. 掌握企业物流发展的主要趋势。

引导案例 数字信息技术在物流管理中的应用[①]

1. ALBB 物流

ALBB 物流是世界上较大的电商物流平台之一,主要利用数字技术优化其物流运营效率和服务质量。其基本工作流程如图 8-1 所示,其中 FBA 为国际物流运输,AGL 为国内物流运输。

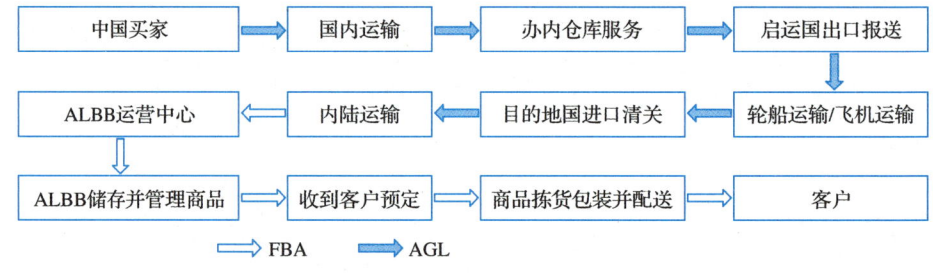

图 8-1 ALBB 物流工作流程

ALBB 物流采用物流大数据分析技术、集成化服务接口、自动化仓配体系。ALBB 物流利用物流大数据,收集长期编制的历史数据信息,采用机器学习和数据挖掘技术,对物流过程和性能数据进行分析,找到规律,预测未来的趋势。基于预测结

---

① 资料来源:王东.数字信息技术在物流管理中的应用[J].物流科技,2023 年第 14 期,185-187;41-44,有改动

果,及时调整物流方案,提高物流效率。ALBB物流开发了一系列应用程序编程接口,为平台上的卖家和物流服务商提供了集成化服务接口,方便物流合作伙伴快速、精准接收运营数据,并对数据进行分析,以取得最优的物流效益。

此外,ALBB物流采用自动化仓配体系,利用物联网、传感器等技术,大幅提高了仓库的自动化程度。仓库自动采货、自动分货、自动装箱、自动拆销等业务流程得到了优化,使配送速度得到了很大提升。

2. YT物流

YT物流是一家中国快递公司,借助数字信息技术实现了物流管理的高效运作,利用支撑技术运作其智慧物流系统,如图8-2所示。

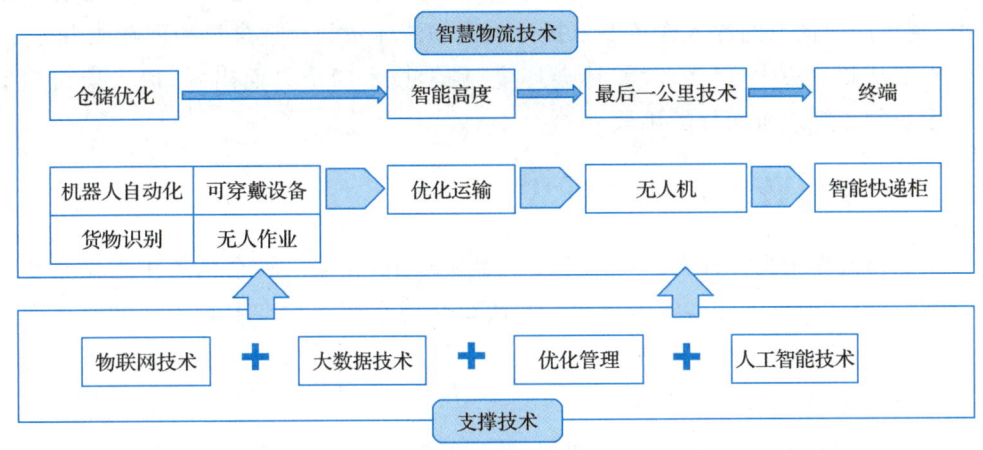

图8-2　YT物流智慧物流系统

其中,YT物流的快递单号系统可以追踪包裹的状态和位置。每个包裹都对应着唯一的快递单号,该快递单号被扫描器或条码扫描枪扫描后,信息将被传输到中央计算机,并显示在YT物流的官方网站上,方便客户随时查询自己的包裹状态。与此同时,YT物流推出了移动客户端应用程序,用于客户实时跟踪包裹的状态和位置。客户可以轻松地在手机上复制快递单号,随时随地跟踪自己的包裹。此外,YT物流的物流信息系统使用高科技设备采集和处理物流信息,并在内部网络共享这些信息。系统利用RFID技术、GPS技术和GIS等技术,对物流信息进行收集、存储、分析、处理和传输,以实现对物流链的控制和管理。基于云计算的物流管理系统可以将其物流管理系统部署在云端,以实现物流数据的共享和访问。这种云计算模型为YT物流提供了更快、更灵活和更可靠的物流服务。

8.1 企业物流管理面临的挑战

当前,企业物流已经从传统物流演化出来,成为联系生产与消费、融合信息化、专业化、智能化和绿色化等特征的新兴服务行业领域,在国民经济发展中发挥着重要的纽带作用。在新一轮科技革命的国际大环境下,企业物流正进入"数字化""智慧化"的新时代,传统物流亟须向现代化物流转型以适应社会环境需求的不断变化。在加速产业变革发展的同时,我国企业物流与物流产业的发展当然还面临着一些现实问题与挑战,如缺乏具有核心竞争力的现代物流企业,离成为物流强国还有一定距离,现代产业体系的深入变革要求提升当前物流体系的科技含量和创新能力等。

本节从政治法律、经济环境、社会环境、科学技术四个方面出发,深入探讨当前我国企业物流管理所面临的挑战。

8.1.1 来自政治法律的挑战

企业物流作为当今社会结构中主要的经济环节,在当下社会构造中占据重要地位,针对物流产业发展的各级国家政策与法律法规在相当程度上直接或间接地促进着企业物流与物流产业的发展。

1. 政策体系还不完善

企业物流涉及许多领域,如装卸、包装、加工、仓储、运输等,所以与这些领域有关的政策、规定等,都属于企业物流相关的政策体系。

由于企业物流涉及的行业范围较广,与其他行业相关程度较高,所以在制定宏观、中观、微观各级政策时,需要注意促进企业物流的全面发展,各级政策的制定需形成"体系合力",稳定发挥好企业物流在国民经济中的重大作用。不过,当前我国的企业物流与物流产业发展并不完善。我国还处于物流产业转型的新时期,与之匹配的企业物流与物流产业政策体系还不是很完善,如何同步降低企业成本、提高生产效率,仍然是未来国家物流产业政策体系重点建设的目标。

2. 政策形势不够稳定

一方面,从当前我国物流产业政策发文机构和发文类型的效力一致性来看。一般而言,权力更大的国家机构往往会发布权威性更强、效力更大的政策文本,相对于下级国家机构,其对物流产业的影响也更强、更深、更久。这些政策一经发布,其总体布局的能力就会凸显。

另一方面,从发布政策与法规文本的效力来看。目前我国物流领域诸如"法律法规"这样的国家政策文本类型还不够多,而公告、意见类文本较多,通常这些文本多为国务院直属部门联合颁布的,虽然具有灵活度高、范围广、数量多、适用性强的具体落实优势,但与法律相比,这些政策也具有时效性短的不足。

3. 政策协同亟待优化

当前,我国物流产业政策措施正在向多元化转变,但目前政策措施与早期政策措施之间、政策措施与政策目标之间的协同还需要进一步完善。

显然,国家的政策支持为企业物流与物流产业的发展提供了极大的支持。例如,政府通过供给型政策工具可以对物流企业直接投入资金,提供技术支持,为企业创新奠定经济基础;环境型政策工具可以营造良好的营商环境,如保障市场环境公平、保护知识产权;需求型政策工具可以为企业创造需求,为企业创新增添动力。

但是,这些政策的出台往往伴随着种种"不协调"。一些好政策出现"梗阻",亟待深化落实;物流管理政出多门,地方保护和地区封锁难题待解,全国统一大市场建设任重道远。从目前的状况看,我国距离构建供需适配、内外联通、安全高效、智慧绿色的现代物流法制体系还有相当差距。

4. 政策效能缺乏动态管控

基于全球技术革命和信息变革,现代企业物流正经历深刻的变化,"创新"成为企业物流发展的关键动力。为了更好地发挥物流企业在科技创新中的主体作用,政府采用供给型政策直接对企业投入,可以为企业提供直接的技术指导、资金支持。同时,在建设创新创业平台时,要注重创新环境的营造,这些环境型政策使得"互联网+"高效物流项目可以得到更多的综合资源支持。不过,当政策力度达到一定程度后,其对企业净资产收益率促进作用会存在边际效用递减的情况,甚至在后期有阻碍作用,降低企业的整体收益。这需要国家相关部门机构在制定政策法规时,需要动态管控政策效能。

8.1.2 来自经济环境的挑战

1. 物流供需不匹配

我国企业物流与物流产业,一方面低水平重复竞争、恶意压价,车多货少的矛盾愈演愈烈;另一方面个性化、高水平的物流供给依然不足,全程一体化供应链服务还难以满足需求。

2. 供给结构不平衡

我国企业物流与物流产业存在公路运力相对过剩、铁路运力相对不足;城乡结构总体上"城强乡弱",特别是县域物流亟待加强;内外结构上"内强外弱",国际物流布局存在"短板"等问题。

3. 资源利用不充分

在物流基础设施资源方面,我国一些城市群、都市圈"一库难求",但是却不顾市场的强烈需求,强制性、行政性"疏解"物流功能;有的三、四线城市无视市场需求寥寥的客观现实,盲目"摊大饼",新建物流设施得不到充分利用。

4. 跨境电商冲击国际物流

据国家海关统计,2023年前5个月,我国进出口总值16.77万亿元,同比增长4.7%。其中,出口达到9.62万亿元,增长8.1%,进口达到7.15万亿元,增长0.5%。① 以上数据可以看出来,我国进出口依然保持快速增长的状态,同时跨境电商也将会进入快速成长阶段。作为跨境电商产业链最重要的一环的"国际物流"也将面临着新的挑战与机遇。

目前,我国跨境电商的高速发展急剧凸显了我国国际物流的多种短板。

(1) 物流成本高

跨境电商物流成本相对较高,包括运输、仓储、报关、清关等环节的费用。此外,跨境电商的物流周期较长,也会增加物流成本。

(2) 物流效率低

跨境电商物流效率相对较低,主要是物流信息不透明、物流渠道不畅通、物流服务不完善等原因造成的。

(3) 物流安全风险高

跨境电商物流安全风险相对较高,包括货物丢失、损坏、被海关扣押等风险。

(4) 物流标准不完善

跨境电商物流标准还不够完善,需要进一步完善和规范相应的法律制度与政策。

8.1.3 来自社会环境的挑战

社会环境涉及社会的人口数量、结构、素质和社会人口的风俗习惯等问题。这里我们着重讨论:随着信息技术的高速发展,新形势下企业物流面对的来自从业人员的挑战。

1. 缺少高素质现代物流管理人才

现代物流具有便捷性、智能化和高效性等特点,其在引进物流管理的实际操作过程中需要从业人员设置系统、读取信息,而大多数企业在引进物流信息化管理平台时,尚未培养出一批技能型人才,这给实务中的物流管理工作带来了极大挑战。

2. 缺乏现代物流管理理念与意识

许多物流管理人员的管理理念较为落后,他们无法结合当前现代物流管理发展的整体趋势对物流管理工作进行创新,仍然延续了传统的物流管理思维;对各种自动化、信息化技术缺乏足够的认知,也无法有效打造智能化物流管理信息体系。

---

① 稳规模优结构 捕捉市场机遇 外贸连续4个月增长.中国日报网,2023-06-07

3. 物流管理人才培养与需求脱节

企业物流管理的发展形势日新月异，高校所开设的企业物流课程往往按照以往的企业需求来培养人才，在教学目标与实践教育上存在与现代企业物流管理衔接不畅的问题；平时高校与企业实施的产教融合项目和顶岗实习项目较少，专业人才数量和质量无法满足物流市场的真实需求。

8.1.4 来自科学技术的挑战

以物联网、云计算、大数据、互联网等为代表的新一代信息技术正与仓储、运输、包装、销售、加工、配送等各个企业物流管理实施环节有机融合起来。但是，这一融合不仅是简单的技术应用，更重要的是能够提高资源利用率和生产力水平，实现物流效率化、信息化和科学化，这对现代企业物流管理提出了挑战。

1. 企业数据分析技术能力不足

随着物流业的发展，企业在实际运营过程中会产生大量财务数据信息。大数据时代，企业财务信息传播速度较快。传统物流企业的财务管理体制比较落后，无法满足现代企业管理会计的工作需求，故提高企业财务管理会计水平是增强企业核心竞争力的必经之路。目前，部分企业的大数据处理技术还处于初级水平，对数据的分析不够全面，企业的数据分析技术能力不足。传统的分析技术存在缺陷，对非结构化数据的处理分析能力不足，不利于企业及时做出正确决策，导致财务预算增加，对企业的实际经营产生不利影响。随着信息技术的发展，物流企业的财务管理需要更大的信息储存空间，同时需要借助技术手段对市场进行准确预测。

2. 物流管理体系存在漏洞

在采购管理环节，许多企业尚未与商品供应商建立信息化的物流体系，整个物流服务仍采用半人工、半机械化的模式。采购环节需要工作人员先从网络上查询相关信息后再实施采购行为，而由于企业缺乏完善的信息物流平台，无法与供应商及时交流信息状况，生产企业与供应商之间出现了信息不对称情况，可能错失重要商机。在销售物流运输环节，部分企业片面追求高效快捷的物流配送，忽视了物流信息的更新，导致客户无法及时了解货品的运输信息，影响其向物流中心追责或退单等情况。在制度建设层面，某些制造型企业在物流管理过程中没有完善与更新相关的制度条款，物流监督与管理过程也往往流于形式化。相关人员在工作开展过程中容易出现管理误差，无法为物流管理各项工作的开展提供保障和支持。此外，一些企业始终处于自营产销供一体化的封闭状态，信息化平台建设不统一，资源配置不合理，企业之间的信息交换和数据共享程度不足，阻碍了企业的物流发展。在较长时期内，我国大多数企业的物流管理发展还是建立在传统运输、仓储和搬运等体系上的，在对信息的收集、加工、处理和应用管理方面动力不足，也无法为客户提供物流的综合性服务与保障。

3. 缺乏完善的现代物流仓储管理系统

大数据时代，现代物流企业的仓储管理系统关乎物流企业今后的发展方向，但是从目前我国现代物流管理企业的发展现状看，却极度缺乏相对完善的管理体系，而这实际上是不利于物流企业发展的。

一方面，由于诸多原因，很多传统物流企业还不善于利用大数据等相关科技，许多企业可能在货物的入库管理、在库管理、配送管理等方面都存在一些问题，进而使仓储管理货物配送效率低下。

另一方面，一些现代物流企业的仓储管理系统中每天都会显示相关物品的库存数据，这样便于消费者对此进行及时的信息跟踪和记录。不过一些企业为了短暂的利益，依旧会让人工进行信息维护，从而常出现货物盘点不准确、出入库信息误差率高等问题。这不仅在一定程度上损害了消费者的利益，而且一旦遇到突发事件，也缺乏运用相关大数据分析等技术手段及时有效解决问题的能力。

4. 物流管理存在信息与数据的安全隐患

大数据条件下，受不同因素的影响，企业在生产经营过程中存在的信息安全风险与日俱增，这对企业物流管理工作水平提出了更高要求。在企业物流管理工作中，由于企业信息数据往往在网络中运行，信息安全存在一定的安全隐患。不法分子可能通过网络非法入侵，不仅可能破坏企业的信息系统，甚至会造成关键信息泄露，对企业经营产生不利影响。

现阶段，我国许多物流企业的管理者尚未认识到加强企业物流管理信息安全的必要性，信息与数据管理安全的概念比较模糊，不注重对相关风险的防范。一方面，管理者对企业安全管理工作的重视程度不足，忽视了信息数据链条的完整性；信息安全防范意识不强，导致企业财务信息泄露，不利于企业正常运营。另一方面，部分企业物流管理人员对信息安全问题处理不当，缺乏信息安全防范技能，使企业在实际经营过程中出现安全隐患，给企业造成巨大的经济损失。

8.2 企业物流现代化技术

数字化是当今世界的主要发展趋势之一，能够促使许多行业进行更有效的生产和管理。随着数字信息技术的发展，物流行业开始将其应用于物流管理中以优化流程，有效管理供应链和运输过程。在物流管理中使用数字信息技术可以帮助企业提高效率，降低成本。

8.2.1 数字信息技术发展背景

随着数字信息技术的快速发展,我国企业纷纷开始尝试数字化转型,数字经济发展迅速。我国数字经济在 2020 年达到了 41.4 万亿元,在国内生产总值中所占的比重是 38.6%,在 2021 年更是达到了 47.6 万亿元(图 8-3)[①]。有关研究表明,我国数字经济正逐渐成为新一轮经济发展的主要动力,因此在数字化、网络化和智能化的大潮中,企业需要加强对数字信息技术的应用,以提升自己的竞争能力。

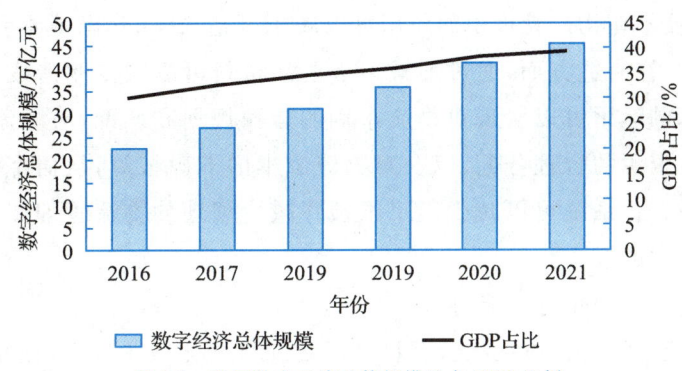

图 8-3 我国数字经济总体规模及占 GDP 比例

在物流管理中应用数字信息技术,可以更加有效地管理物流系统,提高物流运营效率和客户满意度。物流管理涉及供应链各个环节的协调,包括采购、生产、仓储、运输和售后服务等。物流网络愈来愈复杂,也更需要实时地监控各个环节以保证供应链整体的顺畅运作。数字信息技术提供了高精度、实时、可靠的数据处理和分析工具,使物流管理人员能够更好地了解整体供应链在各个环节中的状态,从而及时做出决策或应对突发事件。因此,数字信息技术在物流管理中的应用已成为企业界重点关注的研究领域,具有广阔的前景和深远意义。

8.2.2 数字信息技术

1. 数字信息技术的含义

数字信息技术是指利用数字化形式的信息和计算机技术,为各个领域提供支持和解决方案的一种技术。这项技术涵盖计算机硬件、软件、网络等方面的技术,涉及数据采集、处理、存储、传输和应用等多个环节。数字信息技术已广泛应用于商业、工业、通信、医疗等各个领域,成为现代社会不可或缺的基础设施之一。

---

① 王东.数字信息技术在物流管理中的应用[J].物流科技,2023(14):185-187

2. 数字信息技术在现代企业物流管理中的作用

(1) 提高物流效率

数字信息技术可以通过温度、湿度、地理位置等传感器来感知与监测物品的状态和位置，依托物联网技术实现对物流网络的智能化管理和自动化控制。物流企业可以预测和调整物流路线，最大化地利用物流资源，提高物流效率，减少运输时间和运输成本。同时，通过物流企业内部数字化系统进行交流和管理，物流配送过程中的问题可以被有效排除，进一步提高物流效率。

(2) 降低物流成本

数字信息技术在物流管理中的应用可以减少制造成本、运营成本和管理成本等多方面的开支。在制造方面，通过削减不必要的材料可以减少制造成本；在运营方面，数字化技术的运用可以实现对物流车辆的运输规划和调配，对物流人员的管理和调度，对物流资源的合理分配，以及对物流成本的准确核算，从而降低物流成本；在管理方面，数字化系统可以减少人工干预并减少烦琐的物流管理任务，从而减少人力、物力和财力的投入。

(3) 增强物流可视化管理能力

数字化物流系统可以可视化管理物流网络和可视化展示数据，使相关人员方便快速地查看和分析物流信息。同时，数字化系统可以帮助运营方了解物流环节中存在的问题，从而优化物流流程并提高运营效率。同时，数字化系统可以协助运营方监控整个物流过程，从物流状态到库存状况再到实时跟踪等方面，帮助企业更直观准确地管理物流。

(4) 优化物流供应链管理

数字化物流系统可以实时监控物流流程，并基于批次、数量、质量、配送时间等多个因素进行综合分析，以实现物流供应链的优化。通过将运输流程中的信息加以整合，运营方可以更加精准地掌握整个运输过程，进而减少时间延迟，降低维护成本，增强用户响应能力并提高供应链的可控性和可靠性。

3. 数字信息技术在物流管理中的主要应用形式

(1) 云计算技术在物流管理中的应用

利用云计算技术来构建数字化、网络化物流平台，可以削减物流网络传统架构中存在的成本高、效率低、环节多、数据复杂度高等问题。其中，在数据备份和共享方面，通过云存储服务，将公司数据存储在云端，实现多地点数据备份和共享，从而使物流企业能够更安全、高效地管理其日常业务。在货运预测与路线规划方面，云计算模型可以基于一定的算法对以往大量的运输数据进行分析，并结合气象、交通等多种因素，在海量数据源的支持下，为物流企业提供较为准确的货运预测，还能根据各项指标快速规划最优路径,降低运营成本。在智能仓储管理方面,云平台与智能化物流系统相连接,实现了对整个仓储流程的数字化监控,使管理工作实现大幅度自动化,从而保证货物的高质量储存和及时发货。在物流追溯与质量管理方面,云计算技术可以实现对各销售环节信息的记录、跟踪和追溯,并辅助完成关键过程的可视化审核,进而精准评估供货商的承诺和客户需求,提升物流质量。在在线订单管理中,云计算技术可以通过电子商务平台(B2B/B2C/O2O)实现线上业务管理、渠道管理和跨境贸易流程的在线化,客户能够更快、更便捷地提交订单并自主跟踪货物状态。

(2) 区块链技术在物流管理中的应用

首先,区块链技术能够使数据更安全、处理速度更快、溯源信息更准确、供应链效率更高,在物流管理中有着广泛应用。通过将每个节点的数据写入区块链,企业可以更精确地获取货物的源头、产地、生产时间、质量和安全信息,实现货物的全程追踪,有助于杜绝假冒伪劣商品、提高消费者的信任度。其次,区块链技术可以实现物流的数字化、智能化管理,提升供应链操作效率。企业可以通过将供应链金融合同记录到区块链上,实现金融服务在线化,去除中间环节,解决传统物流领域融资难、融资贵等问题。最后,区块链在物流管理中还能用于数据存储,区块链由于具有不可篡改和去中心化的特点,可以帮助物流企业安全高效地进行数据存储,而且数据不会因为服务器故障或人为破坏而产生数据丢失或泄露等问题。

(3) 物联网技术在物流管理中的应用

物联网技术是一种整合了感应、通信和计算能力的技术,通过感应器、网络和软件连接各种设备和系统,为企业提供实时可靠的数据,对物流管理产生了深远的影响。在物流管理中,物联网技术可以帮助企业实现物流信息化、数字化和智能化。首先,物联网技术可以帮助企业实现运输链路可视化。在物流过程中,通过运用传感器技术和通信技术,可以及时、准确地获取货物的位置、状态和环境信息等关键数据。在物流节点的控制中心,可以利用大屏幕显示、数据分析等手段,将运输链路的信息以形象化、直观化的方式呈现给管理人员,从而实现运输链路的可视化。其次,物联网技术可以优化运输规划和调度。通过应用物联网技术,企业可以及时获取运输车辆和货物的实时数据,并通过智能算法分析和处理这些数据,帮助企业优化运输规划和调度,从而提高运输效率,降低运输成本。最后,物联网技术可以实现供应链的智能化管理。基于物联网技术,企业可以建立供应链信息共享平台,实现供应链各个环节信息的共享和协同,从而提高供应链效率和响应速度。此外,通过物联网技术,企业还可以实现供应链的自动化管理,如在仓库管理方面,企业可以通过物联网技术实现自动化库存管理和智能化分拣等。

8.3 我国企业物流发展的趋势

8.3.1 我国企业物流市场环境发展趋势

1. 需求规模扩张的趋势

2024年,随着国家经济运行总体回升,预计产业物流、居民消费和进出口物流需求将出现较快复苏势头。

2. 供给结构调整的趋势

随着新时期产业升级、消费升级,全社会对物流供给质量也会提出新的更高要求。物流企业必须进一步提质增效降本,努力实现质的有效提升和量的合理增长。

3. 基础设施效能提升的趋势

产业集聚、乡村振兴、区域协调发展,要求物流基础设施围绕需求调整布局;升级改造,完善功能;互联成网,提高综合利用水平。

4. 供应链提档升级的趋势

随着现代经济体系深入发展,现代物流需要深度融入先进制造业、商贸流通业以及金融服务业,提升产业链、供应链韧性与安全水平。

5. 国际物流补短板的趋势

"国内国际双循环"新格局,"一带一路"倡议,"物流强国"建设都离不开与国际物流相适应,必须尽快补上国际物流的短板。

6. 物流成本上升的趋势

物流运行所必需的土地、燃油、人工等各项成本大概率总体上还会高位运行,物流企业将面对高成本、低收费、优服务、强竞争的市场环境。

7. 人力人才短缺的趋势

随着我国老龄化、少子化加剧,物流运行依托的人口红利逐步减弱。特别是专业性、创新性、复合型人才和卡车司机、快递员、仓库管理员等操作性人才"招工难"问题将会越来越突出。

8. 政策环境持续优化的趋势

党的二十大以来,从中央到地方各级政府将对现代物流的重视程度提到新的高度,各项强有力的政策措施陆续出台。预计现代物流将迎来新一轮恢复性增长的新时期,市场对行业整体好转、平稳运行充满信心。

8.3.2 我国企业物流数字信息技术发展趋势

当前,企业物流数字化转型已经是大势所趋。产业数字化、数字产业化、数字经济、物流平台、智慧物流等,成为物流企业与企业物流转型升级的核心竞争力,数据成为物流企业与企业物流的核心资源,由此产生企业物流管理的多种发展趋势。

1. 物流管理更实时

实时监测是数字信息技术在物流管理中重要的发展方向之一。随着物流业务的增加,物流流程也变得越来越复杂,需要对各个环节进行实时跟踪和监测,以确保货物的安全,并保证其及时到达目的地。实时监测通过使用传感器和物联网技术,可以实现对物流过程中的货物、车辆、设备等的实时监控和管理。例如,在运输过程中,可以通过车载传感器实时监测货物的温度、湿度、震动等参数,及时发现问题并采取措施,避免货物质量受到影响。此外,实时监测还可以实现对车辆的实时定位和对运行状态的监测,以及对设备运行情况的实时监测和预测维修。随着发展技术和降低成本的迫切需求,实时监测的应用范围也将逐步扩大,从物流中心演变为对整个物流网络的全程实时监测。

2. 物流管理更高效

随着数字信息技术的发展,物流管理将朝着智能化、高效化的方向迈进。未来,数字信息技术将在物流管理中扮演越来越重要的角色,进一步推动物流管理的高效化发展。在数字信息技术的帮助下,物流管理者可以依据数据分析出物流中存在的问题,通过数据固化和模型构建,进一步提升物流管理的效率和精益化程度。同时,数据分析还能够帮助企业总结以往的物流运作经验、优化物流运转模式、建立运作规范和完善标准化流程等,促使物流过程更加灵活、高效。在未来数字化物流系统中,物流管理者可以采取智能化处理手段,实现物流自动化、分工协作和智能决策等,提升物流企业的整合效率和智能化水平。智能化处理还能够与移动互联网、大数据、人工智能等技术有机结合,更贴合用户的需求,实现物流的精益化经营。

3. 企业战略更有效

未来数字信息技术在物流管理中的应用将会越来越明显,会使物流企业决策变得更加准确高效。首先,数字信息技术可以帮助物流企业更精准地管理和优化"门"到"门"的整个运输流程。通过物联网、云计算、大数据等技术的应用,物流企业在实时监测和管理方面可以更加准确地获取物流环节中的实时数据,并进行大数据分析,进一步提高运输效率并减少费用开支,更好地管理运作,减少不必要的损失。企业也可以更精准地掌握运输的信息,从而做出更科学更合理的决策。其次,数字信息技术可以帮助物流企业进一步实现"端"到"端"的透明化管理。通过运用数字技术,物流企业可以在获得下一个物品之前提前知道该物品的位置信息。因此,能够更准确地处理运输事件,同时也能为物流企业和客户省掉不必要的担心。客户不再需要长时间等待或者担心物品丢失,这也是更高效、精力更集中的一种保证。最后,数字信息技术为物流企业提供了更灵活的服务方式。物流运输过程包含数量众多的环节,其中"门"到"门"的运输和物流空间是相互合作的重要组成部分。通过数字化技术,物流企业可以更好地满足客户的个性化需求,定制化的服务也可以使企业更好地进行管理运作,创造更大的价值。

4. 物流运输更高效

随着数字信息技术的快速发展,物流管理逐渐向数字化、数据化、去差异化和收敛化等 4D 技术方向转变,现有物流模式的效率大大提高。现代物流管理系统在上游的采购、生产,中游的运输、配送,下游的售后服务等环节中,使用了各类先进数字化设备与软件,如 RFID 识别、GPS 定位、WMS 等。通过物联网技术、智能标签等辅助手段,企业可以打通整条物流链条,实现无缝衔接,从而尽量避免瓶颈延迟、损失问题,实现降低企业整体物流成本、提升物流效率等目标。在数据化方面,通过采集、分析和处理多种系统所涉及的各类信息,机器学习、数据挖掘等算法可以更好地支持自适应决策来预测趋势。后续优化方案中包括高精度的需求预测、运输计划编制、库存管理、车辆调度等环节,可以带来巨大的提效优化空间,从而在整个供应链上寻找效益显著的潜在机会。对于去差异化方面,企业可以采用标准化、专业化的原材料、产品、运输方式等全链条无缝衔接的标准体系,降低操作风险,提高交付速度和服务水平,加强与商业伙伴的协作,形成产业链内外一体化的生态。收敛化是提高资源配置效率的重要手段,通过综合利用电商、快递、物流等行业互联的平台和技术创新优势,加强整个物流供应链模式的协同性和互动性,使物流更加流畅、便捷和可靠。

8.3.3 我国企业物流绿色低碳发展趋势

随着可持续发展理念的进一步深入以及碳达峰碳中和国家战略的进一步推动,绿色化已成为物流发展的必然趋势之一;同时,物流运作绿色低碳的趋势是美丽中国建设的必然要求。发展绿色低碳物流,新方式、新模式、新业态必然成为企业物流的重要发展方向。

1. 绿色物流的内涵

从广义而言,绿色物流是指在物流发展过程中,降低对环境的污染、减少资源消耗的一种产业运作模式,是建立在可持续发展理论、生态经济学理论和物流绩效评估基础上的一种产业发展观。从狭义而言,绿色物流是利用先进的物流技术手段,实现运输、仓储、装卸搬运、流通加工、包装、配送等作业流程的绿色化运作(包括"公转铁、公转水"、多式联运、绿色运输、绿色仓储、绿色包装、绿色配送等),使得整个运作过程降低对环境的污染,同时减少资源消耗。从本质上看,绿色物流最根本的目的是优化配置资源,最大限度且最高效率地利用各类资源,实现物流活动的低碳化。

2. 我国绿色物流发展动态

近年来,在可持续发展目标的推动下,政府和企业在促进物流绿色化发展方面进行了不断尝试与探索。

(1)政府层面

2021年国务院发布了《关于加快建立健全绿色低碳循环　发展经济体系的实施意见》,提出把打造绿色物流当作其中一项重要内容。中华人民共和国国家邮政局2016年出台了若干关于绿色包装的政策文件,在简化包装、减轻污染等方面提出了相关要求。2017中华人民共和国年交通运输部等18个部委联合发布了《关于组织开展城市绿色货运配送示范工程的通知》,明确了新能源物流车在国家物流体系中的发展方向、近期目标和具体措施。2021年中华人民共和国交通运输部印发的《综合运输服务"十四五"发展规划》中也提出,加快新能源城市物流配送车辆应用,提高城市物流配送新能源车的比例。

(2)企业层面

物流企业积极促进生产方式的绿色转型,不断树立良好的企业形象,进一步提升公司的核心竞争力。有关物流头部企业加入世界自然基金会科学碳排放倡议(SBTI),提出了到2030年碳排放总量与2019年相比减少50%的目标;或是发布了业内首份碳目标白皮书,提出2030年要在2021年的基础上实现自身碳效率提升55%。

3. 我国绿色物流发展趋势

总体而言,在未来一段时间内,我国物流绿色化发展的主要趋势将体现在以下方面:

(1)绿色包装的广泛应用

积极发展绿色包装,逐步实现商品包装绿色化,是绿色物流发展的关键一环,涉及科技、经济性、环保等诸多方面的问题。目前,物流过程中过度包装、无效包装、包装件回收率较低的现象较为普遍,对环境造成了极大危害。有关部门积极出台了相关政策进行引导,物流企业也纷纷发力,采取相关措施在绿色包装领域加强布局。

(2)新能源物流车的逐渐推广

国务院出台的《关于加快建立健全绿色低碳循环　发展经济体系的指导意见》还提出要推广绿色低碳运输工具、城市物流配送、邮政快递等领域优先使用新能源汽车或清洁能源汽车。

(3)数字信息科技对物流的深度赋能

在信息化时代,大数据、物联网、人工智能、区块链等新型技术,能够促进物流运作过程中的信息共享,物流运行线路及组织模式的优化,为绿色物流发展提供了重要的技术支持。

企业物流管理

思考题

1. 企业物流管理面临的挑战主要来自哪些方面？
2. 什么是数字信息技术？
3. 数字信息技术在物流管理中有哪些主要应用形式？
4. 我国企业物流发展的主要趋势有哪些？

本章阅读　贵州省打造"公铁绿链"示范项目及推广应用的设想

"公铁绿链"项目是指贵州省的矿石产品采取"铁路干线＋新能源重卡接驳"全过程零排放绿色运输，利用铁路完成中长距离运输，两端采用新能源重卡车接驳的新型综合绿色运输模式。

"公铁绿链"项目将大幅提升贵州矿业竞争力，预计2025年贵州省矿石年产量将达到4.1亿吨，带动9.11万辆纯电重卡需求，按贵州本地车企占有50%市场份额计算，将实现贵州汽车工业产值约1 596亿元，成为贵州省千亿级新能源汽车产业集群的重要支撑；同时，9.11万辆纯电动重卡完全替代传统燃油重卡，每年将减少二氧化碳排放量约1 186.1万吨，该项目将在贵州省践行"2030年前碳达峰、2060年前碳中和"的战略行动中具有重要意义。

1. 项目背景

(1) 国家宏观政策背景

① "十四五"规划将落实"30·60"战略目标

习近平总书记在2020年9月22日召开的联合国大会上承诺："中国将提高国家自主贡献力度，采取更加有力的政策和措施，二氧化碳排放力争于2030年前达到峰值，争取在2060年前实现碳中和。"2021年3月发布的《国民经济和社会发展第十四个五年规划和2035年远景目标纲要》指出将采取更加有力的政策和措施落实"30·60"战略目标。

② "十四五"规划将推进货物运输"公转铁"

《国民经济和社会发展第十四个五年规划和2035年远景目标纲要》指出将推进钢铁、石化、建材等行业绿色化改造，加快大宗货物和中长途货物运输"公转铁""公转水"。

"公铁绿链"项目积极响应国家号召，矿石运输短途采用纯电动汽车替代燃油汽车以落实节能减排，中长途运输采用铁路运输代替公路运输以落实公转铁和节能减排政策。

(2) 行业发展背景

① 新能源汽车产业快速发展

《新能源汽车产业发展规划（2021—2035年）》指出发展新能源汽车是我国从汽

车大国迈向汽车强国的必由之路,是应对气候变化、能源安全、推动绿色发展的战略举措;到2025年,新能源汽车新车销售量达到汽车新车销售总量的20%左右。国家"十四五"规划明确指出将聚焦新能源、新能源汽车、绿色环保等战略性新兴产业,加快关键核心技术创新应用,增强要素保障能力,培育壮大产业发展新动能。

"公铁绿链"项目在短驳运输中采用纯电动重卡,积极践行国家新能源汽车发展战略,加快推进新旧动能转换,具有重要的战略意义。

②贵州省矿产资源发展概况

贵州是我国矿产资源的大省之一,全省已发现矿产(含亚矿种)110种以上,发现矿床、矿点3 000余处。其中有42种矿产储量排名全国前十位,居第一至第三位的达20种,矿产资源丰富。

以矿石采选业及其冶炼加工业为主的矿业是贵州主要的支柱产业,占全省工业总产值的30%以上。目前,贵州有矿山企业3 711家,年产矿量3.9亿吨/年(不含煤炭)。

目前,贵州省内矿产行业存在着经营较为粗放、生产和物流成本居高不下、行业税收存在盲点、生产流通碳减排环保污染压力大等短板。"公铁绿链"项目将推动矿业行业补短板提升竞争力,构建绿色发展模式。

(3)贵州省"十四五"规划及"强省会"发展规划

①贵州省大力发展新能源汽车产业及绿色矿山

2021年4月发布的《贵州省国民经济和社会发展第十四个五年规划和2035年远景目标纲要》指出推动汽车制造企业资源整合,加大汽车新技术、新产品开发,重点发展新能源汽车整车制造及动力电池、驱动电机、电控系统等核心部件;支持现有汽车企业开展产能合作,提高产能利用率;到2025年,汽车产业产值达到800亿元。

贵州"十四五"规划指出大力实施充电基础设施进机关、进住宅区、进公共服务区、进人口集聚区、进产业园区、进旅游景区、上高速公路"六进一上"行动,扩大充换电设施覆盖范围,推动城区、高速公路服务区、具备建设条件的加油(气)站充换电设施全覆盖。到2025年,新建充电基础设施20 000个以上。

贵州"十四五"规划指出加快推动工业、产业园区等绿色化升级改造,提高煤炭、电力、矿产资源开发、化工、有色、建材等行业绿色化和清洁生产水平,创建绿色工厂、绿色矿山、绿色园区,培育绿色企业,加快构建高效、智能、绿色、安全的现代物流体系。

②贵州省"强省会"发展战略

2021年4月发布的《关于支持实施"强省会"五年行动若干政策措施的意见》指出全力支持贵阳打造首位度高的省会城市、影响力大的中心城市、生态性强的功能城市、幸福感足的宜业城市,确保到2025年生产总值达到7 000亿元以上,即在2020年4 312亿元的基础上增长62%。

"公铁绿链"项目将打造高效、智能、绿色、安全的矿石产品货运模式,推动矿业和新能源汽车产业快速发展,有效落实贵州"十四五"发展规划,助力贵阳实现强省会目标。

2. 项目的意义及必要性

(1)助推省内矿业增长及工业转型升级

"公铁绿链"项目能有效降低省内矿业运输成本,提升省内矿业在省外市场的综合竞争力,真正实现"黔石出山",释放矿业产能,提升矿业产值。

按照贵州省矿产产能41亿吨、矿产短驳运输均采用纯电动重卡运输计算,贵州矿产短驳需求纯电动重卡车辆约9.11万辆,贵州本地生产车辆按50%比例即4.56万辆计算,预计贵州本地车企产值为319.2亿元,按照重卡车企与配套产业1∶4的带动比例,将推动汽车产业上下游实现产值约1276.8亿元。

"公铁绿链"项目在推动贵州矿业绿色发展的同时,也必将带动贵州省新能源汽车产业高质量发展,从而有力助推贵州省工业发展转型升级。

(2)减少全省年二氧化碳排放超过1 000万吨

一辆纯电动重卡替代一辆燃油重卡每年将减少约130.2吨二氧化碳排放。到2025年,随着9.11万辆纯电动重卡的使用,每年将减排二氧化碳1 186.1万吨。

(3)助力贵州进一步巩固脱贫攻坚成果,实现乡村振兴

"黔石出山"必将增加矿产企业当地的税收和就业,带动矿区周边及沿线百姓脱贫致富、乡村振兴。

目前,贵州销售给重庆的砂石价格约130元/吨,其中运输费占90元/吨,如采用"公铁绿链"项目运输模式,运输费将每吨降低10元;以41亿吨矿产品计算,随着运输成本的降低,将直接产生410亿元的经济收益。

(资料来源:贵州省贵安新区管委会,《关于在贵州省打造"公铁绿链"示范项目及推广应用的建议》,本章作者2021年06月调研获取,有删改)

主要参考文献

[1] 赵启兰. 企业物流管理[M]. 2版. 北京:机械工业出版社,2016
[2] 傅莉萍,黄文. 企业物流管理[M]. 2版. 北京:北京大学出版社,2017
[3] 浦震寰,李方峻. 企业物流管理[M]. 4版. 大连,大连理工大学出版社,2019
[4] 彭建良. 企业物流管理[M]. 杭州:浙江大学出版社,2009
[5] 黄福华,周敏. 现代企业物流管理[M]. 2版. 北京:科学出版社,2017
[6] 赵旭,刘进平. 物流战略管理[M]. 北京:中国人民大学出版社,2015
[7] 傅莉萍. 物流战略管理[M]. 北京:清华大学出版社,2018
[8] 魏葵,黄俊磊. 现代企业物流管理[M]. 大连:大连理工大学出版社,2012
[9] 王晓艳. 企业物流管理[M]. 北京:北京大学出版社,2020
[10] 贾旭东. 现代企业管理[M]. 2版. 北京:中国人民大学出版社,2020
[11] 孙中桥,朱春燕. 现代物流学理论与实务[M]. 南京:东南大学出版社,2022
[12] 范学谦,翟树芹. 现代物流管理[M]. 南京:南京大学出版社:2016
[13] 徐旭. 物流学概论[M]. 南京:南京大学出版社,2017
[14] 朱光福,等. 企业物流管理[M]. 3版. 重庆:重庆大学出版社,2015
[15] 卢丽华. 大数据时代物流企业管理会计面临的挑战与对策探析[J]. 当代会计,2021(7)
[16] 廖夏菲. 电子商务环境下企业物流管理面临的挑战和应对之策[J]. 现代企业文化,2023(8)
[17] 马丽亚. 浅析大数据时代物流管理企业面临的机遇与挑战[J]. 中国市场,2017(22)
[18] 马家伟,等. 论物联网技术在智慧物流方面的应用[J]. 中国储运,2024(1)
[19] 王东. 数字信息技术在物流管理中的应用[J]. 物流科技,2023(14)
[20] 陈海燕,常连玉. 我国现代物流绿色化发展探析[J]. 现代物流,2024(1)